HINDI

VOCABULARIO

PALABRAS MÁS USADAS

ESPAÑOL-HINDI

Las palabras más útiles
Para expandir su vocabulario y refinar
sus habilidades lingüísticas

9000 palabras

Vocabulario Español-Hindi - 9000 palabras más usadas

por Andrey Taranov

Los vocabularios de T&P Books buscan ayudar en el aprendizaje, la memorización y la revisión de palabras de idiomas extranjeros. El diccionario se divide por temas, cubriendo toda la esfera de las actividades cotidianas, de negocios, ciencias, cultura, etc.

El proceso de aprendizaje de palabras utilizando los diccionarios temáticos de T&P Books le proporcionará a usted las siguientes ventajas:

- La información del idioma secundario está organizada claramente y predetermina el éxito para las etapas subsiguientes en la memorización de palabras.
- Las palabras derivadas de la misma raíz se agrupan, lo cual permite la memorización de grupos de palabras en vez de palabras aisladas.
- Las unidades pequeñas de palabras facilitan el proceso de reconocimiento de enlaces de asociación que se necesitan para la cohesión del vocabulario.
- De este modo, se puede estimar el número de palabras aprendidas y así también el nivel de conocimiento del idioma.

T&P Books Publishing
www.tpbooks.com

ISBN: 978-1-78616-556-5

Este libro está disponible en formato electrónico o de E-Book también.
Visite www.tpbooks.com o las librerías electrónicas más destacadas en la Red.

VOCABULARIO HINDI
palabras más usadas

Los vocabularios de T&P Books buscan ayudar al aprendiz a aprender, memorizar y repasar palabras de idiomas extranjeros. Los vocabularios contienen más de 9000 palabras comúnmente usadas y organizadas de manera temática.

- El vocabulario contiene las palabras corrientes más usadas.
- Se recomienda como ayuda adicional a cualquier curso de idiomas.
- Capta las necesidades de aprendices de nivel principiante y avanzado.
- Es conveniente para uso cotidiano, prácticas de revisión y actividades de auto-evaluación.
- Facilita la evaluación del vocabulario.

Aspectos claves del vocabulario

- Las palabras se organizan según el significado, no según el orden alfabético.
- Las palabras se presentan en tres columnas para facilitar los procesos de repaso y auto-evaluación.
- Los grupos de palabras se dividen en pequeñas secciones para facilitar el proceso de aprendizaje.
- El vocabulario ofrece una transcripción sencilla y conveniente de cada palabra extranjera.

El vocabulario contiene 256 temas que incluyen lo siguiente:

Conceptos básicos, números, colores, meses, estaciones, unidades de medidas, ropa y accesorios, comida y nutrición, restaurantes, familia nuclear, familia extendida, características de personalidad, sentimientos, emociones, enfermedades, la ciudad y el pueblo, exploración del paisaje, compras, finanzas, la casa, el hogar, la oficina, el trabajo en oficina, importación y exportación, promociones, búsqueda de trabajo, deportes, educación, computación, la red, herramientas, la naturaleza, los países, las nacionalidades y más ...

TABLA DE CONTENIDO

GUÍA DE PRONUNCIACIÓN

La letra	Ejemplo hindi	T&P alfabeto fonético	Ejemplo español

Las vocales

अ	अक्सर	[a]; [ɑ], [ə]	radio; llave
आ	आगमन	[a:]	contraataque
इ	इनाम	[i]	ilegal
ई	ईश्वर	[i], [i:]	tranquilo
उ	उठना	[u]	pulpo
ऊ	ऊपर	[u:]	jugador
ऋ	ऋग्वेद	[r, rʲ]	gritar
ए	एकता	[e:]	sexto
ऐ	ऐनक	[aj]	paisaje
ओ	ओला	[o:]	domicilio
औ	औरत	[au]	mausoleo
अं	अंजीर	[ŋ]	manga
अः	अ से अः	[h]	registro
ऑ	ऑफिस	[ɒ]	paralelo

Las consonantes

क	कमरा	[k]	charco
ख	खिड़की	[kh]	[k] aspirada
ग	गरज	[g]	jugada
घ	घर	[gh]	[g] aspirada
ङ	डाकू	[ŋ]	manga
च	चक्कर	[ʧ]	mapache
छ	छात्र	[ʧh]	[tsch] aspirado
ज	जाना	[ʤ]	jazz
झ	झलक	[ʤ]	jazz
ञ	विज्ञान	[ɲ]	leña
ट	मटर	[t]	torre
ठ	ठेका	[th]	[t] aspirada
ड	डंडा	[d]	desierto
ढ	ढलान	[d]	desierto
ण	क्षण	[n]	La nasal retrofleja
त	ताकत	[t]	torre
थ	थकना	[th]	[t] aspirada
द	दरवाज़ा	[d]	desierto
ध	धोना	[d]	desierto
न	नाई	[n]	sonar

La letra	Ejemplo hindi	T&P alfabeto fonético	Ejemplo español
प	पिता	[p]	precio
फ	फल	[f]	golf
ब	बच्चा	[b]	en barco
भ	भाई	[b]	en barco
म	माता	[m]	nombre
य	याद	[j]	asiento
र	रीछ	[r]	era, alfombra
ल	लाल	[l]	lira
व	वचन	[v]	travieso
श	शिक्षक	[ʃ]	shopping
ष	भाषा	[ʃ]	shopping
स	सोना	[s]	salva
ह	हज़ार	[h]	registro

Las consonantes adicionales

क़	क़लम	[q]	catástrofe
ख़	ख़बर	[h]	coger
ड़	लड़का	[r]	era, alfombra
ढ़	पढ़ना	[r]	era, alfombra
ग़	ग़लती	[ɣ]	amigo, magnífico
ज़	ज़िन्दगी	[z]	desde
झ़	ट्रैझ़र	[ʒ]	adyacente
फ़	फ़ौज	[f]	golf

ABREVIATURAS
usadas en el vocabulario

Abreviatura en español

adj	-	adjetivo
adv	-	adverbio
anim.	-	animado
conj	-	conjunción
etc.	-	etcétera
f	-	sustantivo femenino
f pl	-	femenino plural
fam.	-	uso familiar
fem.	-	femenino
form.	-	uso formal
inanim.	-	inanimado
innum.	-	innumerable
m	-	sustantivo masculino
m pl	-	masculino plural
m, f	-	masculino, femenino
masc.	-	masculino
mat	-	matemáticas
mil.	-	militar
num.	-	numerable
p.ej.	-	por ejemplo
pl	-	plural
pron	-	pronombre
sg	-	singular
v aux	-	verbo auxiliar
vi	-	verbo intransitivo
vi, vt	-	verbo intransitivo, verbo transitivo
vr	-	verbo reflexivo
vt	-	verbo transitivo

Abreviatura en hindi

f	-	sustantivo femenino
f pl	-	femenino plural
m	-	sustantivo masculino
m pl	-	masculino plural

CONCEPTOS BÁSICOS

Conceptos básicos. Unidad 1

1. Los pronombres

yo	मैं	main
tú	तुम	tum
él, ella, ello	वह	vah
nosotros, -as	हम	ham
vosotros, -as	आप	āp
ellos, ellas	वे	ve

2. Saludos. Salutaciones. Despedidas

¡Hola! (fam.)	नमस्कार!	namaskār!
¡Hola! (form.)	नमस्ते!	namaste!
¡Buenos días!	नमस्ते!	namaste!
¡Buenas tardes!	नमस्ते!	namaste!
¡Buenas noches!	नमस्ते!	namaste!
decir hola	नमस्कार कहना	namaskār kahana
¡Hola! (a un amigo)	नमस्कार!	namaskār!
saludo (m)	अभिवादन (m)	abhivādan
saludar (vt)	अभिवादन करना	abhivādan karana
¿Cómo estás?	आप कैसे हैं?	āp kaise hain?
¿Qué hay de nuevo?	क्या हाल है?	kya hāl hai?
¡Chau! ¡Adiós!	अलविदा!	alavida!
¡Hasta pronto!	फिर मिलेंगे!	fir milenge!
¡Adiós! (fam.)	अलिवदा!	alivada!
¡Adiós! (form.)	अलविदा!	alavida!
despedirse (vr)	अलविदा कहना	alavida kahana
¡Hasta luego!	अलविदा!	alavida!
¡Gracias!	धन्यवाद!	dhanyavād!
¡Muchas gracias!	बहुत बहुत शुक्रिया!	bahut bahut shukriya!
De nada	कोई बात नहीं	koī bāt nahin
No hay de qué	कोई बात नहीं	koī bāt nahin
De nada	कोई बात नहीं	koī bāt nahin
¡Disculpa!	माफ़ कीजिएगा!	māf kījiega!
¡Disculpe!	माफ़ी कीजियेगा!	māfī kījiyega!
disculpar (vt)	माफ़ करना	māf karana
disculparse (vr)	माफ़ी मांगना	māfī māngana
Mis disculpas	मुझे माफ़ कीजिएगा	mujhe māf kījiega

¡Perdóneme!	मुझे माफ़ कीजिएगा!	mujhe māf kījiega!
perdonar (vt)	माफ़ करना	māf karana
por favor	कृप्या	krpya

¡No se le olvide!	भूलना नहीं!	bhūlana nahin!
¡Ciertamente!	ज़रूर!	zarūr!
¡Claro que no!	बिल्कुल नहीं!	bilkul nahin!
¡De acuerdo!	ठीक है!	thīk hai!
¡Basta!	बहुत हुआ!	bahut hua!

3. Como dirigirse a otras personas

señor	श्रीमान	shrīmān
señora	श्रीमती	shrīmatī
señorita	मैम	maim
joven	बेटा	beta
niño	बेटा	beta
niña	कुमारी	kumārī

4. Números cardinales. Unidad 1

cero	ज़ीरो	zīro
uno	एक	ek
dos	दो	do
tres	तीन	tīn
cuatro	चार	chār

cinco	पाँच	pānch
seis	छह	chhah
siete	सात	sāt
ocho	आठ	āth
nueve	नौ	nau

diez	दस	das
once	ग्यारह	gyārah
doce	बारह	bārah
trece	तेरह	terah
catorce	चौदह	chaudah

quince	पन्द्रह	pandrah
dieciséis	सोलह	solah
diecisiete	सत्रह	satrah
dieciocho	अठारह	athārah
diecinueve	उन्नीस	unnīs

veinte	बीस	bīs
veintiuno	इक्कीस	ikkīs
veintidós	बाईस	baīs
veintitrés	तेईस	teīs

| treinta | तीस | tīs |
| treinta y uno | इकतीस | ikattīs |

| treinta y dos | बत्तीस | battīs |
| treinta y tres | तैंतीस | taintīs |

cuarenta	चालीस	chālīs
cuarenta y uno	इक्तालीस	iktālīs
cuarenta y dos	बयालीस	bayālīs
cuarenta y tres	तैंतालीस	taintālīs

cincuenta	पचास	pachās
cincuenta y uno	इक्यावन	ikyāvan
cincuenta y dos	बावन	bāvan
cincuenta y tres	तिरपन	tirapan

sesenta	साठ	sāth
sesenta y uno	इकसठ	ikasath
sesenta y dos	बासठ	bāsath
sesenta y tres	तिरसठ	tirasath

setenta	सत्तर	sattar
setenta y uno	इकहत्तर	ikahattar
setenta y dos	बहत्तर	bahattar
setenta y tres	तिहत्तर	tihattar

ochenta	अस्सी	assī
ochenta y uno	इक्यासी	ikyāsī
ochenta y dos	बयासी	bayāsī
ochenta y tres	तिरासी	tirāsī

noventa	नब्बे	nabbe
noventa y uno	इक्यानवे	ikyānave
noventa y dos	बानवे	bānave
noventa y tres	तिरानवे	tirānave

5. Números cardinales. Unidad 2

cien	सौ	sau
doscientos	दो सौ	do sau
trescientos	तीन सौ	tīn sau
cuatrocientos	चार सौ	chār sau
quinientos	पाँच सौ	pānch sau

seiscientos	छह सौ	chhah sau
setecientos	सात सो	sāt so
ochocientos	आठ सौ	āth sau
novecientos	नौ सौ	nau sau

mil	एक हज़ार	ek hazār
dos mil	दो हज़ार	do hazār
tres mil	तीन हज़ार	tīn hazār
diez mil	दस हज़ार	das hazār
cien mil	एक लाख	ek lākh

| millón (m) | दस लाख (m) | das lākh |
| mil millones | अरब (m) | arab |

6. Números ordinales

primero (adj)	पहला	pahala
segundo (adj)	दूसरा	dūsara
tercero (adj)	तीसरा	tīsara
cuarto (adj)	चौथा	chautha
quinto (adj)	पाँचवाँ	pānchavān
sexto (adj)	छठा	chhatha
séptimo (adj)	सातवाँ	sātavān
octavo (adj)	आठवाँ	āthavān
noveno (adj)	नौवाँ	nauvān
décimo (adj)	दसवाँ	dasavān

7. Números. Fracciones

fracción (f)	अपूर्णांक (m)	apūrnānk
un medio	आधा	ādha
un tercio	एक तीहाई	ek tīhaī
un cuarto	एक चौथाई	ek chauthaī
un octavo	आठवां हिस्सा	āthavān hissa
un décimo	दसवां हिस्सा	dasavān hissa
dos tercios	दो तिहाई	do tihaī
tres cuartos	पौना	pauna

8. Números. Operaciones básicas

sustracción (f)	घटाव (m)	ghatāv
sustraer (vt)	घटाना	ghatāna
división (f)	विभाजन (m)	vibhājan
dividir (vt)	विभाजित करना	vibhājit karana
adición (f)	जोड़ (m)	jor
sumar (totalizar)	जोड़ करना	jor karana
adicionar (vt)	जोड़ना	jorana
multiplicación (f)	गुणन (m)	gunan
multiplicar (vt)	गुणा करना	guna karana

9. Números. Miscelánea

cifra (f)	अंक (m)	ank
número (m) (~ cardinal)	संख्या (f)	sankhya
numeral (m)	संख्यावाचक (m)	sankhyāvāchak
menos (m)	घटाव चिह्न (m)	ghatāv chihn
más (m)	जोड़ चिह्न (m)	jor chihn
fórmula (f)	फ़ारमूला (m)	fāramūla
cálculo (m)	गणना (f)	ganana
contar (vt)	गिनना	ginana

| calcular (vt) | गिनती करना | ginatī karana |
| comparar (vt) | तुलना करना | tulana karana |

¿Cuánto?	कितना?	kitana?
suma (f)	कुल (m)	kul
resultado (m)	नतीजा (m)	natīja
resto (m)	शेष (m)	shesh

algunos, algunas ...	कुछ	kuchh
poco (adv)	थोड़ा ...	thora ...
resto (m)	बाकी	bāqī
uno y medio	डेढ़	derh
docena (f)	दर्जन (m)	darjan

en dos	दो भागों में	do bhāgon men
en partes iguales	बराबर	barābar
mitad (f)	आधा (m)	ādha
vez (f)	बार (m)	bār

10. Los verbos más importantes. Unidad 1

abrir (vt)	खोलना	kholana
acabar, terminar (vt)	ख़त्म करना	khatm karana
aconsejar (vt)	सलाह देना	salāh dena
adivinar (vt)	अंदाज़ा लगाना	andāza lagāna
advertir (vt)	चेतावनी देना	chetāvanī dena
alabarse, jactarse (vr)	डींग मारना	dīng mārana

almorzar (vi)	दोपहर का भोजन करना	dopahar ka bhojan karana
alquilar (~ una casa)	किराए पर लेना	kirae par lena
amenazar (vt)	धमकाना	dhamakāna
arrepentirse (vr)	अफ़सोस जताना	afasos jatāna
ayudar (vt)	मदद करना	madad karana
bañarse (vr)	तैरना	tairana

bromear (vi)	मज़ाक करना	mazāk karana
buscar (vt)	तलाश करना	talāsh karana
caer (vi)	गिरना	girana
callarse (vr)	चुप रहना	chup rahana
cambiar (vt)	बदलना	badalana
castigar, punir (vt)	सज़ा देना	saza dena

cavar (vt)	खोदना	khodana
cazar (vi, vt)	शिकार करना	shikār karana
cenar (vi)	रात्रिभोज करना	rātribhoj karana
cesar (vt)	बंद करना	band karana
coger (vt)	पकड़ना	pakarana
comenzar (vt)	शुरू करना	shurū karana

comparar (vt)	तुलना करना	tulana karana
comprender (vt)	समझना	samajhana
confiar (vt)	यकीन करना	yakīn karana
confundir (vt)	गड़बड़ा जाना	garabara jāna
conocer (~ a alguien)	जानना	jānana

contar (vt) (enumerar)	गिनना	ginana
contar con ...	भरोसा रखना	bharosa rakhana
continuar (vt)	जारी रखना	jārī rakhana
controlar (vt)	नियंत्रित करना	niyantrit karana
correr (vi)	दौड़ना	daurana
costar (vt)	दाम होना	dām hona
crear (vt)	बनाना	banāna

11. Los verbos más importantes. Unidad 2

dar (vt)	देना	dena
dar una pista	इशारा करना	ishāra karana
decir (vt)	कहना	kahana
decorar (para la fiesta)	सजाना	sajāna
defender (vt)	रक्षा करना	raksha karana
dejar caer	गिराना	girāna
desayunar (vi)	नाश्ता करना	nāshta karana
descender (vi)	उतरना	utarana
dirigir (administrar)	प्रबंधन करना	prabandhan karana
disculparse (vr)	माफ़ी मांगना	māfī māngana
discutir (vt)	चर्चा करना	charcha karana
dudar (vt)	शक करना	shak karana
encontrar (hallar)	ढूँढना	dhūrhana
engañar (vi, vt)	धोखा देना	dhokha dena
entrar (vi)	अंदर आना	andar āna
enviar (vt)	भेजना	bhejana
equivocarse (vr)	गलती करना	galatī karana
escoger (vt)	चुनना	chunana
esconder (vt)	छिपाना	chhipāna
escribir (vt)	लिखना	likhana
esperar (aguardar)	इंतज़ार करना	intazār karana
esperar (tener esperanza)	आशा करना	āsha karana
estar de acuerdo	राज़ी होना	rāzī hona
estudiar (vt)	पढ़ाई करना	parhaī karana
exigir (vt)	माँगना	māngana
existir (vi)	होना	hona
explicar (vt)	समझाना	samajhāna
faltar (a las clases)	ग़ैर-हाज़िर होना	gair-hāzir hona
firmar (~ el contrato)	हस्ताक्षर करना	hastākshar karana
girar (~ a la izquierda)	मुड़ जाना	mur jāna
gritar (vi)	चिल्लाना	chillāna
guardar (conservar)	रखना	rakhana
gustar (vi)	पसंद करना	pasand karana
hablar (vi, vt)	बोलना	bolana
hacer (vt)	करना	karana
informar (vt)	खबर देना	khabar dena

| insistir (vi) | आग्रह करना | āgrah karana |
| insultar (vt) | अपमान करना | apamān karana |

interesarse (vr)	रुचि लेना	ruchi lena
invitar (vt)	आमंत्रित करना	āmantrit karana
ir (a pie)	जाना	jāna
jugar (divertirse)	खेलना	khelana

12. Los verbos más importantes. Unidad 3

leer (vi, vt)	पढ़ना	parhana
liberar (ciudad, etc.)	आज़ाद करना	āzād karana
llamar (por ayuda)	बुलाना	bulāna
llegar (vi)	पहुँचना	pahunchana
llorar (vi)	रोना	rona

matar (vt)	मार डालना	mār dālana
mencionar (vt)	उल्लेख करना	ullekh karana
mostrar (vt)	दिखाना	dikhāna
nadar (vi)	तैरना	tairana

negarse (vr)	इन्कार करना	inkār karana
objetar (vt)	एतराज़ करना	etarāz karana
observar (vt)	देखना	dekhana
oír (vt)	सुनना	sunana

olvidar (vt)	भूलना	bhūlana
orar (vi)	दुआ देना	dua dena
ordenar (mil.)	हुक्म देना	hukm dena
pagar (vi, vt)	दाम चुकाना	dām chukāna
pararse (vr)	रुकना	rukana

participar (vi)	भाग लेना	bhāg lena
pedir (ayuda, etc.)	माँगना	māngana
pedir (en restaurante)	ऑर्डर करना	ordar karana
pensar (vi, vt)	सोचना	sochana

percibir (ver)	देखना	dekhana
perdonar (vt)	क्षमा करना	kshama karana
permitir (vt)	अनुमति देना	anumati dena
pertenecer a ...	स्वामी होना	svāmī hona

planear (vt)	योजना बनाना	yojana banāna
poder (v aux)	सकना	sakana
poseer (vt)	मालिक होना	mālik hona
preferir (vt)	तरजीह देना	tarajīh dena
preguntar (vt)	पूछना	pūchhana

preparar (la cena)	खाना बनाना	khāna banāna
prever (vt)	उम्मीद करना	ummīd karana
probar, tentar (vt)	कोशिश करना	koshish karana
prometer (vt)	वचन देना	vachan dena
pronunciar (vt)	उच्चारण करना	uchchāran karana
proponer (vt)	प्रस्ताव रखना	prastāv rakhana

quebrar (vt)	तोड़ना	torana
quejarse (vr)	शिकायत करना	shikāyat karana
querer (amar)	प्यार करना	pyār karana
querer (desear)	चाहना	chāhana

13. Los verbos más importantes. Unidad 4

recomendar (vt)	सिफ़ारिश करना	sifārish karana
regañar, reprender (vt)	डाँटना	dāntana
reírse (vr)	हंसना	hansana
repetir (vt)	दोहराना	doharāna
reservar (~ una mesa)	बुक करना	buk karana
responder (vi, vt)	जवाब देना	javāb dena

robar (vt)	चुराना	churāna
saber (~ algo mas)	मालूम होना	mālūm hona
salir (vi)	बाहर जाना	bāhar jāna
salvar (vt)	बचाना	bachāna
seguir ...	पीछे चलना	pīchhe chalana
sentarse (vr)	बैठना	baithana

ser necesario	आवश्यक होना	āvashyak hona
ser, estar (vi)	होना	hona
significar (vt)	अर्थ होना	arth hona
sonreír (vi)	मुस्कुराना	muskurāna
sorprenderse (vr)	हैरान होना	hairān hona

subestimar (vt)	कम मूल्यांकन करना	kam mūlyānkan karana
tener (vt)	होना	hona
tener hambre	भूख लगना	bhūkh lagana
tener miedo	डरना	darana

tener prisa	जल्दी करना	jaldī karana
tener sed	प्यास लगना	pyās lagana
tirar, disparar (vi)	गोली चलाना	golī chalāna
tocar (con las manos)	छूना	chhūna
tomar (vt)	लेना	lena
tomar nota	लिख लेना	likh lena

trabajar (vi)	काम करना	kām karana
traducir (vt)	अनुवाद करना	anuvād karana
unir (vt)	संयुक्त करना	sanyukt karana
vender (vt)	बेचना	bechana
ver (vt)	देखना	dekhana
volar (pájaro, avión)	उड़ना	urana

14. Los colores

color (m)	रंग (m)	rang
matiz (m)	रंग (m)	rang
tono (m)	रंग (m)	rang
arco (m) iris	इन्द्रधनुष (f)	indradhanush

blanco (adj)	सफ़ेद	safed
negro (adj)	काला	kāla
gris (adj)	धूसर	dhūsar
verde (adj)	हरा	hara
amarillo (adj)	पीला	pīla
rojo (adj)	लाल	lāl
azul (adj)	नीला	nīla
azul claro (adj)	हल्का नीला	halka nīla
rosa (adj)	गुलाबी	gulābī
naranja (adj)	नारंगी	nārangī
violeta (adj)	बैंगनी	bainganī
marrón (adj)	भूरा	bhūra
dorado (adj)	सुनहरा	sunahara
argentado (adj)	चांदी-जैसा	chāndī-jaisa
beige (adj)	हल्का भूरा	halka bhūra
crema (adj)	क्रीम	krīm
turquesa (adj)	फ़िरोज़ी	fīrozī
rojo cereza (adj)	चेरी जैसा लाल	cherī jaisa lāl
lila (adj)	हल्का बैंगनी	halka bainganī
carmesí (adj)	गहरा लाल	gahara lāl
claro (adj)	हल्का	halka
oscuro (adj)	गहरा	gahara
vivo (adj)	चमकीला	chamakīla
de color (lápiz ~)	रंगीन	rangīn
en colores (película ~)	रंगीन	rangīn
blanco y negro (adj)	काला-सफ़ेद	kāla-safed
unicolor (adj)	एक रंग का	ek rang ka
multicolor (adj)	बहुरंगी	bahurangī

15. Las preguntas

¿Quién?	कौन?	kaun?
¿Qué?	क्या?	kya?
¿Dónde?	कहाँ?	kahān?
¿Adónde?	किधर?	kidhar?
¿De dónde?	कहाँ से?	kahān se?
¿Cuándo?	कब?	kab?
¿Para qué?	क्यों?	kyon?
¿Por qué?	क्यों?	kyon?
¿Por qué razón?	किस लिये?	kis liye?
¿Cómo?	कैसे?	kaise?
¿Qué ...? (~ color)	कौन-सा?	kaun-sa?
¿Cuál?	कौन-सा?	kaun-sa?
¿A quién?	किसको?	kisako?
¿De quién? (~ hablan ...)	किसके बारे में?	kisake bāre men?
¿De qué?	किसके बारे में?	kisake bāre men?

¿Con quién?	किसके?	kisake?
¿Cuánto?	कितना?	kitana?
¿De quién? (~ es este ...)	किसका?	kisaka?

16. Las preposiciones

con ... (~ algn)	के साथ	ke sāth
sin ... (~ azúcar)	के बिना	ke bina
a ... (p.ej. voy a México)	की तरफ़	kī taraf
de ... (hablar ~)	के बारे में	ke bāre men
antes de ...	के पहले	ke pahale
delante de ...	के सामने	ke sāmane

debajo	के नीचे	ke nīche
sobre ..., encima de ...	के ऊपर	ke ūpar
en, sobre (~ la mesa)	पर	par
de (origen)	से	se
de (fabricado de)	से	se

| dentro de ... | में | men |
| encima de ... | के ऊपर चढ़कर | ke ūpar charhakar |

17. Las palabras útiles. Los adverbios. Unidad 1

¿Dónde?	कहाँ?	kahān?
aquí (adv)	यहाँ	yahān
allí (adv)	वहां	vahān

| en alguna parte | कहीं | kahīn |
| en ninguna parte | कहीं नहीं | kahīn nahin |

| junto a ... | के पास | ke pās |
| junto a la ventana | खिड़की के पास | khirakī ke pās |

¿A dónde?	किधर?	kidhar?
aquí (venga ~)	इधर	idhar
allí (vendré ~)	उधर	udhar
de aquí (adv)	यहां से	yahān se
de allí (adv)	वहां से	vahān se

| cerca (no lejos) | पास | pās |
| lejos (adv) | दूर | dūr |

cerca de ...	निकट	nikat
al lado (de ...)	पास	pās
no lejos (adv)	दूर नहीं	dūr nahin

izquierdo (adj)	बायाँ	bāyān
a la izquierda (situado ~)	बायीं तरफ़	bāyīn taraf
a la izquierda (girar ~)	बायीं तरफ़	bāyīn taraf
derecho (adj)	दायां	dāyān
a la derecha (situado ~)	दायीं तरफ़	dāyīn taraf

a la derecha (girar)	दायीं तरफ़	dāyīn taraf
delante (yo voy ~)	सामने	sāmane
delantero (adj)	सामने का	sāmane ka
adelante (movimiento)	आगे	āge

detrás de ...	पीछे	pīchhe
desde atrás	पीछे से	pīchhe se
atrás (da un paso ~)	पीछे	pīchhe

| centro (m), medio (m) | बीच (m) | bīch |
| en medio (adv) | बीच में | bīch men |

de lado (adv)	कोने में	kone men
en todas partes	सभी	sabhī
alrededor (adv)	आस-पास	ās-pās

de dentro (adv)	अंदर से	andar se
a alguna parte	कहीं	kahīn
todo derecho (adv)	सीधे	sīdhe
atrás (muévelo para ~)	वापस	vāpas

| de alguna parte (adv) | कहीं से भी | kahīn se bhī |
| no se sabe de dónde | कहीं से | kahīn se |

primero (adv)	पहले	pahale
segundo (adv)	दूसरा	dūsara
tercero (adv)	तीसरा	tīsara

de súbito (adv)	अचानक	achānak
al principio (adv)	शुरू में	shurū men
por primera vez	पहली बार	pahalī bār
mucho tiempo antes ...	बहुत समय पहले ...	bahut samay pahale ...
de nuevo (adv)	नई शुरूआत	naī shurūāt
para siempre (adv)	हमेशा के लिए	hamesha ke lie

jamás, nunca (adv)	कभी नहीं	kabhī nahin
de nuevo (adv)	फिर से	fir se
ahora (adv)	अब	ab
frecuentemente (adv)	अकसर	akasar
entonces (adv)	तब	tab
urgentemente (adv)	तत्काल	tatkāl
usualmente (adv)	आमतौर पर	āmataur par

a propósito, ...	प्रसंगवश	prasangavash
es probable	मुमकिन	mumakin
probablemente (adv)	संभव	sambhav
tal vez	शायद	shāyad
además ...	इस के अलावा	is ke alāva
por eso ...	इस लिए	is lie
a pesar de ...	फिर भी ...	fir bhī ...
gracias a ...	... की मेहरबानी से	... kī meharabānī se

qué (pron)	क्या	kya
que (conj)	कि	ki
algo (~ le ha pasado)	कुछ	kuchh
algo (~ así)	कुछ भी	kuchh bhī

nada (f)	कुछ नहीं	kuchh nahin
quien	कौन	kaun
alguien (viene ~)	कोई	koī
alguien (¿ha llamado ~?)	कोई	koī

nadie	कोई नहीं	koī nahin
a ninguna parte	कहीं नहीं	kahīn nahin
de nadie	किसी का नहीं	kisī ka nahin
de alguien	किसी का	kisī ka

tan, tanto (adv)	कितना	kitana
también (~ habla francés)	भी	bhī
también (p.ej. Yo ~)	भी	bhī

18. Las palabras útiles. Los adverbios. Unidad 2

¿Por qué?	क्यों?	kyon?
no se sabe porqué	किसी कारणवश	kisī kāranavash
porque ...	क्यों कि ,,,	kyon ki ...
por cualquier razón (adv)	किसी वजह से	kisī vajah se

y (p.ej. uno y medio)	और	aur
o (p.ej. té o café)	या	ya
pero (p.ej. me gusta, ~)	लेकिन	lekin
para (p.ej. es para ti)	के लिए	ke lie

demasiado (adv)	ज़्यादा	zyāda
sólo, solamente (adv)	सिर्फ़	sirf
exactamente (adv)	ठीक	thīk
unos ...,	करीब	karīb
cerca de ... (~ 10 kg)		

aproximadamente	लगभग	lagabhag
aproximado (adj)	अनुमानित	anumānit
casi (adv)	करीब	karīb
resto (m)	बाक़ी	bāqī

cada (adj)	हर एक	har ek
cualquier (adj)	कोई	koī
mucho (adv)	बहुत	bahut
muchos (mucha gente)	बहुत लोग	bahut log
todos	सभी	sabhī

a cambio de ...	... के बदले में	... ke badale men
en cambio (adv)	की जगह	kī jagah
a mano (hecho ~)	हाथ से	hāth se
poco probable	शायद ही	shāyad hī

probablemente	शायद	shāyad
a propósito (adv)	जानबूझकर	jānabūjhakar
por accidente (adv)	संयोगवश	sanyogavash

| muy (adv) | बहुत | bahut |
| por ejemplo (adv) | उदाहरण के लिए | udāharan ke lie |

entre (~ nosotros)	के बीच	ke bīch
entre (~ otras cosas)	में	men
tanto (~ gente)	इतना	itana
especialmente (adv)	ख़ासतौर पर	khāsataur par

Conceptos básicos. Unidad 2

19. Los opuestos

rico (adj)	अमीर	amīr
pobre (adj)	ग़रीब	garīb
enfermo (adj)	बीमार	bīmār
sano (adj)	तंदरूस्त	tandarūst
grande (adj)	बड़ा	bara
pequeño (adj)	छोटा	chhota
rápidamente (adv)	जल्दी से	jaldī se
lentamente (adv)	धीरे	dhīre
rápido (adj)	तेज़	tez
lento (adj)	धीमा	dhīma
alegre (adj)	हँसमुख	hansamukh
triste (adj)	उदास	udās
juntos (adv)	साथ-साथ	sāth-sāth
separadamente	अलग-अलग	alag-alag
en voz alta	बोलकर	bolakar
en silencio	मन ही मन	man hī man
alto (adj)	लंबा	lamba
bajo (adj)	नीचा	nīcha
profundo (adj)	गहरा	gahara
poco profundo (adj)	छिछला	chhichhala
sí	हाँ	hān
no	नहीं	nahin
lejano (adj)	दूर	dūr
cercano (adj)	निकट	nikat
lejos (adv)	दूर	dūr
cerco (adv)	पास	pās
largo (adj)	लंबा	lamba
corto (adj)	छोटा	chhota
bueno (de buen corazón)	नेक	nek
malvado (adj)	दुष्ट	dusht

casado (adj)	शादीशुदा	shādīshuda
soltero (adj)	अविवाहित	avivāhit
prohibir (vt)	प्रतिबंधित करना	pratibandhit karana
permitir (vt)	अनुमति देना	anumati dena
fin (m)	अंत (m)	ant
principio (m)	शुरू (m)	shurū
izquierdo (adj)	बायाँ	bāyān
derecho (adj)	दायां	dāyān
primero (adj)	पहला	pahala
último (adj)	आखिरी	ākhirī
crimen (m)	जुर्म (m)	jurm
castigo (m)	सज़ा (f)	saza
ordenar (vt)	हुक्म देना	hukm dena
obedecer (vi, vt)	मानना	mānana
recto (adj)	सीधा	sīdha
curvo (adj)	टेढ़ा	terha
paraíso (m)	जन्नत (m)	jannat
infierno (m)	नरक (m)	narak
nacer (vi)	जन्म होना	janm hona
morir (vi)	मरना	marana
fuerte (adj)	शक्तिशाली	shaktishālī
débil (adj)	कमज़ोर	kamazor
viejo (adj)	बूढ़ा	būrha
joven (adj)	जवान	javān
viejo (adj)	पुराना	purāna
nuevo (adj)	नया	naya
duro (adj)	कठोर	kathor
blando (adj)	नरम	naram
tibio (adj)	गरम	garam
frío (adj)	ठंडा	thanda
gordo (adj)	मोटा	mota
delgado (adj)	दुबला	dubala
estrecho (adj)	तंग	tang
ancho (adj)	चौड़ा	chaura
bueno (adj)	अच्छा	achchha
malo (adj)	बुरा	bura
valiente (adj)	बहादुर	bahādur
cobarde (adj)	कायर	kāyar

20. Los días de la semana

lunes (m)	सोमवार (m)	somavār
martes (m)	मंगलवार (m)	mangalavār
miércoles (m)	बुधवार (m)	budhavār
jueves (m)	गुरूवार (m)	gurūvār
viernes (m)	शुक्रवार (m)	shukravār
sábado (m)	शनिवार (m)	shanivār
domingo (m)	रविवार (m)	ravivār
hoy (adv)	आज	āj
mañana (adv)	कल	kal
pasado mañana	परसों	parason
ayer (adv)	कल	kal
anteayer (adv)	परसों	parason
día (m)	दिन (m)	din
día (m) de trabajo	कार्यदिवस (m)	kāryadivas
día (m) de fiesta	सार्वजनिक छुट्टी (f)	sārvajanik chhuttī
día (m) de descanso	छुट्टी का दिन (m)	chhuttī ka din
fin (m) de semana	सप्ताहांत (m)	saptāhānt
todo el día	सारा दिन	sāra din
al día siguiente	अगला दिन	agala din
dos días atrás	दो दिन पहले	do din pahale
en vísperas (adv)	एक दिन पहले	ek din pahale
diario (adj)	दैनिक	dainik
cada día (adv)	हर दिन	har din
semana (f)	हफ़्ता (f)	hafata
semana (f) pasada	पिछले हफ़्ते	pichhale hafate
semana (f) que viene	अगले हफ़्ते	agale hafate
semanal (adj)	साप्ताहिक	saptāhik
cada semana (adv)	हर हफ़्ते	har hafate
2 veces por semana	हफ़्ते में दो बार	hafate men do bār
todos los martes	हर मंगलवार को	har mangalavār ko

21. Las horas. El día y la noche

mañana (f)	सुबह (m)	subah
por la mañana	सुबह में	subah men
mediodía (m)	दोपहर (m)	dopahar
por la tarde	दोपहर में	dopahar men
noche (f)	शाम (m)	shām
por la noche	शाम में	shām men
noche (f) (p.ej. 2:00 a.m.)	रात (f)	rāt
por la noche	रात में	rāt men
medianoche (f)	आधी रात (f)	ādhī rāt
segundo (m)	सेकन्ड (m)	sekand
minuto (m)	मिनट (m)	minat
hora (f)	घंटा (m)	ghanta

media hora (f)	आधा घंटा	ādha ghanta
cuarto (m) de hora	सवा	sava
quince minutos	पंद्रह मीनट	pandrah mīnat
veinticuatro horas	24 घंटे (m)	chaubīs ghante
salida (f) del sol	सूर्योदय (m)	sūryoday
amanecer (m)	सूर्योदय (m)	sūryoday
madrugada (f)	प्रातःकाल (m)	prātahkāl
puesta (f) del sol	सूर्यास्त (m)	sūryāst
de madrugada	सुबह-सवेरे	subah-savere
esta mañana	इस सुबह	is subah
mañana por la mañana	कल सुबह	kal subah
esta tarde	आज शाम	āj shām
por la tarde	दोपहर में	dopahar men
mañana por la tarde	कल दोपहर	kal dopahar
esta noche (p.ej. 8:00 p.m.)	आज शाम	āj shām
mañana por la noche	कल रात	kal rāt
a las tres en punto	ठीक तीन बजे में	thīk tīn baje men
a eso de las cuatro	लगभग चार बजे	lagabhag chār baje
para las doce	बारह बजे तक	bārah baje tak
dentro de veinte minutos	बीस मीनट में	bīs mīnat men
dentro de una hora	एक घंटे में	ek ghante men
a tiempo (adv)	ठीक समय पर	thīk samay par
… menos cuarto	पौने … बजे	paune … baje
durante una hora	एक घंटे के अंदर	ek ghante ke andar
cada quince minutos	हर पंद्रह मीनट	har pandrah mīnat
día y noche	दिन-रात (m pl)	din-rāt

22. Los meses. Las estaciones

enero (m)	जनवरी (m)	janavarī
febrero (m)	फ़रवरी (m)	faravarī
marzo (m)	मार्च (m)	mārch
abril (m)	अप्रैल (m)	aprail
mayo (m)	माई (m)	maī
junio (m)	जून (m)	jūn
julio (m)	जुलाई (m)	julaī
agosto (m)	अगस्त (m)	agast
septiembre (m)	सितम्बर (m)	sitambar
octubre (m)	अक्तूबर (m)	aktūbar
noviembre (m)	नवम्बर (m)	navambar
diciembre (m)	दिसम्बर (m)	disambar
primavera (f)	वसन्त (m)	vasant
en primavera	वसन्त में	vasant men
de primavera (adj)	वसन्त	vasant
verano (m)	गरमी (f)	garamī

en verano	गरमियों में	garamiyon men
de verano (adj)	गरमी	garamī

otoño (m)	शरद (m)	sharad
en otoño	शरद में	sharad men
de otoño (adj)	शरद	sharad

invierno (m)	सर्दी (f)	sardī
en invierno	सर्दियों में	sardiyon men
de invierno (adj)	सर्दी	sardī
mes (m)	महीना (m)	mahīna
este mes	इस महीने	is mahīne
al mes siguiente	अगले महीने	agale mahīne
el mes pasado	पिछले महीने	pichhale mahīne

hace un mes	एक महीने पहले	ek mahīne pahale
dentro de un mes	एक महीने में	ek mahīne men
dentro de dos meses	दो महीने में	do mahīne men
todo el mes	पूरे महीने	pūre mahīne
todo un mes	पूरे महीने	pūre mahīne

mensual (adj)	मासिक	māsik
mensualmente (adv)	हर महीने	har mahīne
cada mes	हर महीने	har mahīne
dos veces por mes	महीने में दो बार	mahine men do bār

año (m)	वर्ष (m)	varsh
este año	इस साल	is sāl
el próximo año	अगले साल	agale sāl
el año pasado	पिछले साल	pichhale sāl
hace un año	एक साल पहले	ek sāl pahale
dentro de un año	एक साल में	ek sāl men
dentro de dos años	दो साल में	do sāl men
todo el año	पूरा साल	pūra sāl
todo un año	पूरा साल	pūra sāl

cada año	हर साल	har sāl
anual (adj)	वार्षिक	vārshik
anualmente (adv)	वार्षिक	vārshik
cuatro veces por año	साल में चार बार	sāl men chār bār

fecha (f) (la ~ de hoy es ...)	तारीख़ (f)	tārīkh
fecha (f) (~ de entrega)	तारीख़ (f)	tārīkh
calendario (m)	कैलेन्डर (m)	kailendar

medio año (m)	आधे वर्ष (m)	ādhe varsh
seis meses	छमाही (f)	chhamāhī
estación (f)	मौसम (m)	mausam
siglo (m)	शताब्दी (f)	shatābadī

23. La hora. Miscelánea

tiempo (m)	वक्त (m)	vakt
momento (m)	क्षण (m)	kshan

instante (m)	क्षण (m)	kshan
instantáneo (adj)	तुरंत	turant
lapso (m) de tiempo	बीता (m)	bīta
vida (f)	जीवन (m)	jīvan
eternidad (f)	शाश्वतता (f)	shāshvatata

época (f)	युग (f)	yug
era (f)	संम्वत् (f)	samvat
ciclo (m)	काल (m)	kāl
periodo (m)	काल (m)	kāl
plazo (m) (~ de tres meses)	समय (m)	samay

futuro (m)	भविष्य (m)	bhavishy
futuro (adj)	आगामी	āgāmī
la próxima vez	अगली बार	agalī bār
pasado (m)	भूतकाल (m)	bhūtakāl
pasado (adj)	पिछला	pichhala
la última vez	पिछली बार	pichhalī bār
más tarde (adv)	बाद में	bād men
después	के बाद	ke bād
actualmente (adv)	आजकाल	ājakāl
ahora (adv)	अभी	abhī
inmediatamente	तुरंत	turant
pronto (adv)	थोड़ी ही देर में	thorī hī der men
de antemano (adv)	पहले से	pahale se

hace mucho tiempo	बहुत समय पहले	bahut samay pahale
hace poco (adv)	हाल ही में	hāl hī men
destino (m)	भाग्य (f)	bhāgy
recuerdos (m pl)	यादगार (f)	yādagār
archivo (m)	पुरालेखागार (m)	purālekhāgār
durante ...	... के दौरान	... ke daurān
mucho tiempo (adv)	ज़्यादा समय	zyāda samay
poco tiempo (adv)	ज़्यादा समय नहीं	zyāda samay nahin
temprano (adv)	जल्दी	jaldī
tarde (adv)	देर	der

para siempre (adv)	सदा के लिए	sada ke lie
comenzar (vt)	शुरू करना	shurū karana
aplazar (vt)	स्थगित करना	sthagit karana

simultáneamente	एक ही समय पर	ek hī samay par
permanentemente	स्थायी रूप से	sthāyī rūp se
constante (ruido, etc.)	लगातार	lagātār
temporal (adj)	अस्थायी रूप से	asthāyī rūp se

a veces (adv)	कभी-कभी	kabhī-kabhī
raramente (adv)	शायद ही	shāyad hī
frecuentemente	अक्सर	aksar

24. Las líneas y las formas

cuadrado (m)	चतुष्कोण (m)	chatushkon
cuadrado (adj)	चौकोना	chaukona

círculo (m)	घेरा (m)	ghera
redondo (adj)	गोलाकार	golākār
triángulo (m)	त्रिकोण (m)	trikon
triangular (adj)	त्रिकोना	trikona

óvalo (m)	ओवल (m)	oval
oval (adj)	ओवल	oval
rectángulo (m)	आयत (m)	āyat
rectangular (adj)	आयताकार	āyatākār

pirámide (f)	शुंडाकार स्तंभ (m)	shundākār stambh
rombo (m)	रोम्बस (m)	rombas
trapecio (m)	विषम चतुर्भुज (m)	visham chaturbhuj
cubo (m)	घनक्षेत्र (m)	ghanakshetr
prisma (m)	क्रकच आयत (m)	krakach āyat

circunferencia (f)	परिधि (f)	paridhi
esfera (f)	गोला (m)	gola
globo (m)	गोला (m)	gola
diámetro (m)	व्यास (m)	vyās
radio (m)	व्यासार्ध (m)	vyāsārdh
perímetro (m)	परिणिति (f)	pariniti
centro (m)	केन्द्र (m)	kendr

horizontal (adj)	क्षैतिज	kshaitij
vertical (adj)	ऊर्ध्व	ūrdhv
paralela (f)	समांतर-रेखा (f)	samāntar-rekha
paralelo (adj)	समानान्तर	samānāntar

línea (f)	रेखा (f)	rekha
trazo (m)	लकीर (f)	lakīr
recta (f)	सीधी रेखा (f)	sīdhī rekha
curva (f)	टेढ़ी रेखा (f)	terhī rekha
fino (la ~a línea)	पतली	patalī
contorno (m)	परिरेखा (f)	parirekha

intersección (f)	प्रतिच्छेदन (f)	pratichchhedan
ángulo (m) recto	समकोण (m)	samakon
segmento (m)	खंड (m)	khand
sector (m)	क्षेत्र (m)	kshetr
lado (m)	साइड (m)	said
ángulo (m)	कोण (m)	kon

25. Las unidades de medida

peso (m)	वज़न (m)	vazan
longitud (f)	लम्बाई (f)	lambaī
anchura (f)	चौड़ाई (f)	chauraī
altura (f)	ऊंचाई (f)	ūnchaī
profundidad (f)	गहराई (f)	gaharaī
volumen (m)	घनत्व (f)	ghanatv
área (f)	क्षेत्रफल (m)	kshetrafal
gramo (m)	ग्राम (m)	grām
miligramo (m)	मिलीग्राम (m)	milīgrām

kilogramo (m)	किलोग्राम (m)	kilogrām
tonelada (f)	टन (m)	tan
libra (f)	पौण्ड (m)	paund
onza (f)	औन्स (m)	auns

metro (m)	मीटर (m)	mītar
milímetro (m)	मिलीमीटर (m)	milīmītar
centímetro (m)	सेंटीमीटर (m)	sentīmītar
kilómetro (m)	किलोमीटर (m)	kilomītar
milla (f)	मील (m)	mīl

pulgada (f)	इंच (m)	inch
pie (m)	फुट (m)	fut
yarda (f)	गज (m)	gaj

metro (m) cuadrado	वर्ग मीटर (m)	varg mītar
hectárea (f)	हेक्टेयर (m)	hekteyar

litro (m)	लीटर (m)	lītar
grado (m)	डिग्री (m)	digrī
voltio (m)	वोल्ट (m)	volt
amperio (m)	ऐम्पेयर (m)	aimpeyar
caballo (m) de fuerza	अश्व शक्ति (f)	ashv shakti

cantidad (f)	मात्रा (f)	mātra
un poco de ...	कुछ ...	kuchh ...
mitad (f)	आधा (m)	ādha
docena (f)	दर्जन (m)	darjan
pieza (f)	टुकड़ा (m)	tukara

dimensión (f)	माप (m)	māp
escala (f) (del mapa)	पैमाना (m)	paimāna

mínimo (adj)	न्यूनतम	nyūnatam
el más pequeño (adj)	सब से छोटा	sab se chhota
medio (adj)	मध्य	madhy
máximo (adj)	अधिकतम	adhikatam
el más grande (adj)	सबसे बड़ा	sabase bara

26. Contenedores

tarro (m) de vidrio	शीशी (f)	shīshī
lata (f)	डिब्बा (m)	dibba
cubo (m)	बाल्टी (f)	bāltī
barril (m)	पीपा (m)	pīpa

palangana (f)	चिलमची (f)	chilamachī
tanque (m)	कुण्ड (m)	kund
petaca (f) (de alcohol)	फ्लास्क (m)	flāsk
bidón (m) de gasolina	जेरिकैन (m)	jerikain
cisterna (f)	टंकी (f)	tankī

taza (f) (mug de cerámica)	मग (m)	mag
taza (f) (~ de café)	प्याली (f)	pyālī

platillo (m)	सॉसर (m)	sosar
vaso (m) (~ de agua)	गिलास (m)	gilās
copa (f) (~ de vino)	वाइन गिलास (m)	vain gilās
olla (f)	सॉसपैन (m)	sosapain
botella (f)	बोतल (f)	botal
cuello (m) de botella	गला (m)	gala
garrafa (f)	जग (m)	jag
jarro (m) (~ de agua)	सुराही (f)	surāhī
recipiente (m)	बरतन (m)	baratan
tarro (m)	घड़ा (m)	ghara
florero (m)	फूलदान (m)	fūladān
frasco (m) (~ de perfume)	शीशी (f)	shīshī
frasquito (m)	शीशी (f)	shīshī
tubo (m)	ट्यूब (m)	tyūb
saco (m) (~ de azúcar)	थैला (m)	thaila
bolsa (f) (~ plástica)	थैली (f)	thailī
paquete (m) (~ de cigarrillos)	पैकेट (f)	paiket
caja (f)	डिब्बा (m)	dibba
cajón (m) (~ de madera)	डिब्बा (m)	dibba
cesta (f)	टोकरी (f)	tokarī

27. Materiales

material (m)	सामग्री (f)	sāmagrī
madera (f)	लकड़ी (f)	lakarī
de madera (adj)	लकड़ी का बना	lakarī ka bana
vidrio (m)	कांच (f)	kānch
de vidrio (adj)	काँच का	kānch ka
piedra (f)	पत्थर (m)	patthar
de piedra (adj)	पत्थर का	patthar ka
plástico (m)	प्लास्टिक (m)	plāstik
de plástico (adj)	प्लास्टिक का	plāstik ka
goma (f)	रबड़ (f)	rabar
de goma (adj)	रबड़ का	rabar ka
tela (f)	कपड़ा (m)	kapara
de tela (adj)	कपड़े का	kapare ka
papel (m)	कागज़ (m)	kāgaz
de papel (adj)	कागज़ का	kāgaz ka
cartón (m)	दफ़ती (f)	dafatī
de cartón (adj)	दफ़ती का	dafatī ka
polietileno (m)	पॉलीएथीलीन (m)	polīethīlīn
celofán (m)	सेल्लोफ़ेन (m)	sellofen

contrachapado (m)	प्लाईवुड (m)	plaīvud
porcelana (f)	चीनी मिट्टी (f)	chīnī mittī
de porcelana (adj)	चीनी मिट्टी का	chīnī mittī ka
arcilla (f), barro (m)	मिट्टी (f)	mittī
de barro (adj)	मिट्टी का	mittī ka
cerámica (f)	चीनी मिट्टी (f)	chīnī mittī
de cerámica (adj)	चीनी मिट्टी का	chīnī mittī ka

28. Los metales

metal (m)	धातु (m)	dhātu
metálico (adj)	धात्वीय	dhātvīy
aleación (f)	मिश्रधातु (m)	mishradhātu

oro (m)	सोना (m)	sona
de oro (adj)	सोना	sona
plata (f)	चाँदी (f)	chāndī
de plata (adj)	चाँदी का	chāndī ka

hierro (m)	लोहा (m)	loha
de hierro (adj)	लोहे का बना	lohe ka bana
acero (m)	इस्पात (f)	ispāt
de acero (adj)	इस्पात का	ispāt ka
cobre (m)	ताँबा (f)	tānba
de cobre (adj)	ताँबे का	tānbe ka

aluminio (m)	अल्युमीनियम (m)	alyumīniyam
de aluminio (adj)	अलुमीनियम का बना	alumīniyam ka bana
bronce (m)	काँसा (f)	kānsa
de bronce (adj)	काँसे का	kānse ka

latón (m)	पीतल (f)	pītal
níquel (m)	निकल (m)	nikal
platino (m)	प्लैटिनम (m)	plaitinam
mercurio (m)	पारा (f)	pāra
estaño (m)	टिन (m)	tin
plomo (m)	सीसा (f)	sīsa
zinc (m)	जस्ता (m)	jasta

EL SER HUMANO

El ser humano. El cuerpo

29. El ser humano. Conceptos básicos

ser (m) humano	मुनष्य (m)	munashy
hombre (m) (varón)	आदमी (m)	ādamī
mujer (f)	औरत (f)	aurat
niño -a (m, f)	बच्चा (m)	bachcha
niña (f)	लड़की (f)	larakī
niño (m)	लड़का (m)	laraka
adolescente (m)	किशोर (m)	kishor
viejo, anciano (m)	बूढ़ा (m)	būrha
vieja, anciana (f)	बूढ़िया (f)	būrhiya

30. La anatomía humana

organismo (m)	शरीर (m)	sharīr
corazón (m)	दिल (m)	dil
sangre (f)	खून (f)	khūn
arteria (f)	धमनी (f)	dhamanī
vena (f)	नस (f)	nas
cerebro (m)	मास्तिष्क (m)	māstishk
nervio (m)	नस (f)	nas
nervios (m pl)	नसें (f)	nasen
vértebra (f)	कशेरुका (m)	kasheruka
columna (f) vertebral	रीढ़ की हड्डी	rīrh kī haddī
estómago (m)	पेट (m)	pet
intestinos (m pl)	आँतें (f)	ānten
intestino (m)	आँत (f)	ānt
hígado (m)	जिगर (f)	jigar
riñón (m)	गुर्दा (f)	gurda
hueso (m)	हड्डी (f)	haddī
esqueleto (m)	कंकाल (m)	kankāl
costilla (f)	पसली (f)	pasalī
cráneo (m)	खोपड़ी (f)	khoparī
músculo (m)	मांसपेशी (f)	mānsapeshī
bíceps (m)	बाइसेप्स (m)	baiseps
tríceps (m)	ट्राईसेप्स (m)	traīseps
tendón (m)	कंडरा (m)	kandara
articulación (f)	जोड़ (m)	jor

pulmones (m pl)	फेफड़े (m pl)	fefare
genitales (m pl)	गुसांग (m)	guptāng
piel (f)	त्वचा (f)	tvacha

31. La cabeza

cabeza (f)	सिर (m)	sir
cara (f)	चेहरा (m)	chehara
nariz (f)	नाक (f)	nāk
boca (f)	मुँह (m)	munh

ojo (m)	आँख (f)	ānkh
ojos (m pl)	आँखें (f)	ānkhen
pupila (f)	आँख की पुतली (f)	ānkh kī putalī
ceja (f)	भौंह (f)	bhaunh
pestaña (f)	बरौनी (f)	baraunī
párpado (m)	पलक (m)	palak

lengua (f)	जीभ (m)	jībh
diente (m)	दाँत (f)	dānt
labios (m pl)	होंठ (m)	honth
pómulos (m pl)	गाल की हड्डी (f)	gāl kī haddī
encía (f)	मसूड़ा (m)	masūra
paladar (m)	तालु (m)	tālu

ventanas (f pl)	नथने (m pl)	nathane
mentón (m)	ठोड़ी (f)	thorī
mandíbula (f)	जबड़ा (m)	jabara
mejilla (f)	गाल (m)	gāl

frente (f)	माथा (m)	mātha
sien (f)	कनपट्टी (f)	kanapattī
oreja (f)	कान (m)	kān
nuca (f)	सिर का पिछला हिस्सा (m)	sir ka pichhala hissa
cuello (m)	गरदन (m)	garadan
garganta (f)	गला (m)	gala

pelo, cabello (m)	बाल (m pl)	bāl
peinado (m)	हेयरस्टाइल (m)	heyarastail
corte (m) de pelo	हेयरकट (m)	heyarakat
peluca (f)	नकली बाल (m)	nakalī bāl

bigote (m)	मूँछें (f pl)	mūnchhen
barba (f)	दाढ़ी (f)	dārhī
tener (~ la barba)	होना	hona
trenza (f)	चोटी (f)	chotī
patillas (f pl)	गलमुच्छा (m)	galamuchchha

pelirrojo (adj)	लाल बाल	lāl bāl
gris, canoso (adj)	सफ़ेद बाल	safed bāl
calvo (adj)	गंजा	ganja
calva (f)	गंजाई (f)	ganjaī
cola (f) de caballo	पोनी-टेल (f)	ponī-tel
flequillo (m)	बेंग (m)	beng

32. El cuerpo

mano (f)	हाथ (m)	hāth
brazo (m)	बाँह (m)	bānh
dedo (m)	उँगली (m)	ungalī
dedo (m) pulgar	अँगूठा (m)	angūtha
dedo (m) meñique	छोटी उंगली (f)	chhotī ungalī
uña (f)	नाखून (m)	nākhūn
puño (m)	मुट्ठी (m)	mutthī
palma (f)	हथेली (f)	hathelī
muñeca (f)	कलाई (f)	kalaī
antebrazo (m)	प्रकोष्ठ (m)	prakoshth
codo (m)	कोहनी (f)	kohanī
hombro (m)	कंधा (m)	kandha
pierna (f)	टाँग (f)	tāng
planta (f)	पैर का तलवा (m)	pair ka talava
rodilla (f)	घुटना (m)	ghutana
pantorrilla (f)	पिंडली (f)	pindalī
cadera (f)	जाँघ (f)	jāngh
talón (m)	एड़ी (f)	erī
cuerpo (m)	शरीर (m)	sharīr
vientre (m)	पेट (m)	pet
pecho (m)	सीना (m)	sīna
seno (m)	स्तन (f)	stan
lado (m), costado (m)	कूल्हा (m)	kūlha
espalda (f)	पीठ (f)	pīth
zona (f) lumbar	पीठ का निचला हिस्सा (m)	pīth ka nichala hissa
cintura (f), talle (m)	कमर (f)	kamar
ombligo (m)	नाभी (f)	nābhī
nalgas (f pl)	नितंब (m pl)	nitamb
trasero (m)	नितम्ब (m)	nitamb
lunar (m)	सौंदर्य चिन्ह (f)	saundary chinh
marca (f) de nacimiento	जन्म चिह्न (m)	janm chihn
tatuaje (m)	टैटू (m)	taitū
cicatriz (f)	घावे का निशान (m)	ghāv ka nishān

La ropa y los accesorios

33. La ropa exterior. Los abrigos

ropa (f)	कपड़े (m)	kapare
ropa (f) de calle	बाहरी पोशाक (m)	bāharī poshāk
ropa (f) de invierno	सर्दियों की पोशक (f)	sardiyon kī poshak
abrigo (m)	ओवरकोट (m)	ovarakot
abrigo (m) de piel	फरकोट (m)	farakot
abrigo (m) corto de piel	फ़र की जैकेट (f)	far kī jaiket
chaqueta (f) plumón	फ़ेदर कोट (m)	fedar kot
cazadora (f)	जैकेट (f)	jaiket
impermeable (m)	बरसाती (f)	barasātī
impermeable (adj)	जलरोधक	jalarodhak

34. Ropa de hombre y mujer

camisa (f)	कमीज़ (f)	kamīz
pantalones (m pl)	पैंट (m)	paint
jeans, vaqueros (m pl)	जीन्स (m)	jīns
chaqueta (f), saco (m)	कोट (m)	kot
traje (m)	सूट (m)	sūt
vestido (m)	फ़्रॉक (f)	frok
falda (f)	स्कर्ट (f)	skart
blusa (f)	ब्लाउज़ (f)	blauz
rebeca (f), chaqueta (f) de punto	कार्डिगन (f)	kārdigan
chaqueta (f)	जैकेट (f)	jaiket
camiseta (f) (T-shirt)	टी-शर्ट (f)	tī-shart
pantalones (m pl) cortos	शोट्र्स (m pl)	shorts
traje (m) deportivo	ट्रैक सूट (m)	traik sūt
bata (f) de baño	बाथ रोब (m)	bāth rob
pijama (m)	पजामा (m)	pajāma
suéter (m)	सूटर (m)	sūtar
pulóver (m)	पुलोवर (m)	pulovar
chaleco (m)	बण्डी (m)	bandī
frac (m)	टेल-कोट (m)	tel-kot
esmoquin (m)	डिनर-जैकेट (f)	dinar-jaiket
uniforme (m)	वर्दी (f)	vardī
ropa (f) de trabajo	वर्दी (f)	vardī
mono (m)	ओवरऑल्स (m)	ovarols
bata (f) (p. ej. ~ blanca)	कोट (m)	kot

35. La ropa. La ropa interior

ropa (f) interior	अंगवस्त्र (m)	angavastr
camiseta (f) interior	बनियान (f)	baniyān
calcetines (m pl)	मोज़े (m pl)	moze
camisón (m)	नाइट गाउन (m)	nait gaun
sostén (m)	ब्रा (f)	bra
calcetines (m pl) altos	घुटनों तक के मोज़े (m)	ghutanon tak ke moze
pantimedias (f pl)	टाइट्स (m pl)	taits
medias (f pl)	स्टाकिंग (m pl)	stāking
traje (m) de baño	स्विम सूट (m)	svim sūt

36. Gorras

gorro (m)	टोपी (f)	topī
sombrero (m) de fieltro	हैट (f)	hait
gorra (f) de béisbol	बैस्बॉल कैप (f)	baisbol kaip
gorra (f) plana	फ़्लैट कैप (f)	flait kaip
boina (f)	बेरेट (m)	beret
capuchón (m)	हूड (m)	hūd
panamá (m)	पनामा हैट (m)	panāma hait
gorro (m) de punto	बुनी हुई टोपी (f)	bunī huī topī
pañuelo (m)	सिर का स्कार्फ़ (m)	sir ka skārf
sombrero (m) de mujer	महिलाओं की टोपी (f)	mahilaon kī topī
casco (m) (~ protector)	हेलमेट (f)	helamet
gorro (m) de campaña	पुलिसीया टोपी (f)	pulisīya topī
casco (m) (~ de moto)	हेलमेट (f)	helamet
bombín (m)	बॉलर हैट (m)	bolar hait
sombrero (m) de copa	टॉप हैट (m)	top hait

37. El calzado

calzado (m)	पनही (f)	panahī
botas (f pl)	जूते (m pl)	jūte
zapatos (m pl) (~ de tacón bajo)	जूते (m pl)	jūte
botas (f pl) altas	बूट (m pl)	būt
zapatillas (f pl)	चप्पल (f pl)	chappal
tenis (m pl)	टेनिस के जूते (m)	tenis ke jūte
zapatillas (f pl) de lona	स्नीकर्स (m)	snīkars
sandalias (f pl)	सैन्डल (f)	saindal
zapatero (m)	मोची (m)	mochī
tacón (m)	एड़ी (f)	erī
par (m)	जोड़ा (m)	jora

cordón (m)	जूते का फ़ीता (m)	jūte ka fīta
encordonar (vt)	फ़ीता बाँधना	fīta bāndhana
calzador (m)	शू-होर्न (m)	shū-horn
betún (m)	बूट-पालिश (m)	būt-pālish

38. Los textiles. Las telas

algodón (m)	कपास (m)	kapās
de algodón (adj)	सूती	sūtī
lino (m)	फ़्लैक्स (m)	flaiks
de lino (adj)	फ़्लैक्स का	flaiks ka

seda (f)	रेशम (f)	resham
de seda (adj)	रेशमी	reshamī
lana (f)	ऊन (m)	ūn
de lana (adj)	ऊनी	ūnī

terciopelo (m)	मख़मल (m)	makhamal
gamuza (f)	स्वैड (m)	svaid
pana (f)	कॉरडरॉय (m)	koradaroy

nilón (m)	नायलॉन (m)	nāyalon
de nilón (adj)	नायलॉन का	nāyalon ka
poliéster (m)	पॉलिएस्टर (m)	poliestar
de poliéster (adj)	पॉलिएस्टर का	poliestar ka

piel (f) (cuero)	चमड़ा (m)	chamara
de piel (de cuero)	चमड़े का	chamare ka
piel (f) (~ de zorro, etc.)	फ़र (m)	far
de piel (abrigo ~)	फ़र का	far ka

39. Accesorios personales

guantes (m pl)	दस्ताने (m pl)	dastāne
manoplas (f pl)	दस्ताने (m pl)	dastāne
bufanda (f)	मफ़लर (m)	mafalar

gafas (f pl)	ऐनक (m pl)	ainak
montura (f)	चश्मे का फ़्रेम (m)	chashme ka frem
paraguas (m)	छतरी (f)	chhatarī
bastón (m)	छड़ी (f)	chharī
cepillo (m) de pelo	ब्रश (m)	brash
abanico (m)	पंखा (m)	pankha

corbata (f)	टाई (f)	taī
pajarita (f)	बो टाई (f)	bo taī
tirantes (m pl)	पतलून बाँधने का फ़ीता (m)	patalūn bāndhane ka fīta
moquero (m)	रूमाल (m)	rūmāl

peine (m)	कंघा (m)	kangha
pasador (m) de pelo	बालपिन (f)	bālapin
horquilla (f)	हेयरक्लीप (f)	heyaraklīp

hebilla (f)	बकसुआ (m)	bakasua
cinturón (m)	बेल्ट (m)	belt
correa (f) (de bolso)	कंधे का पट्टा (m)	kandhe ka patta
bolsa (f)	बैग (m)	baig
bolso (m)	पर्स (m)	pars
mochila (f)	बैकपैक (m)	baikapaik

40. La ropa. Miscelánea

moda (f)	फ़ैशन (m)	faishan
de moda (adj)	प्रचलन में	prachalan men
diseñador (m) de moda	फ़ैशन डिज़ाइनर (m)	faishan dizainar
cuello (m)	कॉलर (m)	kolar
bolsillo (m)	जेब (m)	jeb
de bolsillo (adj)	जेब	jeb
manga (f)	आस्तीन (f)	āstīn
presilla (f)	हैंगिंग लूप (f)	hainging lūp
bragueta (f)	ज़िप (f)	zip
cremallera (f)	ज़िप (f)	zip
cierre (m)	हुक (m)	huk
botón (m)	बटन (m)	batan
ojal (m)	बटन का काज (m)	batan ka kāj
saltar (un botón)	निकल जाना	nikal jāna
coser (vi, vt)	सीना	sīna
bordar (vt)	काढ़ना	kārhana
bordado (m)	कढ़ाई (f)	karhaī
aguja (f)	सूई (f)	sūī
hilo (m)	धागा (m)	dhāga
costura (f)	सीवन (m)	sīvan
ensuciarse (vr)	मैला होना	maila hona
mancha (f)	धब्बा (m)	dhabba
arrugarse (vr)	शिकन पड़ जाना	shikan par jāna
rasgar (vt)	फट जाना	fat jāna
polilla (f)	कपड़ों के कीड़े (m)	kaparon ke kīre

41. Productos personales. Cosméticos

pasta (f) de dientes	टूथपेस्ट (m)	tūthapest
cepillo (m) de dientes	टूथब्रश (m)	tūthabrash
limpiarse los dientes	दांत साफ़ करना	dānt sāf karana
maquinilla (f) de afeitar	रेज़र (f)	rezar
crema (f) de afeitar	हजामत का क्रीम (m)	hajāmat ka krīm
afeitarse (vr)	शेव करना	shev karana
jabón (m)	साबुन (m)	sābun
champú (m)	शैम्पू (m)	shaimpū

tijeras (f pl)	कैंची (f pl)	kainchī
lima (f) de uñas	नाख़ून घिसनी (f)	nākhūn ghisanī
cortaúñas (m pl)	नाख़ून कतरनी (f)	nākhūn kataranī
pinzas (f pl)	ट्वीज़र्स (f)	tvīzars

cosméticos (m pl)	श्रृंगार-सामग्री (f)	shrrngār-sāmagrī
mascarilla (f)	चेहरे का लेप (m)	chehare ka lep
manicura (f)	मैनीक्योर (m)	mainīkyor
hacer la manicura	मैनीक्योर करवाना	mainīkyor karavāna
pedicura (f)	पेडिक्यूर (m)	pedikyūr

bolsa (f) de maquillaje	श्रृंगार थैली (f)	shrrngār thailī
polvos (m pl)	पाउडर (m)	paudar
polvera (f)	कॉम्पैक्ट पाउडर (m)	kompaikt paudar
colorete (m), rubor (m)	ब्लशर (m)	blashar

perfume (m)	ख़ुशबू (f)	khushabū
agua (f) de tocador	टॉयलेट वॉटर (m)	tāyalet votar
loción (f)	लोशन (m)	loshan
agua (f) de Colonia	कोलोन (m)	kolon

sombra (f) de ojos	आई-शैडो (m)	āī-shaido
lápiz (m) de ojos	आई-पेंसिल (f)	āī-pensil
rímel (m)	मस्कारा (m)	maskāra

pintalabios (m)	लिपस्टिक (m)	lipastik
esmalte (m) de uñas	नेल पॉलिश (f)	nel polish
fijador (m) para el pelo	हेयर स्प्रे (m)	heyar spre
desodorante (m)	डिओडरेन्ट (m)	diodarent

crema (f)	क्रीम (m)	krīm
crema (f) de belleza	चेहरे की क्रीम (f)	chehare kī krīm
crema (f) de manos	हाथ की क्रीम (f)	hāth kī krīm
crema (f) antiarrugas	एंटी रिंकल क्रीम (f)	entī rinkal krīm
de día (adj)	दिन का	din ka
de noche (adj)	रात का	rāt ka

tampón (m)	टैम्पन (m)	taimpan
papel (m) higiénico	टॉयलेट पेपर (m)	toyalet pepar
secador (m) de pelo	हेयर ड्रायर (m)	heyar drāyar

42. Las joyas

joyas (f pl)	ज़ेवर (m pl)	zevar
precioso (adj)	बहुमूल्य	bahumūly
contraste (m)	छाप (m)	chhāp

anillo (m)	अंगूठी (f)	angūthī
anillo (m) de boda	शादी की अंगूठी (f)	shādī kī angūthī
pulsera (f)	चूड़ी (m)	chūrī

pendientes (m pl)	कान की रिंग (f)	kān kī ring
collar (m) (~ de perlas)	माला (f)	māla
corona (f)	ताज (m)	tāj

collar (m) de abalorios	मोती की माला (f)	motī kī māla
diamante (m)	हीरा (m)	hīra
esmeralda (f)	पन्ना (m)	panna
rubí (m)	माणिक (m)	mānik
zafiro (m)	नीलम (m)	nīlam
perla (f)	मुक्ताफल (m)	muktāfal
ámbar (m)	ऐम्बर (m)	embar

43. Los relojes

reloj (m)	घड़ी (f pl)	gharī
esfera (f)	डायल (m)	dāyal
aguja (f)	सुई (f)	suī
pulsera (f)	धातु से बनी घड़ी का पट्टा (m)	dhātu se banī gharī ka patta
correa (f) (del reloj)	घड़ी का पट्टा (m)	gharī ka patta
pila (f)	बैटरी (f)	baiterī
descargarse (vr)	ख़त्म हो जाना	khatm ho jāna
cambiar la pila	बैटरी बदलना	baiterī badalana
adelantarse (vr)	तेज़ चलना	tez chalana
retrasarse (vr)	धीमी चलना	dhīmī chalana
reloj (m) de pared	दीवार-घड़ी (f pl)	dīvār-gharī
reloj (m) de arena	रेत-घड़ी (f pl)	ret-gharī
reloj (m) de sol	सूरज-घड़ी (f pl)	sūraj-gharī
despertador (m)	अलार्म घड़ी (f)	alārm gharī
relojero (m)	घड़ीसाज़ (m)	gharīsāz
reparar (vt)	मरम्मत करना	marammat karana

La comida y la nutrición

carne (f)	गोश्त (m)	gosht
gallina (f)	चीकन (m)	chīkan
pollo (m)	रॉक कोर्निश मुर्गी (f)	rok kornish murgī
pato (m)	बतख़ (f)	battakh
ganso (m)	हंस (m)	hans
caza (f) menor	शिकार के पशुपक्षी (f)	shikār ke pashupakshī
pava (f)	टर्की (m)	tarkī
carne (f) de cerdo	सुअर का गोश्त (m)	suar ka gosht
carne (f) de ternera	बछड़े का गोश्त (m)	bachhare ka gosht
carne (f) de carnero	भेड़ का गोश्त (m)	bher ka gosht
carne (f) de vaca	गाय का गोश्त (m)	gāy ka gosht
conejo (m)	खरगोश (m)	kharagosh
salchichón (m)	सॉसेज (f)	sosej
salchicha (f)	वियना सॉसेज (m)	viyana sosej
beicon (m)	बेकन (m)	bekan
jamón (m)	हैम (m)	haim
jamón (m) fresco	सुअर की जांघ (f)	suar kī jāngh
paté (m)	पिसा हुआ गोश्त (m)	pisa hua gosht
hígado (m)	जिगर (f)	jigar
carne (f) picada	कीमा (m)	kīma
lengua (f)	जीभ (m)	jībh
huevo (m)	अंडा (m)	anda
huevos (m pl)	अंडे (m pl)	ande
clara (f)	अंडे की सफ़ेदी (m)	ande kī safedī
yema (f)	अंडे की ज़र्दी (m)	ande kī zardī
pescado (m)	मछली (f)	machhalī
mariscos (m pl)	समुद्री खाना (m)	samudrī khāna
caviar (m)	मछली के अंडे (m)	machhalī ke ande
cangrejo (m) de mar	केकड़ा (m)	kekara
camarón (m)	चिंगड़ा (m)	chingara
ostra (f)	सीप (m)	sīp
langosta (f)	लोबस्टर (m)	lobastar
pulpo (m)	ओक्टोपस (m)	oktopas
calamar (m)	स्कीड (m)	skīd
esturión (m)	स्टर्जन (f)	starjan
salmón (m)	सालमन (m)	sālaman
fletán (m)	हैलिबट (f)	hailibat
bacalao (m)	कॉड (f)	kod
caballa (f)	माक्रैल (f)	mākrail

| atún (m) | टूना (f) | tūna |
| anguila (f) | बाम मछली (f) | bām machhalī |

trucha (f)	ट्राउट मछली (f)	traut machhalī
sardina (f)	सार्डीन (f)	sārdīn
lucio (m)	पाइक (f)	paik
arenque (m)	हेरिंग मछली (f)	hering machhalī

pan (m)	ब्रेड (f)	bred
queso (m)	पनीर (m)	panīr
azúcar (m)	चीनी (f)	chīnī
sal (f)	नमक (m)	namak

arroz (m)	चावल (m)	chāval
macarrones (m pl)	पास्ता (m)	pāsta
tallarines (m pl)	नूडल्स (m)	nūdals

mantequilla (f)	मक्खन (m)	makkhan
aceite (m) vegetal	तेल (m)	tel
aceite (m) de girasol	सूरजमुखी तेल (m)	sūrajamukhī tel
margarina (f)	नकली मक्खन (m)	nakalī makkhan

| olivas, aceitunas (f pl) | जैतून (m) | jaitūn |
| aceite (m) de oliva | जैतून का तेल (m) | jaitūn ka tel |

leche (f)	दूध (m)	dūdh
leche (f) condensada	रबड़ी (f)	rabarī
yogur (m)	दही (m)	dahī
nata (f) agria	खट्टी क्रीम (f)	khattī krīm
nata (f) líquida	मलाई (f pl)	malaī

| mayonesa (f) | मेयोनेज़ (m) | meyonez |
| crema (f) de mantequilla | क्रीम (m) | krīm |

cereales (m pl) integrales	अनाज के दाने (m)	anāj ke dāne
harina (f)	आटा (m)	āta
conservas (f pl)	डिब्बाबन्द खाना (m)	dibbāband khāna

copos (m pl) de maíz	कॉर्नफ्लेक्स (m)	kornafleks
miel (f)	शहद (m)	shahad
confitura (f)	जैम (m)	jaim
chicle (m)	च्यूइन्गा गम (m)	chūing gam

45. Las bebidas

agua (f)	पानी (m)	pānī
agua (f) potable	पीने का पानी (f)	pīne ka pānī
agua (f) mineral	मिनरल वॉटर (m)	minaral votar

sin gas	स्टिल वॉटर	stil votar
gaseoso (adj)	कार्बोनेटेड	kārboneted
con gas	स्पार्कलिंग	spārkaling
hielo (m)	बर्फ़ (m)	barf
con hielo	बर्फ़ के साथ	barf ke sāth

sin alcohol	शराब रहित	sharāb rahit
bebida (f) sin alcohol	कोल्ड ड्रिंक (f)	kold drink
refresco (m)	शीतलक ड्रिंक (f)	shītalak drink
limonada (f)	लेमोनेड (m)	lemoned

bebidas (f pl) alcohólicas	शराब (m pl)	sharāb
vino (m)	वाइन (f)	vain
vino (m) blanco	सफ़ेद वाइन (f)	safed vain
vino (m) tinto	लाल वाइन (f)	lāl vain

licor (m)	लिकर (m)	likar
champaña (f)	शैम्पेन (f)	shaimpen
vermú (m)	वर्माठथ (f)	varmauth

whisky (m)	विस्की (f)	viskī
vodka (m)	वोडका (m)	vodaka
ginebra (f)	जिन (f)	jin
coñac (m)	कोन्याक (m)	konyāk
ron (m)	रम (m)	ram

café (m)	कॉफ़ी (f)	kofī
café (m) solo	काली कॉफ़ी (f)	kālī kofī
café (m) con leche	दूध के साथ कॉफ़ी (f)	dūdh ke sāth kofī
capuchino (m)	कैपूचिनो (f)	kaipūchino
café (m) soluble	इन्सटेन्ट-काफ़ी (f)	insatent-kāfī

leche (f)	दूध (m)	dūdh
cóctel (m)	कॉकटेल (m)	kokatel
batido (m)	मिल्कशेक (m)	milkashek

zumo (m), jugo (m)	रस (m)	ras
jugo (m) de tomate	टमाटर का रस (m)	tamātar ka ras
zumo (m) de naranja	संतरे का रस (m)	santare ka ras
zumo (m) fresco	ताज़ा रस (m)	tāza ras

cerveza (f)	बियर (m)	biyar
cerveza (f) rubia	हल्का बियर (m)	halka biyar
cerveza (f) negra	डार्क बियर (m)	dārk biyar

té (m)	चाय (f)	chāy
té (m) negro	काली चाय (f)	kālī chāy
té (m) verde	हरी चाय (f)	harī chāy

46. Las verduras

| legumbres (f pl) | सब्ज़ियाँ (f pl) | sabziyān |
| verduras (f pl) | हरी सब्ज़ियाँ (f) | harī sabziyān |

tomate (m)	टमाटर (m)	tamātar
pepino (m)	खीरा (m)	khīra
zanahoria (f)	गाजर (f)	gājar
patata (f)	आलू (m)	ālū
cebolla (f)	प्याज़ (m)	pyāz
ajo (m)	लहसुन (m)	lahasun

col (f)	पत्ता गोभी (f)	patta gobhī
coliflor (f)	फूल गोभी (f)	fūl gobhī
col (f) de Bruselas	ब्रसेल्स स्प्राउट्स (m)	brasels sprauts
brócoli (m)	ब्रोकोली (f)	brokolī
remolacha (f)	चुकन्दर (m)	chukandar
berenjena (f)	बैंगन (m)	baingan
calabacín (m)	तुरई (f)	turī
calabaza (f)	कद्दू	kaddū
nabo (m)	शलजम (f)	shalajam
perejil (m)	अजमोद (f)	ajamod
eneldo (m)	सोआ (m)	soa
lechuga (f)	सलाद पत्ता (m)	salād patta
apio (m)	सेलरी (m)	selarī
espárrago (m)	एस्पैरेगस (m)	espairegas
espinaca (f)	पालक (m)	pālak
guisante (m)	मटर (m)	matar
habas (f pl)	फली (f pl)	falī
maíz (m)	मकई (f)	makī
fréjol (m)	राजमा (f)	rājama
pimiento (m) dulce	शिमला मिर्च (m)	shimala mirch
rábano (m)	मूली (f)	mūlī
alcachofa (f)	हाथीचक (m)	hāthīchak

47. Las frutas. Las nueces

fruto (m)	फल (m)	fal
manzana (f)	सेब (m)	seb
pera (f)	नाशपाती (f)	nāshapātī
limón (m)	नींबू (m)	nīmbū
naranja (f)	संतरा (m)	santara
fresa (f)	स्ट्रॉबेरी (f)	stroberī
mandarina (f)	नारंगी (m)	nārangī
ciruela (f)	आलूबुखारा (m)	ālūbukhāra
melocotón (m)	आड़ू (m)	ārū
albaricoque (m)	खूबानी (f)	khūbānī
frambuesa (f)	रसभरी (f)	rasabharī
piña (f)	अनानास (m)	anānās
banana (f)	केला (m)	kela
sandía (f)	तरबूज़ (m)	tarabūz
uva (f)	अंगूर (m)	angūr
guinda (f), cereza (f)	चेरी (f)	cherī
melón (m)	खरबूज़ा (f)	kharabūza
pomelo (m)	ग्रेपफ्रूट (m)	grepafrūt
aguacate (m)	एवोकाडो (m)	evokādo
papaya (f)	पपीता (f)	papīta
mango (m)	आम (m)	ām
granada (f)	अनार (m)	anār

grosella (f) roja	लाल किशमिश (f)	lāl kishamish
grosella (f) negra	काली किशमिश (f)	kālī kishamish
grosella (f) espinosa	आमला (f)	āmala
arándano (m)	बिलबेरी (f)	bilaberī
zarzamoras (f pl)	ब्लैकबेरी (f)	blaikaberī
pasas (f pl)	किशमिश (m)	kishamish
higo (m)	अंजीर (m)	anjīr
dátil (m)	खजूर (m)	khajūr
cacahuete (m)	मूँगफली (m)	mūngafalī
almendra (f)	बादाम (f)	bādām
nuez (f)	अखरोट (m)	akharot
avellana (f)	हेज़लनट (m)	hezalanat
nuez (f) de coco	नारियल (m)	nāriyal
pistachos (m pl)	पिस्ता (m)	pista

48. El pan. Los dulces

pasteles (m pl)	मिठाई (f pl)	mithaī
pan (m)	ब्रेड (f)	bred
galletas (f pl)	बिस्कुट (m)	biskut
chocolate (m)	चॉकलेट (m)	chokalet
de chocolate (adj)	चॉकलेटी	chokaletī
caramelo (m)	टॉफ़ी (f)	tofī
tarta (f) (pequeña)	पेस्ट्री (f)	pestrī
tarta (f) (~ de cumpleaños)	केक (m)	kek
tarta (f) (~ de manzana)	पाई (m)	paī
relleno (m)	फ़िलिंग (f)	filing
confitura (f)	जैम (m)	jaim
mermelada (f)	मुरब्बा (m)	murabba
gofre (m)	वेफ़र (m pl)	vefar
helado (m)	आईस-क्रीम (f)	āīs-krīm

49. Los platos

plato (m)	पकवान (m)	pakavān
cocina (f)	व्यंजन (m)	vyanjan
receta (f)	रैसीपी (f)	raisīpī
porción (f)	भाग (m)	bhāg
ensalada (f)	सलाद (m)	salād
sopa (f)	सूप (m)	sūp
caldo (m)	यख़नी (f)	yakhanī
bocadillo (m)	सैन्डविच (m)	saindavich
huevos (m pl) fritos	आमलेट (m)	āmalet
hamburguesa (f)	हैमबर्गर (m)	haimabargar
bistec (m)	बीफ़स्टीक (m)	bīfastīk

guarnición (f)	साइड डिश (f)	said dish
espagueti (m)	स्पेघेटी (f)	speghetī
puré (m) de patatas	आलू भरता (f)	ālū bharata
pizza (f)	पीट्ज़ा (f)	pītza
gachas (f pl)	दलिया (f)	daliya
tortilla (f) francesa	आमलेट (m)	āmalet

cocido en agua (adj)	उबला	ubala
ahumado (adj)	धुएँ में पकाया हुआ	dhuen men pakāya hua
frito (adj)	भुना	bhuna
seco (adj)	सूखा	sūkha
congelado (adj)	फ्रोज़न	frozan
marinado (adj)	अचार	achār

azucarado, dulce (adj)	मीठा	mītha
salado (adj)	नमकीन	namakīn
frío (adj)	ठंडा	thanda
caliente (adj)	गरम	garam
amargo (adj)	कड़वा	karava
sabroso (adj)	स्वादिष्ट	svādisht

cocer en agua	उबलते पानी में पकाना	ubalate pānī men pakāna
preparar (la cena)	खाना बनाना	khāna banāna
freír (vt)	भूनना	bhūnana
calentar (vt)	गरम करना	garam karana

salar (vt)	नमक डालना	namak dālana
poner pimienta	मिर्च डालना	mirch dālana
rallar (vt)	कद्दूकश करना	kaddūkash karana
piel (f)	छिलका (f)	chhilaka
pelar (vt)	छिलका निकलना	chhilaka nikalana

50. Las especias

sal (f)	नमक (m)	namak
salado (adj)	नमकीन	namakīn
salar (vt)	नमक डालना	namak dālana

pimienta (f) negra	काली मिर्च (f)	kālī mirch
pimienta (f) roja	लाल मिर्च (m)	lāl mirch
mostaza (f)	सरसों (m)	sarason
rábano (m) picante	अरब मूली (f)	arab mūlī

condimento (m)	मसाला (m)	masāla
especia (f)	मसाला (m)	masāla
salsa (f)	चटनी (f)	chatanī
vinagre (m)	सिरका (m)	siraka

anís (m)	सौंफ़ (f)	saumf
albahaca (f)	तुलसी (f)	tulasī
clavo (m)	लौंग (f)	laung
jengibre (m)	अदरक (m)	adarak
cilantro (m)	धनिया (m)	dhaniya
canela (f)	दालचीनी (f)	dālachīnī

sésamo (m)	तिल (m)	til
hoja (f) de laurel	तेजपत्ता (m)	tejapatta
paprika (f)	लाल शिमला मिर्च पाउडर (m)	lāl shimala mirch paudar
comino (m)	ज़ीरा (m)	zīra
azafrán (m)	ज़ाफ़रान (m)	zāfarān

51. Las comidas

comida (f)	खाना (m)	khāna
comer (vi, vt)	खाना खाना	khāna khāna
desayuno (m)	नाश्ता (m)	nāshta
desayunar (vi)	नाश्ता करना	nāshta karana
almuerzo (m)	दोपहर का भोजन (m)	dopahar ka bhojan
almorzar (vi)	दोपहर का भोजन करना	dopahar ka bhojan karana
cena (f)	रात्रिभोज (m)	rātribhoj
cenar (vi)	रात्रिभोज करना	rātribhoj karana
apetito (m)	भूख (f)	bhūkh
¡Que aproveche!	अपने भोजन का आनंद उठाएं!	apane bhojan ka ānand uthaen!
abrir (vt)	खोलना	kholana
derramar (líquido)	गिराना	girāna
derramarse (líquido)	गिराना	girāna
hervir (vi)	उबालना	ubālana
hervir (vt)	उबालना	ubālana
hervido (agua ~a)	उबला हुआ	ubala hua
enfriar (vt)	ठंडा करना	thanda karana
enfriarse (vr)	ठंडा करना	thanda karana
sabor (m)	स्वाद (m)	svād
regusto (m)	स्वाद (m)	svād
adelgazar (vi)	वज़न घटाना	vazan ghatāna
dieta (f)	डाइट (m)	dait
vitamina (f)	विटामिन (m)	vitāmin
caloría (f)	कैलोरी (f)	kailorī
vegetariano (m)	शाकाहारी (m)	shākāhārī
vegetariano (adj)	शाकाहारी	shākāhārī
grasas (f pl)	वसा (m pl)	vasa
proteínas (f pl)	प्रोटीन (m pl)	protīn
carbohidratos (m pl)	कार्बोहाइड्रेट (m)	kārbohaidret
loncha (f)	टुकड़ा (m)	tukara
pedazo (m)	टुकड़ा (m)	tukara
miga (f)	टुकड़ा (m)	tukara

52. Los cubiertos

cuchara (f)	चम्मच (m)	chammach
cuchillo (m)	छुरी (f)	chhurī

tenedor (m)	काँटा (m)	kānta
taza (f)	प्याला (m)	pyāla
plato (m)	तश्तरी (f)	tashtarī
platillo (m)	सॉसर (m)	sosar
servilleta (f)	नैपकीन (m)	naipakīn
mondadientes (m)	टूथपिक (m)	tūthapik

53. El restaurante

restaurante (m)	रेस्टराँ (m)	restarān
cafetería (f)	कॉफ़ी हाउस (m)	kofī haus
bar (m)	बार (m)	bār
salón (m) de té	चायख़ाना (m)	chāyakhāna
camarero (m)	बैरा (m)	baira
camarera (f)	बैरी (f)	bairī
barman (m)	बारमैन (m)	bāramain
carta (f), menú (m)	मेनू (m)	menū
carta (f) de vinos	वाइन सूची (f)	vain sūchī
reservar una mesa	मेज़ बुक करना	mez buk karana
plato (m)	पकवान (m)	pakavān
pedir (vt)	आर्डर देना	ārdar dena
hacer un pedido	आर्डर देना	ārdar dena
aperitivo (m)	एपेरेतीफ़ (m)	eperetīf
entremés (m)	एपेटाइज़र (m)	epetaizar
postre (m)	मीठा (m)	mītha
cuenta (f)	बिल (m)	bil
pagar la cuenta	बील का भुगतान करना	bīl ka bhugatān karana
dar la vuelta	खुले पैसे देना	khule paise dena
propina (f)	टिप (f)	tip

La familia nuclear, los parientes y los amigos

54. La información personal. Los formularios

nombre (m)	पहला नाम (m)	pahala nām
apellido (m)	उपनाम (m)	upanām
fecha (f) de nacimiento	जन्म-दिवस (m)	janm-divas
lugar (m) de nacimiento	मातृभूमि (f)	mātrbhūmi
nacionalidad (f)	नागरिकता (f)	nāgarikata
domicilio (m)	निवास स्थान (m)	nivās sthān
país (m)	देश (m)	desh
profesión (f)	पेशा (m)	pesha
sexo (m)	लिंग (m)	ling
estatura (f)	क़द (m)	qad
peso (m)	वज़न (m)	vazan

55. Los familiares. Los parientes

madre (f)	माँ (f)	mān
padre (m)	पिता (m)	pita
hijo (m)	बेटा (m)	beta
hija (f)	बेटी (f)	betī
hija (f) menor	छोटी बेटी (f)	chhotī betī
hijo (m) menor	छोटा बेटा (m)	chhota beta
hija (f) mayor	बड़ी बेटी (f)	barī betī
hijo (m) mayor	बड़ा बेटा (m)	bara beta
hermano (m)	भाई (m)	bhaī
hermana (f)	बहन (f)	bahan
primo (m)	चचेरा भाई (m)	chachera bhaī
prima (f)	चचेरी बहन (f)	chacherī bahan
mamá (f)	अम्मा (f)	amma
papá (m)	पापा (m)	pāpa
padres (pl)	माँ-बाप (m pl)	mān-bāp
niño -a (m, f)	बच्चा (m)	bachcha
niños (pl)	बच्चे (m pl)	bachche
abuela (f)	दादी (f)	dādī
abuelo (m)	दादा (m)	dāda
nieto (m)	पोता (m)	pota
nieta (f)	पोती (f)	potī
nietos (pl)	पोते (m)	pote
tío (m)	चाचा (m)	chācha
tía (f)	चाची (f)	chāchī

sobrino (m)	भतीजा (m)	bhatīja
sobrina (f)	भतीजी (f)	bhatījī
suegra (f)	सास (f)	sās
suegro (m)	ससुर (m)	sasur
yerno (m)	दामाद (m)	dāmād
madrastra (f)	सौतेली माँ (f)	sautelī mān
padrastro (m)	सौतेले पिता (m)	sautele pita
niño (m) de pecho	दूधमुँहा बच्चा (m)	dudhamunha bachcha
bebé (m)	शिशु (f)	shishu
chico (m)	छोटा बच्चा (m)	chhota bachcha
mujer (f)	पत्नी (f)	patnī
marido (m)	पति (m)	pati
esposo (m)	पति (m)	pati
esposa (f)	पत्नी (f)	patnī
casado (adj)	शादीशुदा	shādīshuda
casada (adj)	शादीशुदा	shādīshuda
soltero (adj)	अविवाहित	avivāhit
soltero (m)	कुँआरा (m)	kunāra
divorciado (adj)	तलाक़शुदा	talāqashuda
viuda (f)	विधवा (f)	vidhava
viudo (m)	विधुर (m)	vidhur
pariente (m)	रिश्तेदार (m)	rishtedār
pariente (m) cercano	सम्बंधी (m)	sambandhī
pariente (m) lejano	दूर का रिश्तेदार (m)	dūr ka rishtedār
parientes (pl)	रिश्तेदार (m pl)	rishtedār
huérfano (m), huérfana (f)	अनाथ (m)	anāth
tutor (m)	अभिभावक (m)	abhibhāvak
adoptar (un niño)	लड़का गोद लेना	laraka god lena
adoptar (una niña)	लड़की गोद लेना	larakī god lena

56. Los amigos. Los compañeros del trabajo

amigo (m)	दोस्त (m)	dost
amiga (f)	सहेली (f)	sahelī
amistad (f)	दोस्ती (f)	dostī
ser amigo	दोस्त होना	dost hona
amigote (m)	मित्र (m)	mitr
amiguete (f)	सहेली (f)	sahelī
compañero (m)	पार्टनर (m)	pārtanar
jefe (m)	चीफ़ (m)	chīf
superior (m)	अधीक्षक (m)	adhīkshak
subordinado (m)	अधीनस्थ (m)	adhīnasth
colega (m, f)	सहकर्मी (m)	sahakarmī
conocido (m)	परिचित आदमी (m)	parichit ādamī
compañero (m) de viaje	सहगामी (m)	sahagāmī

condiscípulo (m)	सहपाठी (m)	sahapāthī
vecino (m)	पड़ोसी (m)	parosī
vecina (f)	पड़ोसन (f)	parosan
vecinos (pl)	पड़ोसी (m pl)	parosī

57. El hombre. La mujer

mujer (f)	औरत (f)	aurat
muchacha (f)	लड़की (f)	larakī
novia (f)	दुल्हन (f)	dulhan
guapa (adj)	सुंदर	sundar
alta (adj)	लम्बा	lamba
esbelta (adj)	सुडौल	sudaul
de estatura mediana	छोटे क़द का	chhote qad ka
rubia (f)	हल्के रंगे के बालोंवाली औरत (f)	halke range ke bālonvālī aurat
morena (f)	काले बालोंवाली औरत (f)	kāle bālonvālī aurat
de señora (adj)	महिलाओं का	mahilaon ka
virgen (f)	कुमारिनी (f)	kumārinī
embarazada (adj)	गर्भवती	garbhavatī
hombre (m) (varón)	आदमी (m)	ādamī
rubio (m)	हल्के रंगे के बालोंवाला आदमी (m)	halke range ke bālonvāla ādamī
moreno (m)	काले बालोंवाला (m)	kāle bālonvāla
alto (adj)	लम्बा	lamba
de estatura mediana	छोटे क़द का	chhote qad ka
grosero (adj)	अभद्र	abhadr
rechoncho (adj)	हृष्ट-पुष्ट	hrasht-pusht
robusto (adj)	तगड़ा	tagara
fuerte (adj)	ताकतवर	tākatavar
fuerza (f)	ताक़त (f)	tāqat
gordo (adj)	मोटा	mota
moreno (adj)	साँवला	sānvala
esbelto (adj)	सुडौल	sudaul
elegante (adj)	सजिला	sajila

58. La edad

edad (f)	उम्र (f)	umr
juventud (f)	युवा (f)	yuva
joven (adj)	जवान	javān
menor (adj)	कनिष्ठ	kanishth
mayor (adj)	बड़ा	bara
joven (m)	युवक (m)	yuvak
adolescente (m)	किशोर (m)	kishor

muchacho (m)	लड़का (m)	laraka
anciano (m)	बूढ़ा आदमी (m)	būrha ādamī
anciana (f)	बूढ़ी औरत (f)	būrhī aurat

adulto	व्यस्क	vyask
de edad media (adj)	अधेड़	adhed
anciano, mayor (adj)	बुज़ुर्ग	buzurg
viejo (adj)	साल	sāl

jubilación (f)	सेवा-निवृत्ति (f)	seva-nivrtti
jubilarse	सेवा-निवृत्त होना	seva-nivrtt hona
jubilado (m)	सेवा-निवृत्त (m)	seva-nivrtt

59. Los niños

niño -a (m, f)	बच्चा (m)	bachcha
niños (pl)	बच्चे (m pl)	bachche
gemelos (pl)	जुड़वाँ (m pl)	juravān

cuna (f)	पालना (m)	pālana
sonajero (m)	झुनझुना (m)	jhunajhuna
pañal (m)	डायपर (m)	dāyapar

chupete (m)	चुसनी (f)	chusanī
cochecito (m)	बच्चा गाड़ी (f)	bachcha gārī
jardín (m) de infancia	बालवाड़ी (f)	bālavārī
niñera (f)	दाई (f)	daī

infancia (f)	बचपन (m)	bachapan
muñeca (f)	गुड़िया (f)	guriya
juguete (m)	खिलौना (m)	khilauna
mecano (m)	निर्माण सेट खिलौना (m)	nirmān set khilauna
bien criado (adj)	तमीज़दार	tamīzadār
mal criado (adj)	बदतमीज़	badatamīz
mimado (adj)	सिरचढ़ा	siracharha

hacer travesuras	शरारत करना	sharārat karana
travieso (adj)	नटखट	natakhat
travesura (f)	नटखटपन (m)	natakhatapan
travieso (m)	नटखट बच्चा (m)	natakhat bachcha

| obediente (adj) | आज्ञाकारी | āgyākārī |
| desobediente (adj) | अनुज्ञाकारी | anugyākārī |

dócil (adj)	विनम्र	vinamr
inteligente (adj)	बुद्धिमान	buddhimān
niño (m) prodigio	अद्भुत बच्चा (m)	adbhut bachcha

60. El matrimonio. La vida familiar

| besar (vt) | चुम्बन करना | chumban karana |
| besarse (vr) | चुम्बन करना | chumban karana |

familia (f)	परिवार (m)	parivār
familiar (adj)	परिवारिक	parivārik
pareja (f)	दंपति (m)	dampatti
matrimonio (m)	शादी (f)	shādī
hogar (m) familiar	गृह-चूल्हा (m)	grh-chūlha
dinastía (f)	वंश (f)	vansh
cita (f)	मुलाक़ात (f)	mulāqāt
beso (m)	चुम्बन (m)	chumban
amor (m)	प्रेम (m)	prem
querer (amar)	प्यार करना	pyār karana
querido (adj)	प्यारा	pyāra
ternura (f)	स्नेह (f)	sneh
tierno (afectuoso)	स्नेही	snehī
fidelidad (f)	वफ़ादारी (f)	vafādārī
fiel (adj)	वफ़ादार	vafādār
cuidado (m)	देखभाल (f)	dekhabhāl
cariñoso (un padre ~)	परवाह करने वाला	paravāh karane vāla
recién casados (pl)	नवविवाहित (m pl)	navavivāhit
luna (f) de miel	हनीमून (m)	hanīmūn
estar casada	शादी करना	shādī karana
casarse (con una mujer)	शादी करना	shādī karana
boda (f)	शादी (f)	shādī
bodas (f pl) de oro	विवाह की पचासवीं वर्षगाँठ (m)	vivāh kī pachāsavīn varshagānth
aniversario (m)	वर्षगांठ (m)	varshagānth
amante (m)	प्रेमी (m)	premī
amante (f)	प्रेमिका (f)	premika
adulterio (m)	व्यभिचार (m)	vyabhichār
cometer adulterio	संबंधों में धोखा देना	sambandhon men dhokha dena
celoso (adj)	ईष्यालु	īshyālu
tener celos	ईष्या करना	īshya karana
divorcio (m)	तलाक़ (m)	talāq
divorciarse (vr)	तलाक़ देना	talāq dena
reñir (vi)	झगड़ना	jhagarana
reconciliarse (vr)	सुलह करना	sulah karana
juntos (adv)	साथ	sāth
sexo (m)	यौन-क्रिया (f)	yaun-kriya
felicidad (f)	खुशी (f)	khushī
feliz (adj)	खुश	khush
desgracia (f)	दुर्घटना (f)	durghatana
desgraciado (adj)	नाखुश	nākhush

Las características de personalidad. Los sentimientos

sentimiento (m)	भावना (f)	bhāvana
sentimientos (m pl)	भावनाएं (f)	bhāvanaen
sentir (vt)	महसूस करना	mahasūs karana
hambre (f)	भूख (f)	bhūkh
tener hambre	भूख लगना	bhūkh lagana
sed (f)	प्यास (f)	pyās
tener sed	प्यास लगना	pyās lagana
somnolencia (f)	उनींदापन (f)	unīndāpan
tener sueño	नींद आना	nīnd āna
cansancio (m)	थकान (f)	thakān
cansado (adj)	थका हुआ	thaka hua
estar cansado	थक जाना	thak jāna
humor (m) (de buen ~)	मन (m)	man
aburrimiento (m)	ऊब (m)	ūb
aburrirse (vr)	ऊब जाना	ūb jāna
soledad (f)	अकेलापन (m)	akelāpan
aislarse (vr)	एकांत में रहना	ekānt men rahana
inquietar (vt)	चिन्ता करना	chinta karana
inquietarse (vr)	फ़िक्रमंद होना	fikramand hona
inquietud (f)	फ़िक्र (f)	fikr
preocupación (f)	चिन्ता (f)	chinta
preocupado (adj)	चिंताकुल	chintākul
estar nervioso	घबराना	ghabarāna
darse al pánico	घबरा जाना	ghabara jāna
esperanza (f)	आशा (f)	āsha
esperar (tener esperanza)	आशा रखना	āsha rakhana
seguridad (f)	विश्वास (m)	vishvās
seguro (adj)	विश्वास होना	vishvās hona
inseguridad (f)	अविश्वास (m)	avishvās
inseguro (adj)	विश्वास न होना	vishvās na hona
borracho (adj)	मदहोश	madahosh
sobrio (adj)	बिना नशे के	bina nashe ke
débil (adj)	कमज़ोर	kamazor
feliz (adj)	ख़ुश	khush
asustar (vt)	डराना	darāna
furia (f)	रोष (m)	rosh
rabia (f)	रोष (m)	rosh
depresión (f)	उदासी (f)	udāsī
incomodidad (f)	असुविधा (f)	asuvidha

comodidad (f)	सुविधा (f)	suvidha
arrepentirse (vr)	अफ़सोस करना	afasos karana
arrepentimiento (m)	अफ़सोस (m)	afasos
mala suerte (f)	दुर्भाग्य (f)	durbhāgy
tristeza (f)	दुख (m)	dukh

vergüenza (f)	शर्म (m)	sharm
júbilo (m)	प्रसन्नता (f)	prasannata
entusiasmo (m)	उत्साह (m)	utsāh
entusiasta (m)	उत्साही (m)	utsāhī
mostrar entusiasmo	उत्साह दिखाना	utsāh dikhāna

62. El carácter. La personalidad

carácter (m)	चरित्र (m)	charitr
defecto (m)	चरित्र दोष (m)	charitr dosh
mente (f)	अक़्ल (m)	aql
razón (f)	तर्क करने की क्षमता (f)	tark karane kī kshamata

consciencia (f)	अन्तरात्मा (f)	antarātma
hábito (m)	आदत (f)	ādat
habilidad (f)	क्षमता (f)	kshamata
poder (~ nadar, etc.)	कर सकना	kar sakana

paciente (adj)	धैर्यशील	dhairyashīl
impaciente (adj)	बेसब्र	besabr
curioso (adj)	उत्सुक	utsuk
curiosidad (f)	उत्सुकता (f)	utsukata

modestia (f)	लज्जा (f)	lajja
modesto (adj)	विनम्र	vinamr
inmodesto (adj)	अविनम्र	avinamr

pereza (f)	आलस्य (m)	ālasy
perezoso (adj)	आलसी	ālasī
perezoso (m)	सुस्त आदमी (m)	sust ādamī

astucia (f)	चालाक (m)	chālāk
astuto (adj)	चालाकी	chālākī
desconfianza (f)	अविश्वास (m)	avishvās
desconfiado (adj)	अविश्वासपूर्ण	avishvāsapūrn

generosidad (f)	उदारता (f)	udārata
generoso (adj)	उदार	udār
talentoso (adj)	प्रतिभाशाली	pratibhāshālī
talento (m)	प्रतिभा (m)	pratibha

valiente (adj)	साहसी	sāhasī
coraje (m)	साहस (m)	sāhas
honesto (adj)	ईमानदार	īmānadār
honestidad (f)	ईमानदारी (f)	īmānadārī

| prudente (adj) | सावधान | sāvadhān |
| valeroso (adj) | बहादुर | bahādur |

| serio (adj) | गम्भीर | gambhīr |
| severo (adj) | सख्त | sakht |

decidido (adj)	निर्णयात्मक	nirnayātmak
indeciso (adj)	अनिर्णायक	anirnāyak
tímido (adj)	शर्मीला	sharmīla
timidez (f)	संकोच (m)	sankoch

confianza (f)	यक़ीन (m)	yaqīn
creer (créeme)	यक़ीन करना	yaqīn karana
confiado (crédulo)	भरोसा	bharosa

sinceramente (adv)	हार्दिक	hārdik
sincero (adj)	हार्दिक	hārdik
sinceridad (f)	निष्ठा (f)	nishtha
abierto (adj)	अनावृत	anāvrt

calmado (adj)	शांत	shānt
franco (sincero)	स्पष्ट	spasht
ingenuo (adj)	भोला	bhola
distraído (adj)	भुलक्कड़	bhulakkar
gracioso (adj)	अजीब	ajīb

avaricia (f)	लालच (m)	lālach
avaro (adj)	लालची	lālachī
tacaño (adj)	कंजूस	kanjūs
malvado (adj)	दुष्ट	dusht
terco (adj)	ज़िद्दी	ziddī
desagradable (adj)	अप्रिय	apriy

egoísta (m)	स्वार्थी (m)	svārthī
egoísta (adj)	स्वार्थ	svārth
cobarde (m)	कायर (m)	kāyar
cobarde (adj)	कायरता	kāyarata

63. El sueño. Los sueños

dormir (vi)	सोना	sona
sueño (m) (estado)	सोना (m)	sona
sueño (m) (dulces ~s)	सपना (f)	sapana
soñar (vi)	सपना देखना	sapana dekhana
adormilado (adj)	उनींदा	uninda

cama (f)	पलंग (m)	palang
colchón (m)	गद्दा (m)	gadda
manta (f)	कम्बल (m)	kambal
almohada (f)	तकिया (m)	takiya
sábana (f)	चादर (f)	chādar

insomnio (m)	अनिद्रा (m)	anidra
de insomnio (adj)	अनिद्र	anidr
somnífero (m)	नींद की गोली (f)	nīnd kī golī
tomar el somnífero	नींद की गोली लेना	nīnd kī golī lena
tener sueño	नींद आना	nīnd āna

bostezar (vi)	जँभाई लेना	janbhaï lena
irse a la cama	सोने जाना	sone jāna
hacer la cama	बिस्तर बिछाना	bistar bichhāna
dormirse (vr)	सो जाना	so jāna

pesadilla (f)	डरावना सपना (m)	darāvana sapana
ronquido (m)	खर्राटे (m)	kharrāte
roncar (vi)	खर्राटे लेना	kharrāte lena

despertador (m)	अलार्म घड़ी (f)	alārm gharï
despertar (vt)	जगाना	jagāna
despertarse (vr)	जगना	jagana
levantarse (vr)	उठना	uthana
lavarse (vr)	हाथ-मुँह धोना	hāth-munh dhona

64. El humor. La risa. La alegría

humor (m)	हास्य (m)	hāsy
sentido (m) del humor	मज़ाक करने की आदत (m)	mazāk karane kī ādat
divertirse (vr)	आनंद उठाना	ānand uthāna
alegre (adj)	हँसमुख	hansamukh
júbilo (m)	उत्सव (m)	utsav

sonrisa (f)	मुस्कान (f)	muskān
sonreír (vi)	मुस्कुराना	muskurāna
echarse a reír	हसना शुरू करना	hansana shurū karana
reírse (vr)	हसना	hansana
risa (f)	हंसी (f)	hansï

anécdota (f)	चुटकुला (f)	chutakula
gracioso (adj)	मज़ाकीय	mazākīy
ridículo (adj)	हास्यास्प्रद	hāsyāsprad

bromear (vi)	मज़ाक करना	mazāk karana
broma (f)	लतीफ़ा (f)	latīfa
alegría (f) (emoción)	ख़ुशी (f)	khushī
alegrarse (vr)	ख़ुश होना	khush hona
alegre (~ de que ...)	ख़ुश	khush

65. La discusión y la conversación. Unidad 1

comunicación (f)	संवाद (m)	sanvād
comunicarse (vr)	संवाद करना	sanvād karana

conversación (f)	बातचीत (f)	bātachït
diálogo (m)	बातचीत (f)	bātachït
discusión (f) (debate)	चर्चा (f)	charcha
debate (m)	बहस (m)	bahas
debatir (vi)	बहस करना	bahas karana

interlocutor (m)	वार्तांकार (m)	vārtākār
tema (m)	विषय (m)	vishay

punto (m) de vista	दृष्टिकोण (m)	drshtikon
opinión (f)	राय (f)	rāy
discurso (m)	भाषण (m)	bhāshan

discusión (f) (del informe, etc.)	चर्चा (f)	charcha
discutir (vt)	चर्चा करना	charcha karana
conversación (f)	बातचीत (f)	bātachīt
conversar (vi)	बात करना	bāt karana
reunión (f)	भेंट (f)	bhent
encontrarse (vr)	मिलना	milana

proverbio (m)	लोकोक्ति (f)	lokokti
dicho (m)	कहावत (f)	kahāvat
adivinanza (f)	पहेली (f)	pahelī
contar una adivinanza	पहेली पूछना	pahelī pūchhana
contraseña (f)	पासवर्ड (m)	pāsavard
secreto (m)	भेद (m)	bhed

juramento (m)	शपथ (f)	shapath
jurar (vt)	शपथ लेना	shapath lena
promesa (f)	वचन (m)	vachan
prometer (vt)	वचन देना	vachan dena

consejo (m)	सलाह (f)	salāh
aconsejar (vt)	सलाह देना	salāh dena
escuchar (a los padres)	कहना मानना	kahana mānana

noticias (f pl)	समाचार (m)	samāchār
sensación (f)	सनसनी (f)	sanasanī
información (f)	सूचना (f)	sūchana
conclusión (f)	निष्कर्ष (m)	nishkarsh
voz (f)	आवाज़ (f)	āvāz
cumplido (m)	प्रशंसा (m)	prashansa
amable (adj)	दयालु	dayālu

palabra (f)	शब्द (m)	shabd
frase (f)	जुमला (m)	jumala
respuesta (f)	जवाब (m)	javāb

| verdad (f) | सच (f) | sach |
| mentira (f) | झूठ (f) | jhūth |

pensamiento (m)	ख़्याल (f)	khyāl
idea (f)	विचार (f)	vichār
fantasía (f)	कल्पना (f)	kalpana

66. La discusión y la conversación. Unidad 2

respetado (adj)	आदरणीय	ādaranīy
respetar (vt)	आदर करना	ādar karana
respeto (m)	इज़्ज़त (m)	izzat
Estimado ...	माननीय	mānanīy
presentar (~ a sus padres)	परिचय देना	parichay dena
intención (f)	इरादा (m)	irāda

tener intención (de ...)	इरादा करना	irāda karana
deseo (m)	इच्छा (f)	ichchha
desear (vt) (~ buena suerte)	इच्छा करना	ichchha karana

sorpresa (f)	हैरानी (f)	hairānī
sorprender (vt)	हैरान करना	hairān karana
sorprenderse (vr)	हैरान होना	hairān hona

dar (vt)	देना	dena
tomar (vt)	लेना	lena
devolver (vt)	वापस देना	vāpas dena
retornar (vt)	वापस करना	vāpas karana

disculparse (vr)	माफ़ी मांगना	māfī māngana
disculpa (f)	माफ़ी (f)	māfī
perdonar (vt)	क्षमा करना	kshama karana

hablar (vi)	बात करना	bāt karana
escuchar (vt)	सुनना	sunana
escuchar hasta el final	सुन लेना	sun lena
comprender (vt)	समझना	samajhana

mostrar (vt)	दिखाना	dikhāna
mirar a ...	देखना	dekhana
llamar (vt)	बुलाना	bulāna
molestar (vt)	परेशान करना	pareshān karana
pasar (~ un mensaje)	भिजवाना	bhijavāna

petición (f)	प्रार्थना (f)	prārthana
pedir (vt)	अनुरोध करना	anurodh karana
exigencia (f)	मांग (f)	māng
exigir (vt)	माँगना	māngana

motejar (vr)	चिढ़ाना	chirhāna
burlarse (vr)	मज़ाक उड़ाना	mazāk urāna
burla (f)	मज़ाक (m)	mazāk
apodo (m)	मुंह बोला नाम (m)	munh bola nām

alusión (f)	इशारा (m)	ishāra
aludir (vi)	इशारा करना	ishāra karana
sobrentender (vt)	मतलब होना	matalab hona

descripción (f)	वर्णन (m)	varnan
describir (vt)	वर्णन करना	varnan karana

elogio (m)	प्रशंसा (m)	prashansa
elogiar (vt)	प्रशंसा करना	prashansa karana

decepción (f)	निराशा (m)	nirāsha
decepcionar (vt)	निराश करना	nirāsh karana
estar decepcionado	निराश होना	nirāsh hona

suposición (f)	अंदाज़ा (m)	andāza
suponer (vt)	अंदाज़ा करना	andāza karana
advertencia (f)	चेतावनी (f)	chetāvanī
prevenir (vt)	चेतावनी देना	chetāvanī dena

67. La discusión y la conversación. Unidad 3

convencer (vt)	मना लेना	mana lena
calmar (vt)	शांत करना	shānt karana
silencio (m) (~ es oro)	ख़ामोशी (f)	khāmoshī
callarse (vr)	चुप रहना	chup rahana
susurrar (vi, vt)	फुसफुसाना	fusafusāna
susurro (m)	फुसफुस (m)	fusafus
francamente (adv)	साफ़ साफ़	sāf sāf
en mi opinión …	मेरे ख़्याल में …	mere khyāl men …
detalle (m) (de la historia)	विस्तार (m)	vistār
detallado (adj)	विस्तृत	vistrt
detalladamente (adv)	विस्तार से	vistār se
pista (f)	सुराग़ (m)	surāg
dar una pista	सुराग़ देना	surāg dena
mirada (f)	नज़र (m)	nazar
echar una mirada	देखना	dekhana
fija (mirada ~)	स्थिर	sthir
parpadear (vi)	झपकना	jhapakana
guiñar un ojo	आँख मारना	ānkh mārana
asentir con la cabeza	सिर हिलाना	sir hilāna
suspiro (m)	आह (f)	āh
suspirar (vi)	आह भरना	āh bharana
estremecerse (vr)	काँपना	kānpana
gesto (m)	इशारा (m)	ishāra
tocar (con la mano)	छूा	chhūa
asir (~ de la mano)	पकड़ना	pakarana
palmear (~ la espalda)	थपथपाना	thapathapāna
¡Cuidado!	ख़बरदार!	khabaradār!
¿De veras?	सचमुच?	sachamuch?
¿Estás seguro?	क्या तुम्हें यक़ीन है?	kya tumhen yaqīn hai?
¡Suerte!	सफल हो!	safal ho!
¡Ya veo!	समझ आया!	samajh āya!
¡Es una lástima!	अफ़सोस की बात है!	afasos kī bāt hai!

68. El acuerdo. El rechazo

acuerdo (m)	सहमति (f)	sahamati
estar de acuerdo	राज़ी होना	rāzī hona
aprobación (f)	स्वीकृति (f)	svīkrti
aprobar (vt)	स्वीकार करना	svīkār karana
rechazo (m)	इन्कार (m)	inkār
negarse (vr)	इन्कार करना	inkār karana
¡Excelente!	बहुत बढ़िया!	bahut barhiya!
¡De acuerdo!	अच्छा है!	achchha hai!
¡Vale!	ठीक!	thīk!

prohibido (adj)	वर्जित	varjit
está prohibido	मना है	mana hai
es imposible	सम्भव नहीं	sambhav nahin
incorrecto (adj)	ग़लत	galat

rechazar (vt)	अस्वीकार करना	asvīkār karana
apoyar (la decisión)	समर्थन करना	samarthan karana
aceptar (vt)	स्वीकार करना	svīkār karana

confirmar (vt)	पुष्टि करना	pushti karana
confirmación (f)	पुष्टि (f)	pushti
permiso (m)	अनुमति (f)	anumati
permitir (vt)	अनुमति देना	anumati dena
decisión (f)	फ़ैसला (m)	faisala
no decir nada	चुप रहना	chup rahana

condición (f)	हालत (m)	hālat
excusa (f) (pretexto)	बहाना (m)	bahāna
elogio (m)	प्रशंसा (m)	prashansa
elogiar (vt)	तारीफ़ करना	tārīf karana

69. El éxito. La buena suerte. El fracaso

éxito (m)	सफलता (f)	safalata
con éxito (adv)	सफलतापूर्वक	safalatāpūrvak
exitoso (adj)	सफल	safal
suerte (f)	सौभाग्य (m)	saubhāgy
¡Suerte!	सफल हो!	safal ho!
de suerte (día ~)	भाग्यशाली	bhāgyashālī
afortunado (adj)	भाग्यशाली	bhāgyashālī

fiasco (m)	विफलता (f)	vifalata
infortunio (m)	नाकामयाबी (f)	nākāmayābī
mala suerte (f)	दुर्भाग्य (m)	durbhāgy
fracasado (adj)	असफल	asafal
catástrofe (f)	दुर्घटना (f)	durghatana

orgullo (m)	गर्व (m)	garv
orgulloso (adj)	गर्व	garv
estar orgulloso	गर्व करना	garv karana

ganador (m)	विजेता (m)	vijeta
ganar (vi)	जीतना	jītana
perder (vi)	हार जाना	hār jāna
tentativa (f)	कोशिश (f)	koshish
intentar (tratar)	कोशिश करना	koshish karana
chance (f)	मौक़ा (m)	mauqa

70. Las discusiones. Las emociones negativas

| grito (m) | चिल्लाहट (f) | chillāhat |
| gritar (vi) | चिल्लाना | chillāna |

comenzar a gritar	चीखना	chīkhana
disputa (f), riña (f)	झगड़ा (m)	jhagara
reñir (vi)	झगड़ना	jhagarana
escándalo (m) (riña)	झगड़ा (m)	jhagara
causar escándalo	झगड़ना	jhagarana
conflicto (m)	टकराव (m)	takarāv
malentendido (m)	ग़लतफ़हमी (m)	galatafahamī
insulto (m)	अपमान (m)	apamān
insultar (vt)	अपमान करना	apamān karana
insultado (adj)	अपमानित	apamānit
ofensa (f)	द्वेष (f)	dvesh
ofender (vt)	नाराज़ करना	nārāz karana
ofenderse (vr)	बुरा मानना	bura mānana
indignación (f)	क्रोध (m)	krodh
indignarse (vr)	ग़ुस्से में आना	gusse men āna
queja (f)	शिकायत (f)	shikāyat
quejarse (vr)	शिकायत करना	shikāyat karana
disculpa (f)	माफ़ी (f)	māfī
disculparse (vr)	माफ़ी मांगना	māfī māngana
pedir perdón	क्षमा मांगना	kshama māngana
crítica (f)	आलोचना (f)	ālochana
criticar (vt)	आलोचना करना	ālochana karana
acusación (f)	आरोप (m)	ārop
acusar (vt)	आरोप लगाना	ārop lagāna
venganza (f)	बदला (m)	badala
vengar (vt)	बदला लेना	badala lena
pagar (vt)	बदला लेना	badala lena
desprecio (m)	नफ़रत (m)	nafarat
despreciar (vt)	नफ़रत करना	nafarat karana
odio (m)	नफ़रत (m)	nafarat
odiar (vt)	नफ़रत करना	nafarat karana
nervioso (adj)	घबराना	ghabarāna
estar nervioso	घबराना	ghabarāna
enfadado (adj)	नाराज़	nārāz
enfadar (vt)	नाराज़ करना	nārāz karana
humillación (f)	बेइज़्ज़ती (f)	bezzatī
humillar (vt)	निरादर करना	nirādar karana
humillarse (vr)	अपमान होना	apamān hona
choque (m)	हैरानी (f)	hairānī
chocar (vi)	हैरान होना	hairān hona
molestia (f) (problema)	परेशानियाँ (f)	pareshāniyān
desagradable (adj)	अप्रिय	apriy
miedo (m)	डर (f)	dar
terrible (tormenta, etc.)	भयानक	bhayānak
de miedo (historia ~)	भयंकर	bhayankar

| horror (m) | दहशत (f) | dahashat |
| horrible (adj) | भयानक | bhayānak |

llorar (vi)	रोना	rona
comenzar a llorar	रोने लगना	rone lagana
lágrima (f)	आँसु (f)	ānsu

culpa (f)	ग़लती (f)	galatī
remordimiento (m)	दोष का एहसास (m)	dosh ka ehasās
deshonra (f)	बदनामी (f)	badanāmī
protesta (f)	विरोध (m)	virodh
estrés (m)	तनाव (m)	tanāv

molestar (vt)	परेशान करना	pareshān karana
estar furioso	गुस्सा करना	gussa karana
enfadado (adj)	क्रोधित	krodhit
terminar (vt)	ख़त्म करना	khatm karana
regañar (vt)	कसम खाना	kasam khāna

asustarse (vr)	डराना	darāna
golpear (vt)	मारना	mārana
pelear (vi)	झगड़ना	jhagarana

resolver (~ la discusión)	सुलझाना	sulajhāna
descontento (adj)	असंतुष्ट	asantusht
furioso (adj)	गुस्सा	gussa

| ¡No está bien! | यह ठीक नहीं! | yah thīk nahin! |
| ¡Está mal! | यह बुरा है! | yah bura hai! |

La medicina

Español	Devanagari	Transliteración
enfermedad (f)	बीमारी (f)	bīmārī
estar enfermo	बीमार होना	bīmār hona
salud (f)	सेहत (f)	sehat
resfriado (m) (coriza)	नज़ला (m)	nazala
angina (f)	टॉन्सिल (m)	tonsil
resfriado (m)	ज़ुकाम (f)	zukām
resfriarse (vr)	ज़ुकाम हो जाना	zukām ho jāna
bronquitis (f)	ब्रॉन्काइटिस (m)	bronkaitis
pulmonía (f)	निमोनिया (f)	nimoniya
gripe (f)	फ़्लू (m)	flū
miope (adj)	कमबीन	kamabīn
présbita (adj)	कमज़ोर दूरदृष्टि	kamazor dūradrshti
estrabismo (m)	तिरछी नज़र (m)	tirachhī nazar
estrábico (m) (adj)	तिरछी नज़रवाला	tirachhī nazaravāla
catarata (f)	मोतिया बिंद (m)	motiya bind
glaucoma (m)	काला मोतिया (m)	kāla motiya
insulto (m)	स्ट्रोक (m)	strok
ataque (m) cardiaco	दिल का दौरा (m)	dil ka daura
infarto (m) de miocardio	मायोकार्डियल इन्फ़ार्क्शन (m)	māyokārdiyal infārkshan
parálisis (f)	लकवा (m)	lakava
paralizar (vt)	लक़वा मारना	laqava mārana
alergia (f)	एलर्जी (f)	elarjī
asma (f)	दमा (f)	dama
diabetes (f)	शूगर (f)	shūgar
dolor (m) de muelas	दाँत दर्द (m)	dānt dard
caries (f)	दाँत में कीड़ा (m)	dānt men kīra
diarrea (f)	दस्त (m)	dast
estreñimiento (m)	कब्ज़ (m)	kabz
molestia (f) estomacal	पेट ख़राब (m)	pet kharāb
envenenamiento (m)	ख़राब खाने से हुई बीमारी (f)	kharāb khāne se huī bīmārī
envenenarse (vr)	ख़राब खाने से बीमार पड़ना	kharāb khāne se bīmār parana
artritis (f)	गठिया (m)	gathiya
raquitismo (m)	बालवक्र (m)	bālavakr
reumatismo (m)	आमवात (m)	āmavāt
ateroesclerosis (f)	धमनीकलाकाठिन्य (m)	dhamanīkalākāthiny
gastritis (f)	जठर-शोथ (m)	jathar-shoth
apendicitis (f)	उण्डुक-शोथ (m)	unduk-shoth

colecistitis (f)	पित्ताशय (m)	pittāshay
úlcera (f)	अल्सर (m)	alsar

sarampión (m)	मीज़ल्स (m)	mīzals
rubeola (f)	जर्मन मीज़ल्स (m)	jarman mīzals
ictericia (f)	पीलिया (m)	pīliya
hepatitis (f)	हेपेटाइटिस (m)	hepetaitis

esquizofrenia (f)	शीज़ोफ्रेनीय (f)	shīzofrenīy
rabia (f) (hidrofobia)	रेबीज़ (m)	rebīz
neurosis (f)	न्यूरोसिस (m)	nyūrosis
conmoción (f) cerebral	आघात (m)	āghāt

cáncer (m)	कर्क रोग (m)	kark rog
esclerosis (f)	काठिन्य (m)	kāthiny
esclerosis (m) múltiple	मल्टीपल स्क्लेरोसिस (m)	maltīpal sklerosis

alcoholismo (m)	शराबीपन (m)	sharābīpan
alcohólico (m)	शराबी (m)	sharābī
sífilis (f)	सीफ़ीलिस (m)	sīfīlis
SIDA (m)	ऐड्स (m)	aids

tumor (m)	ट्यूमर (m)	tyūmar
maligno (adj)	घातक	ghātak
benigno (adj)	अर्बुद	arbud

fiebre (f)	बुखार (m)	bukhār
malaria (f)	मलेरिया (f)	maleriya
gangrena (f)	गैन्ग्रीन (m)	gaingrīn
mareo (m)	जहाज़ी मतली (f)	jahāzī matalī
epilepsia (f)	मिरगी (f)	miragī

epidemia (f)	महामारी (f)	mahāmārī
tifus (m)	टाइफ़स (m)	taifas
tuberculosis (f)	टीबी (m)	tībī
cólera (f)	हैज़ा (f)	haiza
peste (f)	प्लेग (f)	pleg

72. Los síntomas. Los tratamientos. Unidad 1

síntoma (m)	लक्षण (m)	lakshan
temperatura (f)	तापमान (m)	tāpamān
fiebre (f)	बुखार (f)	bukhār
pulso (m)	नब्ज़ (f)	nabz

mareo (m) (vértigo)	सिर का चक्कर (m)	sir ka chakkar
caliente (adj)	गरम	garam
escalofrío (m)	कंपकंपी (f)	kampakampī
pálido (adj)	पीला	pīla

tos (f)	खाँसी (f)	khānsī
toser (vi)	खाँसना	khānsana
estornudar (vi)	छींकना	chhīnkana
desmayo (m)	बेहोशी (f)	behoshī

desmayarse (vr)	बेहोश होना	behosh hona
moradura (f)	नील (m)	nīl
chichón (m)	गुमड़ा (m)	gumara
golpearse (vr)	चोट लगना	chot lagana
magulladura (f)	चोट (f)	chot
magullarse (vr)	घाव लगना	ghāv lagana

cojear (vi)	लँगड़ाना	langarāna
dislocación (f)	हड्डी खिसकना (f)	haddī khisakana
dislocar (vt)	हड्डी खिसकना	haddī khisakana
fractura (f)	हड्डी टूट जाना (f)	haddī tūt jāna
tener una fractura	हड्डी टूट जाना	haddī tūt jāna

corte (m) (tajo)	कट जाना (m)	kat jāna
cortarse (vr)	खुद को काट लेना	khud ko kāt lena
hemorragia (f)	रक्त-स्राव (m)	rakt-srāv

| quemadura (f) | जला होना | jala hona |
| quemarse (vr) | जल जाना | jal jāna |

pincharse (~ el dedo)	चुभाना	chubhāna
pincharse (vr)	खुद को चुभाना	khud ko chubhāna
herir (vt)	घायल करना	ghāyal karana
herida (f)	चोट (f)	chot
lesión (f) (herida)	घाव (m)	ghāv
trauma (m)	चोट (f)	chot

delirar (vi)	बेहोशी में बड़बड़ाना	behoshī men barabadāna
tartamudear (vi)	हकलाना	hakalāna
insolación (f)	धूप आघात (m)	dhūp āghāt

73. Los síntomas. Los tratamientos. Unidad 2

| dolor (m) | दर्द (f) | dard |
| astilla (f) | चुभ जाना (m) | chubh jāna |

sudor (m)	पसीना (f)	pasīna
sudar (vi)	पसीना निकलना	pasīna nikalana
vómito (m)	वमन (m)	vaman
convulsiones (f pl)	दौरा (m)	daura

embarazada (adj)	गर्भवती	garbhavatī
nacer (vi)	जन्म लेना	janm lena
parto (m)	पैदा करना (m)	paida karana
dar a luz	पैदा करना	paida karana
aborto (m)	गर्भपात (m)	garbhapāt

respiración (f)	साँस (f)	sāns
inspiración (f)	साँस अंदर खींचना (f)	sāns andar khīnchana
espiración (f)	साँस बाहर छोड़ना (f)	sāns bāhar chhorana
espirar (vi)	साँस बाहर छोड़ना	sāns bāhar chhorana
inspirar (vi)	साँस अंदर खींचना	sāns andar khīnchana
inválido (m)	अपाहिज (m)	apāhij
mutilado (m)	लूला (m)	lūla

drogadicto (m)	नशेबाज़ (m)	nashebāz
sordo (adj)	बहरा	bahara
mudo (adj)	गूँगा	gūnga
sordomudo (adj)	बहरा और गूँगा	bahara aur gūnga
loco (adj)	पागल	pāgal
loco (m)	पगला (m)	pagala
loca (f)	पगली (f)	pagalī
volverse loco	पागल हो जाना	pāgal ho jāna
gen (m)	वंशाणु (m)	vanshānu
inmunidad (f)	रोग प्रतिरोधक शक्ति (f)	rog pratirodhak shakti
hereditario (adj)	जन्मजात	janmajāt
de nacimiento (adj)	पैदाइशी	paidaishī
virus (m)	विषाणु (m)	vishānu
microbio (m)	कीटाणु (m)	kītānu
bacteria (f)	जीवाणु (m)	jīvānu
infección (f)	संक्रमण (m)	sankraman

74. Los síntomas. Los tratamientos. Unidad 3

hospital (m)	अस्पताल (m)	aspatāl
paciente (m)	मरीज़ (m)	marīz
diagnosis (f)	रोग-निर्णय (m)	rog-nirnay
cura (f)	इलाज (m)	ilāj
tratamiento (m)	चिकित्सीय उपचार (m)	chikitsīy upachār
curarse (vr)	इलाज कराना	ilāj karāna
tratar (vt)	इलाज करना	ilāj karana
cuidar (a un enfermo)	देखभाल करना	dekhabhāl karana
cuidados (m pl)	देखभाल (f)	dekhabhāl
operación (f)	ऑपरेशन (m)	opareshan
vendar (vt)	पट्टी बाँधना	pattī bāndhana
vendaje (m)	पट्टी (f)	pattī
vacunación (f)	टीका (m)	tīka
vacunar (vt)	टीका लगाना	tīka lagāna
inyección (f)	इंजेक्शन (m)	injekshan
aplicar una inyección	इंजेक्शन लगाना	injekshan lagāna
amputación (f)	अंगविच्छेद (f)	angavichchhed
amputar (vt)	अंगविच्छेद करना	angavichchhed karana
coma (m)	कोमा (m)	koma
estar en coma	कोमा में चले जाना	koma men chale jāna
revitalización (f)	गहन चिकित्सा (f)	gahan chikitsa
recuperarse (vr)	ठीक हो जाना	thīk ho jāna
estado (m) (de salud)	हालत (m)	hālat
consciencia (f)	होश (m)	hosh
memoria (f)	याददाश्त (f)	yādadāsht
extraer (un diente)	दाँत निकालना	dānt nikālana
empaste (m)	भराव (m)	bharāv

empastar (vt)	दाँत को भरना	dānt ko bharana
hipnosis (f)	हिप्नोसिस (m)	hipanosis
hipnotizar (vt)	हिप्नोटाइज़ करना	hipanotaiz karana

75. Los médicos

médico (m)	डॉक्टर (m)	doktar
enfermera (f)	नर्स (m)	nars
médico (m) personal	निजी डॉक्टर (m)	nijī doktar

dentista (m)	दंत-चिकित्सक (m)	dant-chikitsak
oftalmólogo (m)	आँखों का डॉक्टर (m)	āṅkhon ka doktar
internista (m)	चिकित्सक (m)	chikitsak
cirujano (m)	शल्य-चिकित्सक (m)	shaly-chikitsak

psiquiatra (m)	मनोरोग चिकित्सक (m)	manorog chikitsak
pediatra (m)	बाल-चिकित्सक (m)	bāl-chikitsak
psicólogo (m)	मनोवैज्ञानिक (m)	manovaigyānik
ginecólogo (m)	प्रसूतिशास्री (f)	prasūtishāsrī
cardiólogo (m)	ह्दय रोग विशेषज्ञ (m)	hrday rog visheshagy

76. La medicina. Las drogas. Los accesorios

medicamento (m), droga (f)	दवा (f)	dava
remedio (m)	दवाई (f)	davaī
prescribir (vt)	नुसख़ा लिखना	nusakha likhana
receta (f)	नुसख़ा (m)	nusakha

tableta (f)	गोली (f)	golī
ungüento (m)	मरहम (m)	maraham
ampolla (f)	एम्प्यूल (m)	empyūl
mixtura (f), mezcla (f)	सिरप (m)	sirap
sirope (m)	शरबत (m)	sharabat
píldora (f)	गोली (f)	golī
polvo (m)	चूरन (m)	chūran

venda (f)	पट्टी (f)	pattī
algodón (m) (discos de ~)	रूई का गोला (m)	rūī ka gola
yodo (m)	आयोडीन (m)	āyodīn
tirita (f), curita (f)	बैंड-एड (m)	baind-ed
pipeta (f)	आई-ड्रॉपर (m)	āī-dropar
termómetro (m)	थरमामीटर (m)	tharamāmītar
jeringa (f)	इंजेक्शन (m)	injekshan

| silla (f) de ruedas | व्हीलचेयर (f) | vhīlacheyar |
| muletas (f pl) | बैसाखी (m pl) | baisākhī |

anestésico (m)	दर्द-निवारक (f)	dard-nivārak
purgante (m)	जुलाब की गोली (f)	julāb kī golī
alcohol (m)	स्पिरिट (m)	spirit
hierba (f) medicinal	जड़ी-बूटी (f)	jarī-būtī
de hierbas (té ~)	जड़ी-बूटियों से बना	jarī-būtiyon se bana

77. El tabaquismo. Los productos del tabaco

tabaco (m)	तम्बाकू (m)	tambākū
cigarrillo (m)	सिगरेट (m)	sigaret
cigarro (m)	सिगार (m)	sigār
pipa (f)	पाइप (f)	paip
paquete (m)	पैक (m)	paik
cerillas (f pl)	माचिस (f pl)	māchis
caja (f) de cerillas	माचिस का डिब्बा (m)	māchis ka dibba
encendedor (m)	लाइटर (f)	laitar
cenicero (m)	राखदानी (f)	rākhadānī
pitillera (f)	सिगरेट केस (m)	sigaret kes
boquilla (f)	सिगरेट होलडर (m)	sigaret holadar
filtro (m)	फ़िल्टर (m)	filtar
fumar (vi, vt)	धूम्रपान करना	dhumrapān karana
encender un cigarrillo	सिगरेट जलाना	sigaret jalāna
tabaquismo (m)	धूम्रपान (m)	dhumrapān
fumador (m)	धूम्रपान करने वाला (m)	dhūmrapān karane vāla
colilla (f)	सिगरेट का बचा हुआ टुकड़ा (m)	sigaret ka bacha hua tukara
humo (m)	सिगरेट का धुँआ (m)	sigaret ka dhuna
ceniza (f)	राख (m)	rākh

74

EL AMBIENTE HUMANO

La ciudad

ciudad (f)	नगर (m)	nagar
capital (f)	राजधानी (f)	rājadhānī
aldea (f)	गांव (m)	gānv
plano (m) de la ciudad	नगर का नक्शा (m)	nagar ka naksha
centro (m) de la ciudad	नगर का केन्द्र (m)	nagar ka kendr
suburbio (m)	उपनगर (m)	upanagar
suburbano (adj)	उपनगरिक	upanagarik
arrabal (m)	बाहरी इलाका (m)	bāharī ilāka
afueras (f pl)	इर्दगिर्द के इलाके (m pl)	irdagird ke ilāke
barrio (m)	सेक्टर (m)	sektar
zona (f) de viviendas	मुहल्ला (m)	muhalla
tráfico (m)	यातायात (f)	yātāyāt
semáforo (m)	यातायात सिग्नल (m)	yātāyāt signal
transporte (m) urbano	जन परिवहन (m)	jan parivahan
cruce (m)	चौराहा (m)	chaurāha
paso (m) de peatones	ज़ेबरा क्रॉसिंग (f)	zebara krosing
paso (m) subterráneo	पैदल यात्रियों के लिए अंडरपास (f)	paidal yātriyon ke lie andarapās
cruzar (vt)	सड़क पार करना	sarak pār karana
peatón (m)	पैदल-यात्री (m)	paidal-yātrī
acera (f)	फुटपाथ (m)	futapāth
puente (m)	पुल (m)	pul
muelle (m)	तट (m)	tat
fuente (f)	फौवारा (m)	fauvāra
alameda (f)	छायापथ (f)	chhāyāpath
parque (m)	पार्क (m)	pārk
bulevar (m)	चौड़ी सड़क (m)	chaurī sarak
plaza (f)	मैदान (m)	maidān
avenida (f)	मार्ग (m)	mārg
calle (f)	सड़क (f)	sarak
callejón (m)	गली (f)	galī
callejón (m) sin salida	बंद गली (f)	band galī
casa (f)	मकान (m)	makān
edificio (m)	इमारत (f)	imārat
rascacielos (m)	गगनचुंबी भवन (f)	gaganachumbī bhavan
fachada (f)	अगवाड़ा (m)	agavāra

techo (m)	छत (f)	chhat
ventana (f)	खिड़की (f)	khirakī
arco (m)	मेहराब (m)	meharāb
columna (f)	स्तंभ (m)	stambh
esquina (f)	कोना (m)	kona

escaparate (f)	दुकान का शो-केस (m)	dukān ka sho-kes
letrero (m) (~ luminoso)	साईनबोर्ड (m)	saīnabord
cartel (m)	पोस्टर (m)	postar
cartel (m) publicitario	विज्ञापन पोस्टर (m)	vigyāpan postar
valla (f) publicitaria	बिलबोर्ड (m)	bilabord

basura (f)	कूड़ा (m)	kūra
cajón (m) de basura	कूड़े का डिब्बा (m)	kūre ka dibba
tirar basura	कूड़ा-कर्कट डालना	kūra-karkat dālana
basurero (m)	डम्पिंग ग्राउंड (m)	damping graund

cabina (f) telefónica	फ़ोन बूथ (m)	fon būth
farola (f)	बिजली का खंभा (m)	bijalī ka khambha
banco (m) (del parque)	पार्क-बेंच (f)	pārk-bench

policía (m)	पुलिसवाला (m)	pulisavāla
policía (f) (~ nacional)	पुलिस (m)	pulis
mendigo (m)	भिखारी (m)	bhikhārī
persona (f) sin hogar	बेघर (m)	beghar

79. Las instituciones urbanas

tienda (f)	दुकान (f)	dukān
farmacia (f)	दवाख़ाना (m)	davākhāna
óptica (f)	चश्मे की दुकान (f)	chashme kī dukān
centro (m) comercial	शॉपिंग मॉल (m)	shoping mol
supermercado (m)	सुपर बाज़ार (m)	supar bāzār

panadería (f)	बेकरी (f)	bekarī
panadero (m)	बेकर (m)	bekar
pastelería (f)	टॉफ़ी की दुकान (f)	tofī kī dukān
tienda (f) de comestibles	परचून की दुकान (f)	parachūn kī dukān
carnicería (f)	गोश्त की दुकान (f)	gosht kī dukān

| verdulería (f) | सब्ज़ियों की दुकान (f) | sabziyon kī dukān |
| mercado (m) | बाज़ार (m) | bāzār |

cafetería (f)	काफ़ी हाउस (m)	kāfī haus
restaurante (m)	रेस्टराँ (m)	restarān
cervecería (f)	शराबख़ाना (m)	sharābakhāna
pizzería (f)	पिट्ज़ा की दुकान (f)	pitza kī dukān

peluquería (f)	नाई की दुकान (f)	naī kī dukān
oficina (f) de correos	डाकघर (m)	dākaghar
tintorería (f)	ड्राइक्लीनर (m)	draiklīnar
estudio (m) fotográfico	फ़ोटो की दुकान (f)	foto kī dukān
zapatería (f)	जूते की दुकान (f)	jūte kī dukān
librería (f)	किताबों की दुकान (f)	kitābon kī dukān

tienda (f) deportiva	खेलकूद की दुकान (f)	khelakūd kī dukān
arreglos (m pl) de ropa	कपड़ों की मरम्मत की दुकान (f)	kaparon kī marammat kī dukān
alquiler (m) de ropa	कपड़ों को किराए पर देने की दुकान (f)	kaparon ko kirae par dene kī dukān
videoclub (m)	वीडियो रेन्टल दुकान (f)	vīdiyo rental dukān
circo (m)	सर्कस (m)	sarkas
zoológico (m)	चिड़ियाघर (m)	chiriyāghar
cine (m)	सिनेमाघर (m)	sinemāghar
museo (m)	संग्रहालय (m)	sangrahālay
biblioteca (f)	पुस्तकालय (m)	pustakālay
teatro (m)	रंगमंच (m)	rangamanch
ópera (f)	ओपेरा (m)	opera
club (m) nocturno	नाईट क्लब (m)	naīt klab
casino (m)	केसिनो (m)	kesino
mezquita (f)	मस्जिद (m)	masjid
sinagoga (f)	सीनागोग (m)	sīnāgog
catedral (f)	गिरजाघर (m)	girajāghar
templo (m)	मंदिर (m)	mandir
iglesia (f)	गिरजाघर (m)	girajāghar
instituto (m)	कॉलेज (m)	kolej
universidad (f)	विश्वविद्यालय (m)	vishvavidyālay
escuela (f)	विद्यालय (m)	vidyālay
prefectura (f)	प्रशासक प्रान्त (m)	prashāsak prānt
alcaldía (f)	सिटी हॉल (m)	sitī hol
hotel (m)	होटल (f)	hotal
banco (m)	बैंक (m)	baink
embajada (f)	दूतावास (m)	dūtāvas
agencia (f) de viajes	पर्यटन आफ़िस (m)	paryatan āfis
oficina (f) de información	पूछताछ कार्यालय (m)	pūchhatāchh kāryālay
oficina (f) de cambio	मुद्रालय (m)	mudrālay
metro (m)	मेट्रो (m)	metro
hospital (m)	अस्पताल (m)	aspatāl
gasolinera (f)	पेट्रोल पम्प (f)	petrol pamp
aparcamiento (m)	पार्किंग (f)	pārking

80. Los avisos

letrero (m) (~ luminoso)	साईनबोर्ड (m)	saīnabord
cartel (m) (texto escrito)	दुकान का साईन (m)	dukān ka saīn
pancarta (f)	पोस्टर (m)	postar
señal (m) de dirección	दिशा संकेतक (m)	disha sanketak
flecha (f) (signo)	तीर दिशा संकेतक (m)	tīr disha sanketak
advertencia (f)	चेतावनी (f)	chetāvanī
aviso (m)	चेतावनी संकेतक (m)	chetāvanī sanketak

advertir (vt)	चेतावनी देना	chetāvanī dena
día (m) de descanso	छुट्टी का दिन (m)	chhuttī ka din
horario (m)	समय सारणी (f)	samay sāraṇī
horario (m) de apertura	खुलने का समय (m)	khulane ka samay

¡BIENVENIDOS!	आपका स्वागत है!	āpaka svāgat hai!
ENTRADA	प्रवेश	pravesh
SALIDA	निकास	nikās

EMPUJAR	धक्का दें	dhakka den
TIRAR	खींचे	khīnche
ABIERTO	खुला	khula
CERRADO	बंद	band

| MUJERES | औरतों के लिये | auraṭon ke liye |
| HOMBRES | आदमियों के लिये | ādamiyon ke liye |

REBAJAS	डिस्काउन्ट	diskaunt
SALDOS	सेल	sel
NOVEDAD	नया!	naya!
GRATIS	मुफ्त	muft

¡ATENCIÓN!	ध्यान दें!	dhyān den!
COMPLETO	कोई जगह खाली नहीं है	koī jagah khālī nahin hai
RESERVADO	रिज़र्वड	rizarvad

| ADMINISTRACIÓN | प्रशासन | prashāsan |
| SÓLO PERSONAL AUTORIZADO | केवल कर्मचारियों के लिए | keval karmachāriyon ke lie |

CUIDADO CON EL PERRO	कुत्ते से सावधान!	kutte se sāvadhān!
PROHIBIDO FUMAR	धूम्रपान निषेध!	dhumrapān nishedh!
NO TOCAR	छूना मना!	chhūna mana!

PELIGROSO	खतरा	khatara
PELIGRO	खतरा	khatara
ALTA TENSIÓN	उच्च वोल्टेज	uchch voltej
PROHIBIDO BAÑARSE	तैरना मना!	tairana mana!
NO FUNCIONA	ख़राब	kharāb

INFLAMABLE	ज्वलनशील	jvalanashīl
PROHIBIDO	निषिद्ध	nishiddh
PROHIBIDO EL PASO	प्रवेश निषेध!	pravesh nishedh!
RECIÉN PINTADO	गीला पेंट	gīla pent

81. El transporte urbano

autobús (m)	बस (f)	bas
tranvía (m)	ट्रैम (m)	traim
trolebús (m)	ट्रॉलीबस (f)	trolības
itinerario (m)	मार्ग (m)	mārg
número (m)	नम्बर (m)	nambar
ir en …	के माध्यम से जाना	ke mādhyam se jāna
tomar (~ el autobús)	सवार होना	savār hona

bajar (~ del tren)	उतरना	utarana
parada (f)	बस स्टॉप (m)	bas stop
próxima parada (f)	अगला स्टॉप (m)	agala stop
parada (f) final	अंतिम स्टेशन (m)	antim steshan
horario (m)	समय सारणी (f)	samay sāranī
esperar (aguardar)	इंतज़ार करना	intazār karana
billete (m)	टिकट (m)	tikat
precio (m) del billete	टिकट का किराया (m)	tikat ka kirāya
cajero (m)	कैशियर (m)	kaishiyar
control (m) de billetes	टिकट जाँच (f)	tikat jānch
revisor (m)	कंडक्टर (m)	kandaktar
llegar tarde (vi)	देर हो जाना	der ho jāna
perder (~ el tren)	छूट जाना	chhūt jāna
tener prisa	जल्दी में रहना	jaldī men rahana
taxi (m)	टैक्सी (m)	taiksī
taxista (m)	टैक्सीवाला (m)	taiksīvāla
en taxi	टैक्सी से (m)	taiksī se
parada (f) de taxi	टैक्सी स्टैंड (m)	taiksī staind
llamar un taxi	टैक्सी बुलाना	taiksī bulāna
tomar un taxi	टैक्सी लेना	taiksī lena
tráfico (m)	यातायात (f)	yātāyāt
atasco (m)	ट्रैफ़िक जाम (m)	traifik jām
horas (f pl) de punta	भीड़ का समय (m)	bhīr ka samay
aparcar (vi)	पार्क करना	pārk karana
aparcar (vt)	पार्क करना	pārk karana
aparcamiento (m)	पार्किंग (f)	pārking
metro (m)	मेट्रो (m)	metro
estación (f)	स्टेशन (m)	steshan
ir en el metro	मेट्रो लेना	metro lena
tren (m)	रेलगाड़ी, ट्रेन (f)	relagārī, tren
estación (f)	स्टेशन (m)	steshan

82. El turismo. La excursión

monumento (m)	स्मारक (m)	smārak
fortaleza (f)	किला (m)	kila
palacio (m)	भवन (m)	bhavan
castillo (m)	महल (m)	mahal
torre (f)	मीनार (m)	mīnār
mausoleo (m)	समाधि (f)	samādhi
arquitectura (f)	वस्तुशाला (m)	vastushāla
medieval (adj)	मध्ययुगीय	madhayayugīy
antiguo (adj)	प्राचीन	prāchīn
nacional (adj)	राष्ट्रीय	rāshtrīy
conocido (adj)	मशहूर	mashhūr
turista (m)	पर्यटक (m)	paryatak
guía (m) (persona)	गाइड (m)	gaid

excursión (f)	पर्यटन यात्रा (m)	paryatan yātra
mostrar (vt)	दिखाना	dikhāna
contar (una historia)	बताना	batāna

encontrar (hallar)	ढूँढना	dhūnrhana
perderse (vr)	खो जाना	kho jāna
plano (m) (~ de metro)	नक्शा (m)	naksha
mapa (m) (~ de la ciudad)	नक्शा (m)	naksha

recuerdo (m)	यादगार (m)	yādagār
tienda (f) de regalos	गिफ्ट शॉप (f)	gift shop
hacer fotos	फोटो खींचना	foto khīnchana
fotografiarse (vr)	अपना फ़ोटो खिंचवाना	apana foto khinchavāna

83. Las compras

comprar (vt)	खरीदना	kharīdana
compra (f)	खरीदारी (f)	kharīdārī
hacer compras	खरीदारी करने जाना	kharīdārī karane jāna
compras (f pl)	खरीदारी (f)	kharīdārī

| estar abierto (tienda) | खुला होना | khula hona |
| estar cerrado | बन्द होना | band hona |

calzado (m)	जूता (m)	jūta
ropa (f)	पोशाक (m)	poshāk
cosméticos (m pl)	श्रृंगार-सामग्री (f)	shrrngār-sāmagrī
productos alimenticios	खाने-पीने की चीज़ें (f pl)	khāne-pīne kī chīzen
regalo (m)	उपहार (m)	upahār

| vendedor (m) | बेचनेवाला (m) | bechanevāla |
| vendedora (f) | बेचनेवाली (f) | bechanevālī |

caja (f)	कैश-काउन्टर (m)	kaish-kauntar
espejo (m)	आईना (m)	āīna
mostrador (m)	काउन्टर (m)	kauntar
probador (m)	ट्राई करने का कमरा (m)	traī karane ka kamara

probar (un vestido)	ट्राई करना	traī karana
quedar (una ropa, etc.)	फिटिंग करना	fiting karana
gustar (vi)	पसंद करना	pasand karana

precio (m)	दाम (m)	dām
etiqueta (f) de precio	प्राइस टैग (m)	prais taig
costar (vt)	दाम होना	dām hona
¿Cuánto?	कितना?	kitana?
descuento (m)	डिस्काउन्ट (m)	diskaunt

no costoso (adj)	सस्ता	sasta
barato (adj)	सस्ता	sasta
caro (adj)	महंगा	mahanga
Es caro	यह महंगा है	yah mahanga hai
alquiler (m)	रेन्टल (m)	rental
alquilar (vt)	किराए पर लेना	kirae par lena

crédito (m)	क्रेडिट (m)	kredit
a crédito (adv)	क्रेडिट पर	kredit par

84. El dinero

dinero (m)	पैसा (m pl)	paisa
cambio (m)	मुद्रा विनिमय (m)	mudra vinimay
curso (m)	विनिमय दर (m)	vinimay dar
cajero (m) automático	एटीएम (m)	eṭīem
moneda (f)	सिक्का (m)	sikka
dólar (m)	डॉलर (m)	dolar
euro (m)	यूरो (m)	yūro
lira (f)	लीरा (f)	līra
marco (m) alemán	डचमार्क (m)	dachamārk
franco (m)	फ़्रांक (m)	frānk
libra esterlina (f)	पाउन्ड स्टरलिंग (m)	paund staraling
yen (m)	येन (m)	yen
deuda (f)	कर्ज़ (m)	karz
deudor (m)	क़र्ज़दार (m)	qarzadār
prestar (vt)	कर्ज़ देना	karz dena
tomar prestado	कर्ज़ लेना	karz lena
banco (m)	बैंक (m)	baink
cuenta (f)	बैंक खाता (m)	baink khāta
ingresar en la cuenta	बैंक खाते में जमा करना	baink khāte men jama karana
sacar de la cuenta	खाते से पैसे निकालना	khāte se paise nikālana
tarjeta (f) de crédito	क्रेडिट कार्ड (m)	kredit kārd
dinero (m) en efectivo	कैश (m pl)	kaish
cheque (m)	चेक (m)	chek
sacar un cheque	चेक लिखना	chek likhana
talonario (m)	चेकबुक (f)	chekabuk
cartera (f)	बटुआ (m)	batua
monedero (m)	बटुआ (m)	batua
caja (f) fuerte	लॉकर (m)	lokar
heredero (m)	उत्तराधिकारी (m)	uttarādhikārī
herencia (f)	उत्तराधिकार (m)	uttarādhikār
fortuna (f)	संपत्ति (f)	sampatti
arriendo (m)	किराये पर देना (m)	kirāye par dena
alquiler (m) (dinero)	किराया (m)	kirāya
alquilar (~ una casa)	किराए पर लेना	kirae par lena
precio (m)	दाम (m)	dām
coste (m)	कीमत (f)	kīmat
suma (f)	रक़म (m)	raqam
gastar (vt)	खर्च करना	kharch karana
gastos (m pl)	खर्च (m pl)	kharch

| economizar (vi, vt) | बचत करना | bachat karana |
| económico (adj) | किफ़ायती | kifāyatī |

pagar (vi, vt)	दाम चुकाना	dām chukāna
pago (m)	भुगतान (m)	bhugatān
cambio (m) (devolver el ~)	चिल्लर (m)	chillar

impuesto (m)	टैक्स (m)	taiks
multa (f)	जुर्माना (m)	jurmāna
multar (vt)	जुर्माना लगाना	jurmāna lagāna

85. La oficina de correos

oficina (f) de correos	डाकघर (m)	dākaghar
correo (m) (cartas, etc.)	डाक (m)	dāk
cartero (m)	डाकिया (m)	dākiya
horario (m) de apertura	खुलने का समय (m)	khulane ka samay

carta (f)	पत्र (m)	patr
carta (f) certificada	रजिस्टरी पत्र (m)	rajistarī patr
tarjeta (f) postal	पोस्ट कार्ड (m)	post kārd
telegrama (m)	तार (m)	tār
paquete (m) postal	पार्सल (f)	pārsal
giro (m) postal	मनी ट्रांसफर (m)	manī trānsafar

recibir (vt)	पाना	pāna
enviar (vt)	भेजना	bhejana
envío (m)	भेज (m)	bhej

dirección (f)	पता (m)	pata
código (m) postal	पिन कोड (m)	pin kod
expedidor (m)	भेजनेवाला (m)	bhejanevāla
destinatario (m)	पानेवाला (m)	pānevāla

| nombre (m) | पहला नाम (m) | pahala nām |
| apellido (m) | उपनाम (m) | upanām |

tarifa (f)	डाक दर (m)	dāk dar
ordinario (adj)	मानक	mānak
económico (adj)	किफ़ायती	kifāyatī

peso (m)	वज़न (m)	vazan
pesar (~ una carta)	तोलना	tolana
sobre (m)	लिफ़ाफ़ा (m)	lifāfa
sello (m)	डाक टिकट (m)	dāk tikat
poner un sello	डाक टिकट लगाना	dāk tikat lagāna

La vivienda. La casa. El hogar

casa (f)	मकान (m)	makān
en casa (adv)	घर पर	ghar par
patio (m)	आंगन (m)	āngan
verja (f)	बाड़ (f)	bāṛ
ladrillo (m)	ईंट (f)	īnt
de ladrillo (adj)	ईंट का	īnt ka
piedra (f)	पत्थर (m)	patthar
de piedra (adj)	पत्थरीला	pattharīla
hormigón (m)	कंक्रीट (m)	kankrīt
de hormigón (adj)	कंक्रीट का	kankrīt ka
nuevo (adj)	नया	naya
viejo (adj)	पुराना	purāna
deteriorado (adj)	टूटा-फूटा	tūta-fūta
moderno (adj)	आधुनिक	ādhunik
de muchos pisos	बहुमंज़िला	bahumanzila
alto (adj)	ऊंचा	ūncha
piso (m), planta (f)	मंज़िल (f)	manzil
de una sola planta	एकमंज़िला	ekamanzila
piso (m) bajo	पहली मंज़िल (f)	pahalī manzil
piso (m) alto	ऊपरी मंज़िल (f)	ūparī manzil
techo (m)	छत (f)	chhat
chimenea (f)	चिमनी (f)	chimanī
tejas (f pl)	खपड़ा (m)	khapara
de tejas (adj)	टाइल का बना	tail ka bana
desván (m)	अटारी (f)	atārī
ventana (f)	खिड़की (f)	khirakī
vidrio (m)	कांच (f)	kānch
alféizar (m)	विन्डो सिल (m)	vindo sil
contraventanas (f pl)	शट्टर (m)	shattar
pared (f)	दीवार (f)	dīvār
balcón (m)	बाल्कनी (f)	bālkanī
gotera (f)	जल निकास पाइप (f)	jal nikās paip
arriba (estar ~)	ऊपर	ūpar
subir (vi)	ऊपर जाना	ūpar jāna
descender (vi)	नीचे उतरना	nīche utarana
mudarse (vr)	घर बदलना	ghar badalana

87. La casa. La entrada. El ascensor

entrada (f)	प्रवेश-द्वार (m)	pravesh-dvār
escalera (f)	सीढ़ी (f)	sīrhī
escalones (m pl)	सीढ़ी (f)	sīrhī
baranda (f)	रेलिंग (f pl)	reling
vestíbulo (m)	हॉल (m)	hol
buzón (m)	लेटर बॉक्स (m)	letar boks
contenedor (m) de basura	कचरे का डब्बा (m)	kachare ka dabba
bajante (f) de basura	कचरे का श्यूट (m)	kachare ka shyūt
ascensor (m)	लिफ्ट (m)	lift
ascensor (m) de carga	लिफ्ट (m)	lift
cabina (f)	लिफ्ट (f)	lift
ir en el ascensor	लिफ्ट से जाना	lift se jāna
apartamento (m)	फ्लैट (f)	flait
inquilinos (pl)	निवासी (m)	nivāsī
vecino (m)	पड़ोसी (m)	parosī
vecina (f)	पड़ोसन (f)	parosan
vecinos (pl)	पड़ोसी (m pl)	parosī

88. La casa. La electricidad

electricidad (f)	बिजली (f)	bijalī
bombilla (f)	बल्ब (m)	balb
interruptor (m)	स्विच (m)	svich
fusible (m)	फ्यूज़ बटन (m)	fyūz batan
cable, hilo (m)	तार (m)	tār
instalación (f) eléctrica	तार (m)	tār
contador (m) de luz	बिजली का मीटर (m)	bijalī ka mītar
lectura (f) (~ del contador)	मीटर रीडिंग (f)	mītar rīding

89. La casa. La puerta. La cerradura

puerta (f)	दरवाज़ा (m)	daravāza
portón (m)	फाटक (m)	fātak
tirador (m)	हत्था (m)	hattha
abrir el cerrojo	खोलना	kholana
abrir (vt)	खोलना	kholana
cerrar (vt)	बंद करना	band karana
llave (f)	चाबी (f)	chābī
manojo (m) de llaves	चाबियों का गुच्छा (m)	chābiyon ka guchchha
crujir (vi)	चरमराना	charamarāna
crujido (m)	चरमराने की आवाज़ (m)	charamarāne kī āvāz
gozne (m)	क़ब्ज़ा (m)	qabza
felpudo (m)	पायदान (m)	pāyadān
cerradura (f)	ताला (m)	tāla

ojo (m) de cerradura	ताला (m)	tāla
cerrojo (m)	अर्गला (f)	argala
pestillo (m)	अर्गला (f)	argala
candado (m)	ताला (m)	tāla

tocar el timbre	बजाना	bajāna
campanillazo (m)	घंटी (f)	ghantī
timbre (m)	घंटी (f)	ghantī
botón (m)	घंटी (f)	ghantī
toque (m) a la puerta	खटखट (f)	khatakhat
tocar la puerta	खटखटाना	khatakhatāna

código (m)	कोड (m)	kod
cerradura (f) de contraseña	कॉम्बिनेशन लॉक (m)	kombineshan lok
telefonillo (m)	इंटरकॉम (m)	intarakom
número (m)	मकान नम्बर (m)	makān nambar
placa (f) de puerta	नेम प्लेट (f)	nem plet
mirilla (f)	पीप होल (m)	pīp hol

90. La casa de campo

aldea (f)	गांव (m)	gānv
huerta (f)	सब्जियों का बगीचा (m)	sabziyon ka bagīcha
empalizada (f)	बाड़ा (m)	bāra
valla (f)	बाड़ (f)	bār
puertecilla (f)	छोटा फाटक (m)	chhota fātak

granero (m)	अनाज का गोदाम (m)	anāj ka godām
sótano (m)	सब्जियों का गोदाम (m)	sabziyon ka godām
cobertizo (m)	शेड (m)	shed
pozo (m)	कुआँ (m)	kuān

estufa (f)	चूल्हा (m)	chūlha
calentar la estufa	चूल्हा जलाना	chūlaha jalāna
leña (f)	लकड़ियाँ (f pl)	lakariyān
leño (m)	लकड़ी (f)	lakarī

veranda (f)	बरामदा (f)	barāmda
terraza (f)	छत (f)	chhat
porche (m)	पोर्च (m)	porch
columpio (m)	झूले वाली कुर्सी (f)	jhūle vālī kursī

91. La villa. La mansión

casa (f) de campo	गाँव का मकान (m)	gānv ka makān
villa (f)	बंगला (m)	bangala
ala (f)	खंड (m)	khand

jardín (m)	बाग (m)	bāg
parque (m)	पार्क (m)	pārk
invernadero (m) tropical	ग्रीनहाउस (m)	grīnahaus
cuidar (~ el jardín, etc.)	देखभाल करना	dekhabhāl karana

piscina (f)	तरण-ताल (m)	taran-tāl
gimnasio (m)	व्यायाम कक्ष (m)	vyāyām kaksh
cancha (f) de tenis	टेनिस-कोर्ट (m)	tenis-kort
sala (f) de cine	सिनेमाघर (m)	sinemāghar
garaje (m)	गराज (m)	garāj
propiedad (f) privada	नीजी सम्पत्ति (f)	nījī sampatti
terreno (m) privado	नीजी ज़मीन (f)	nījī zamīn
advertencia (f)	चेतावनी (f)	chetāvanī
letrero (m) de aviso	चेतावनी संकेत (m)	chetāvanī sanket
seguridad (f)	सुरक्षा (f)	suraksha
guardia (m) de seguridad	पहरेदार (m)	paharedār
alarma (f) antirrobo	चोर घंटी (f)	chor ghantī

92. El castillo. El palacio

castillo (m)	महल (m)	mahal
palacio (m)	भवन (m)	bhavan
fortaleza (f)	किला (m)	kila
muralla (f)	दीवार (f)	dīvār
torre (f)	मीनार (m)	mīnār
torre (f) principal	केन्द्रीय मीनार (m)	kendrīy mīnār
rastrillo (m)	आरोहण द्वार (m)	ārohan dvār
pasaje (m) subterráneo	भूमिगत सुरंग (m)	bhūmigat surang
foso (m) del castillo	खाई (f)	khaī
cadena (f)	जंजीर (f)	janjīr
aspillera (f)	ऐरो लूप (m)	airo lūp
magnífico (adj)	शानदार	shānadār
majestuoso (adj)	महिमामय	mahimāmay
inexpugnable (adj)	अभेद्य	abhedy
medieval (adj)	मध्ययुगीय	madhayayugīy

93. El apartamento

apartamento (m)	फ़्लैट (f)	flait
habitación (f)	कमरा (m)	kamara
dormitorio (m)	सोने का कमरा (m)	sone ka kamara
comedor (m)	खाने का कमरा (m)	khāne ka kamara
salón (m)	बैठक (f)	baithak
despacho (m)	घरेलू कार्यालय (m)	gharelū kāryālay
antecámara (f)	प्रवेश कक्ष (m)	pravesh kaksh
cuarto (m) de baño	स्नानघर (m)	snānaghar
servicio (m)	शौचालय (m)	shauchālay
techo (m)	छत (f)	chhat
suelo (m)	फ़र्श (m)	farsh
rincón (m)	कोना (m)	kona

94. El apartamento. La limpieza

hacer la limpieza	साफ़ करना	sāf karana
quitar (retirar)	रख देना	rakh dena
polvo (m)	धूल (m)	dhūl
polvoriento (adj)	धूसर	dhūsar
limpiar el polvo	धूल पोंछना	dhūl ponchhana
aspirador (m), aspiradora (f)	वैक्युम क्लीनर (m)	vaikyum klīnar
limpiar con la aspiradora	वैक्यूम करना	vaikyūm karana
barrer (vi, vt)	झाड़ू लगाना	jhārū lagāna
barreduras (f pl)	कूड़ा (m)	kūra
orden (m)	तरतीब (m)	taratīb
desorden (m)	बेतरतीब (f)	betaratīb
fregona (f)	पोंछा (m)	ponchha
trapo (m)	डस्टर (m)	dastar
escoba (f)	झाड़ू (m)	jhārū
cogedor (m)	कूड़ा उठाने का तसला (m)	kūra uthāne ka tasala

95. Los muebles. El interior

muebles (m pl)	फ़र्निचर (m)	farnichar
mesa (f)	मेज़ (f)	mez
silla (f)	कुर्सी (f)	kursī
cama (f)	पलंग (m)	palang
sofá (m)	सोफ़ा (m)	sofa
sillón (m)	हत्थे वाली कुर्सी (f)	hatthe vālī kursī
librería (f)	किताबों की अलमारी (f)	kitābon kī alamārī
estante (m)	शेल्फ़ (f)	shelf
armario (m)	कपड़ों की अलमारी (f)	kaparon kī alamārī
percha (f)	खूँटी (f)	khūntī
perchero (m) de pie	खूँटी (f)	khūntī
cómoda (f)	कपड़ों की अलमारी (f)	kaparon kī alamārī
mesa (f) de café	कॉफ़ी की मेज़ (f)	kofī kī mez
espejo (m)	आईना (m)	āīna
tapiz (m)	कालीन (m)	kālīn
alfombra (f)	दरी (f)	darī
chimenea (f)	चिमनी (f)	chimanī
vela (f)	मोमबत्ती (f)	momabattī
candelero (m)	मोमबत्तीदान (m)	momabattīdān
cortinas (f pl)	परदे (m pl)	parade
empapelado (m)	वॉल पेपर (m)	vol pepar
estor (m) de láminas	जेलुज़ी (f pl)	jeluzī
lámpara (f) de mesa	मेज़ का लैम्प (m)	mez ka laimp
aplique (m)	दिवार का लैम्प (m)	divār ka laimp

| lámpara (f) de pie | फ़र्श का लैम्प (m) | farsh ka laimp |
| lámpara (f) de araña | झूमर (m) | jhūmar |

pata (f) (~ de la mesa)	पाँव (m)	pānv
brazo (m)	कुर्सी का हत्था (m)	kursī ka hattha
espaldar (m)	कुर्सी की पीठ (f)	kursī kī pīth
cajón (m)	दराज़ (m)	darāz

96. Los accesorios de cama

ropa (f) de cama	बिस्तर के कपड़े (m)	bistar ke kapare
almohada (f)	तकिया (m)	takiya
funda (f)	ग़िलाफ़ (m)	gilāf
manta (f)	रज़ाई (f)	razaī
sábana (f)	चादर (f)	chādar
sobrecama (f)	चादर (f)	chādar

97. La cocina

cocina (f)	रसोईघर (m)	rasoīghar
gas (m)	गैस (m)	gais
cocina (f) de gas	गैस का चूल्हा (m)	gais ka chūlha
cocina (f) eléctrica	बिजली का चूल्हा (m)	bijalī ka chūlha
horno (m)	ओवन (m)	ovan
horno (m) microondas	माइक्रोवेव ओवन (m)	maikrovev ovan

frigorífico (m)	फ़ूज (m)	frij
congelador (m)	फ़्रीज़र (m)	frījar
lavavajillas (m)	डिशवॉशर (m)	dishavoshar

picadora (f) de carne	कीमा बनाने की मशीन (f)	kīma banāne kī mashīn
exprimidor (m)	जूसर (m)	jūsar
tostador (m)	टोस्टर (m)	tostar
batidora (f)	मिक्सर (m)	miksar

cafetera (f) (aparato de cocina)	कॉफ़ी मशीन (f)	kofī mashīn
cafetera (f) (para servir)	कॉफ़ी पॉट (m)	kofī pot
molinillo (m) de café	कॉफ़ी पीसने की मशीन (f)	kofī pīsane kī mashīn

hervidor (m) de agua	केतली (f)	ketalī
tetera (f)	चायदानी (f)	chāyadānī
tapa (f)	ढक्कन (m)	dhakkan
colador (m) de té	छलनी (f)	chhalanī

cuchara (f)	चम्मच (m)	chammach
cucharilla (f)	चम्मच (m)	chammach
cuchara (f) de sopa	चम्मच (m)	chammach
tenedor (m)	काँटा (m)	kānta
cuchillo (m)	छुरी (f)	chhurī
vajilla (f)	बरतन (m)	baratan
plato (m)	तश्तरी (f)	tashtarī

platillo (m)	तश्तरी (f)	tashtarī
vaso (m) de chupito	जाम (m)	jām
vaso (m) (~ de agua)	गिलास (m)	gilās
taza (f)	प्याला (m)	pyāla
azucarera (f)	चीनीदानी (f)	chīnīdānī
salero (m)	नमकदानी (m)	namakadānī
pimentero (m)	मिर्चदानी (f)	mirchadānī
mantequera (f)	मक्खनदानी (f)	makkhanadānī
cacerola (f)	सॉसपैन (m)	sosapain
sartén (f)	फ़्राइ पैन (f)	frai pain
cucharón (m)	डोई (f)	doī
colador (m)	कालेन्डर (m)	kālendar
bandeja (f)	थाली (m)	thālī
botella (f)	बोतल (f)	botal
tarro (m) de vidrio	शीशी (f)	shīshī
lata (f)	डिब्बा (m)	dibba
abrebotellas (m)	बोतल ओपनर (m)	botal opanar
abrelatas (m)	ओपनर (m)	opanar
sacacorchos (m)	पेंचकस (m)	penchakas
filtro (m)	फ़िल्टर (m)	filtar
filtrar (vt)	फ़िल्टर करना	filtar karana
basura (f)	कूड़ा (m)	kūra
cubo (m) de basura	कूड़े की बाल्टी (f)	kūre kī bāltī

98. El baño

cuarto (m) de baño	स्नानघर (m)	snānaghar
agua (f)	पानी (m)	pānī
grifo (m)	नल (m)	nal
agua (f) caliente	गरम पानी (m)	garam pānī
agua (f) fría	ठंडा पानी (m)	thanda pānī
pasta (f) de dientes	टूथपेस्ट (m)	tūthapest
limpiarse los dientes	दाँत ब्रश करना	dānt brash karana
afeitarse (vr)	शेव करना	shev karana
espuma (f) de afeitar	शेविंग फ़ोम (m)	sheving fom
maquinilla (f) de afeitar	रेज़र (f)	rezar
lavar (vt)	धोना	dhona
darse un baño	नहाना	nahāna
ducha (f)	शावर (m)	shāvar
darse una ducha	शावर लेना	shāvar lena
bañera (f)	बाथटब (m)	bāthatab
inodoro (m)	संडास (m)	sandās
lavabo (m)	सिंक (m)	sink
jabón (m)	साबुन (m)	sābun
jabonera (f)	साबुनदानी (f)	sābunadānī

esponja (f)	स्पंज (f)	spanj
champú (m)	शैम्पू (m)	shaimpū
toalla (f)	तौलिया (f)	tauliya
bata (f) de baño	चोगा (m)	choga

colada (f), lavado (m)	धुलाई (f)	dhulaī
lavadora (f)	वॉशिंग मशीन (f)	voshing mashīn
lavar la ropa	कपड़े धोना	kapare dhona
detergente (m) en polvo	कपड़े धोने का पाउडर (m)	kapare dhone ka paudar

99. Los aparatos domésticos

televisor (m)	टीवी सेट (m)	tīvī set
magnetófono (m)	टेप रिकार्डर (m)	tep rikārdar
vídeo (m)	वीडियो टेप रिकार्डर (m)	vīdiyo tep rikārdar
radio (m)	रेडियो (m)	rediyo
reproductor (m) (~ MP3)	प्लेयर (m)	pleyar

proyector (m) de vídeo	वीडियो प्रोजेक्टर (m)	vīdiyo projektar
sistema (m) home cinema	होम थीएटर (m)	hom thīetar
reproductor (m) de DVD	डीवीडी प्लेयर (m)	dīvīdī pleyar
amplificador (m)	ध्वनि-विस्तारक (m)	dhvani-vistārak
videoconsola (f)	वीडियो गेम कन्सोल (m)	vīdiyo gem kansol

cámara (f) de vídeo	वीडियो कैमरा (m)	vīdiyo kaimara
cámara (f) fotográfica	कैमरा (m)	kaimara
cámara (f) digital	डीजिटल कैमरा (m)	dījital kaimara

aspirador (m), aspiradora (f)	वैक्यूम क्लीनर (m)	vaikyūm klīnar
plancha (f)	इस्तरी (f)	istarī
tabla (f) de planchar	इस्तरी तख़्ता (m)	istarī takhta

teléfono (m)	टेलीफ़ोन (m)	telīfon
teléfono (m) móvil	मोबाइल फ़ोन (m)	mobail fon
máquina (f) de escribir	टाइपराइटर (m)	taiparaitar
máquina (f) de coser	सिलाई मशीन (f)	silaī mashīn

micrófono (m)	माइक्रोफ़ोन (m)	maikrofon
auriculares (m pl)	हैड्फ़ोन (m pl)	hairafon
mando (m) a distancia	रिमोट (m)	rimot

CD (m)	सीडी (m)	sīdī
casete (m)	कैसेट (f)	kaiset
disco (m) de vinilo	रिकार्ड (m)	rikārd

100. Los arreglos. La renovación

renovación (f)	नवीकरण (m)	navīkaran
renovar (vt)	नवीकरण करना	navīkaran karana
reparar (vt)	मरम्मत करना	marammat karana
poner en orden	ठीक करना	thīk karana
rehacer (vt)	फिर से करना	fir se karana

pintura (f)	रंग (m)	rang
pintar (las paredes)	रंगना	rangana
pintor (m)	रोग़न करनेवाला (m)	rogan karanevāla
brocha (f)	सफ़ेदी का ब्रश (m)	safedī ka brash
cal (f)	सफ़ेदी (f)	safedī
encalar (vt)	सफ़ेदी करना	safedī karana
empapelado (m)	वॉल-पैपर (m pl)	vol-paipar
empapelar (vt)	वाल-पैपर लगाना	vāl-paipar lagāna
barniz (m)	पॉलिश (f)	polish
cubrir con barniz	पॉलिश करना	polish karana

101. La plomería

agua (f)	पानी (m)	pānī
agua (f) caliente	गरम पानी (m)	garam pānī
agua (f) fría	ठंडा पानी (m)	thanda pānī
grifo (m)	टोंटी (f)	tontī
gota (f)	बूंद (m)	būnd
gotear (el grifo)	टपकना	tapakana
gotear (cañería)	बहना	bahana
escape (m) de agua	लीक (m)	līk
charco (m)	डबरा (m)	dabara
tubo (m)	पाइप (f)	paip
válvula (f)	वॉल्व (m)	volv
estar atascado	भर जाना	bhar jāna
instrumentos (m pl)	औज़ार (m pl)	auzār
llave (f) inglesa	रिंच (m)	rinch
destornillar (vt)	खोलना	kholana
atornillar (vt)	बंद करना	band karana
desatascar (vt)	सफ़ाई करना	safaī karana
fontanero (m)	प्लम्बर (m)	plambar
sótano (m)	तहख़ाना (m)	tahakhāna
alcantarillado (m)	मलप्रवाह-पद्धति (f)	malapravāh-paddhati

102. El fuego. El incendio

incendio (m)	आग (f)	āg
llama (f)	आग की लपटें (f)	āg kī lapaten
chispa (f)	चिंगारी (f)	chingārī
humo (m)	धुँआ (m)	dhuna
antorcha (f)	मशाल (m)	mashāl
hoguera (f)	कैम्प फ़ायर (m)	kaimp fāyar
gasolina (f)	पेट्रोल (m)	petrol
queroseno (m)	केरोसीन (m)	kerosīn
inflamable (adj)	ज्वलनशील	jvalanashīl

| explosivo (adj) | विस्फ़ोटक | visfotak |
| PROHIBIDO FUMAR | धुम्रपान निषेध! | dhumrapān nishedh! |

seguridad (f)	सुरक्षा (f)	suraksha
peligro (m)	ख़तरा (f)	khatara
peligroso (adj)	ख़तरनाक	khataranāk

prenderse fuego	आग लग जाना	āg lag jāna
explosión (f)	विस्फ़ोट (m)	visfot
incendiar (vt)	आग लगाना	āg lagāna
incendiario (m)	आग लगानेवाला (m)	āg lagānevāla
incendio (m) provocado	आगज़नी (f)	āgazanī

estar en llamas	दहकना	dahakana
arder (vi)	जलना	jalana
incendiarse (vr)	जल जाना	jal jāna

bombero (m)	दमकल कर्मचारी (m)	damakal karmachārī
coche (m) de bomberos	दमकल (m)	damakal
cuerpo (m) de bomberos	फ़ायरब्रिगेड (m)	fāyarabriged
escalera (f) telescópica	फ़ायर ट्रक सीढ़ी (f)	fāyar trak sīrhī

manguera (f)	आग बुझाने का पाइप (m)	āg bujhāne ka paip
extintor (m)	अग्निशामक (m)	agnishāmak
casco (m)	हेलमेट (f)	helamet
sirena (f)	साइरन (m)	sairan

gritar (vi)	चिल्लाना	chillāna
pedir socorro	मदद के लिए बुलाना	madad ke lie bulāna
socorrista (m)	बचानेवाला (m)	bachānevāla
salvar (vt)	बचाना	bachāna

llegar (vi)	पहुँचना	pahunchana
apagar (~ el incendio)	आग बुझाना	āg bujhāna
agua (f)	पानी (m)	pānī
arena (f)	रेत (f)	ret

ruinas (f pl)	खंडहर (m pl)	khandahar
colapsarse (vr)	गिर जाना	gir jāna
hundirse (vr)	टूटकर गिरना	tūtakar girana
derrumbarse (vr)	ढहना	dhahana

| trozo (m) (~ del muro) | मलबे का टुकड़ा (m) | malabe ka tukara |
| ceniza (f) | राख (m) | rākh |

| morir asfixiado | दम घुटना | dam ghutana |
| perecer (vi) | मर जाना | mar jāna |

LAS ACTIVIDADES DE LA GENTE

El trabajo. Los negocios. Unidad 1

103. La oficina. El trabajo de oficina

oficina (f)	कार्यालय (m)	kāryālay
despacho (m)	कार्यालय (m)	kāryālay
recepción (f)	रिसेप्शन (m)	risepshan
secretaria (f)	सेक्रटरी (f)	sekratarī
director (m)	निदेशक (m)	nideshak
manager (m)	मैनेजर (m)	mainejar
contable (m)	लेखापाल (m)	lekhāpāl
colaborador (m)	कर्मचारी (m)	karmachārī
muebles (m pl)	फ़र्निचर (m)	farnichar
escritorio (m)	मेज़ (f)	mez
silla (f)	कुर्सी (f)	kursī
cajonera (f)	साइड टेबल (f)	said tebal
perchero (m) de pie	खूँटी (f)	khūntī
ordenador (m)	कंप्यूटर (m)	kampyūtar
impresora (f)	प्रिन्टर (m)	printar
fax (m)	फ़ैक्स मशीन (f)	faiks mashīn
fotocopiadora (f)	ज़ीरोक्स (m)	zīroks
papel (m)	कागज़ (m)	kāgaz
papelería (f)	स्टेशनरी (m pl)	steshanarī
alfombrilla (f) para ratón	माउस पैड (m)	maus paid
hoja (f) de papel	पन्ना (m)	panna
carpeta (f)	बाइन्डर (m)	baindar
catálogo (m)	कैटेलॉग (m)	kaitelog
directorio (m) telefónico	डाइरेक्टरी (f)	dairektarī
documentación (f)	दस्तावेज़ (m)	dastāvez
folleto (m)	पुस्तिका (f)	pustika
prospecto (m)	पर्चा (m)	parcha
muestra (f)	नमूना (m)	namūna
reunión (f) de formación	प्रशिक्षण बैठक (f)	prashikshan baithak
reunión (f)	बैठक (f)	baithak
pausa (f) del almuerzo	मध्यान्तर (m)	madhyāntar
hacer una copia	कॉपी करना	kopī karana
hacer copias	ज़ीरोक्स करना	zīroks karana
recibir un fax	फ़ैक्स मिलना	faiks milana
enviar un fax	फ़ैक्स भेजना	faiks bhejana
llamar por teléfono	फ़ोन करना	fon karana

| responder (vi, vt) | जवाब देना | javāb dena |
| poner en comunicación | फ़ोन ट्रांस्फ़र करना | fon trānsfar karana |

fijar (~ una reunión)	व्यवस्थित करना	vyavasthit karana
demostrar (vt)	प्रदर्शित करना	pradarshit karana
estar ausente	अनुपस्थित होना	anupasthit hona
ausencia (f)	अनुपस्थिती (f)	anupasthitī

104. Los procesos de negocio. Unidad 1

ocupación (f)	पेशा (m)	pesha
firma (f)	कम्पनी (f)	kampanī
compañía (f)	कम्पनी (f)	kampanī
corporación (f)	निगम (m)	nigam
empresa (f)	उद्योग (m)	udyog
agencia (f)	एजेंसी (f)	ejensī

acuerdo (m)	समझौता (f)	samajhauta
contrato (m)	ठेका (m)	theka
trato (m), acuerdo (m)	सौदा (f)	sauda
pedido (m)	आर्डर (m)	ārdar
condición (f) del contrato	शर्तें (f)	sharten

al por mayor (adv)	थोक	thok
al por mayor (adj)	थोक	thok
venta (f) al por mayor	थोक (m)	thok
al por menor (adj)	खुदरा	khudara
venta (f) al por menor	खुदरा (m)	khudara

competidor (m)	प्रतियोगी (m)	pratiyogī
competencia (f)	प्रतियोगिता (f)	pratiyogita
competir (vi)	प्रतियोगिता करना	pratiyogita karana

| socio (m) | सहयोगी (f) | sahayogī |
| sociedad (f) | साझेदारी (f) | sājhedārī |

crisis (f)	संकट (m)	sankat
bancarrota (f)	दिवाला (m)	divāla
ir a la bancarrota	दिवालिया हो जाना	divāliya ho jāna
dificultad (f)	कठिनाई (f)	kathinaī
problema (m)	समस्या (f)	samasya
catástrofe (f)	दुर्घटना (f)	durghatana

economía (f)	अर्थशास्त्र (f)	arthashāstr
económico (adj)	आर्थिक	ārthik
recesión (f) económica	आर्थिक गिरावट (f)	arthik girāvat

| meta (f) | लक्ष्य (m) | lakshy |
| objetivo (m) | कार्य (m) | kāry |

comerciar (vi)	व्यापार करना	vyāpār karana
red (f) (~ comercial)	जाल (m)	jāl
existencias (f pl)	गोदाम (m)	godām
surtido (m)	किस्म (m)	kism

líder (m)	लीडर (m)	līdar
grande (empresa ~)	विशाल	vishāl
monopolio (m)	एकाधिकार (m)	ekādhikār

teoría (f)	सिद्धांत (f)	siddhānt
práctica (f)	व्यवहार (f)	vyavahār
experiencia (f)	अनुभव (m)	anubhav
tendencia (f)	प्रवृत्ति (f)	pravrtti
desarrollo (m)	विकास (m)	vikās

105. Los procesos de negocio. Unidad 2

| rentabilidad (f) | लाभ (f) | lābh |
| rentable (adj) | फ़ायदेमन्द | fāyademand |

delegación (f)	प्रतिनिधिमंडल (f)	pratinidhimandal
salario (m)	आय (f)	āy
corregir (un error)	ठीक करना	thīk karana
viaje (m) de negocios	व्यापारिक यात्रा (f)	vyāpārik yātra
comisión (f)	आयोग (f)	āyog

controlar (vt)	जांचना	jānchana
conferencia (f)	सम्मेलन (m)	sammelan
licencia (f)	अनुज्ञप्ति (f)	anugyapti
fiable (socio ~)	विश्वसनीय	vishvasanīy

iniciativa (f)	पहल (f)	pahal
norma (f)	मानक (m)	mānak
circunstancia (f)	परिस्थिति (f)	paristhiti
deber (m)	कर्तव्य (m)	kartavy

empresa (f)	संगठन (f)	sangathan
organización (f) (proceso)	आयोजन (m)	āyojan
organizado (adj)	आयोजित	āyojit
anulación (f)	निरस्तीकरण (m)	nirastīkaran
anular (vt)	रद्द करना	radd karana
informe (m)	रिपोर्ट (m)	riport

patente (m)	पेटेंट (m)	petent
patentar (vt)	पेटेंट करना	petent karana
planear (vt)	योजना बनाना	yojana banāna

premio (m)	बोनस (m)	bonas
profesional (adj)	पेशेवर	peshevar
procedimiento (m)	प्रक्रिया (f)	prakriya

examinar (vt)	विचार करना	vichār karana
cálculo (m)	हिसाब (m)	hisāb
reputación (f)	प्रतिष्ठा (f)	pratishtha
riesgo (m)	जोखिम (m)	jokhim

dirigir (administrar)	प्रबंध करना	prabandh karana
información (f)	सूचना (f)	sūchana
propiedad (f)	जायदाद (f)	jāyadād

unión (f)	संघ (m)	sangh
seguro (m) de vida	जीवन-बीमा (m)	jīvan-bīma
asegurar (vt)	बीमा करना	bīma karana
seguro (m)	बीमा (m)	bīma
subasta (f)	नीलामी (m pl)	nīlāmī
notificar (informar)	जानकारी देना	jānakārī dena
gestión (f)	प्रबंधन (m)	prabandhan
servicio (m)	सेवा (f)	seva
foro (m)	मंच (m)	manch
funcionar (vi)	कार्य करना	kāry karana
etapa (f)	चरण (m)	charan
jurídico (servicios ~s)	कानूनी	kānūnī
jurista (m)	वकील (m)	vakīl

106. La producción. Los trabajos

planta (f)	कारख़ाना (m)	kārakhāna
fábrica (f)	कारख़ाना (m)	kārakhāna
taller (m)	वर्कशाप (m)	varkashāp
planta (f) de producción	उत्पादन स्थल (m)	utpādan sthal
industria (f)	उद्योग (m)	udyog
industrial (adj)	औद्योगिक	audyogik
industria (f) pesada	भारी उद्योग (m)	bhārī udyog
industria (f) ligera	हल्का उद्योग (m)	halka udyog
producción (f)	उत्पाद (m)	utpād
producir (vt)	उत्पादन करना	utpādan karana
materias (f pl) primas	कच्चा माल (m)	kachcha māl
jefe (m) de brigada	फ़ोरमैन (m)	foramain
brigada (f)	मज़दूर दल (m)	mazadūr dal
obrero (m)	मज़दूर (m)	mazadūr
día (m) de trabajo	कार्यदिवस (m)	kāryadivas
descanso (m)	अंतराल (m)	antarāl
reunión (f)	बैठक (f)	baithak
discutir (vt)	चर्चा करना	charcha karana
plan (m)	योजना (f)	yojana
cumplir el plan	योजना बनाना	yojana banāna
tasa (f) de producción	उत्पादन दर (f)	utpādan dar
calidad (f)	गुणवत्ता (m)	gunavatta
control (m)	जाँच (f)	jānch
control (m) de calidad	गुणवत्ता जाँच (f)	gunavatta jānch
seguridad (f) de trabajo	कार्यस्थल सुरक्षा (f)	kāryasthal suraksha
disciplina (f)	अनुशासन (m)	anushāsan
infracción (f)	उल्लंघन (m)	ullanghan
violar (las reglas)	उल्लंघन करना	ullanghan karana
huelga (f)	हड़ताल (f)	haratāl
huelguista (m)	हड़तालकारी (m)	haratālakārī

| estar en huelga | हड़ताल करना | haratāl karana |
| sindicato (m) | ट्रेड-यूनियन (m) | tred-yūniyan |

inventar (máquina, etc.)	आविष्कार करना	āvishkār karana
invención (f)	आविष्कार (m)	āvishkār
investigación (f)	अनुसंधान (f)	anusandhān
mejorar (vt)	सुधारना	sudhārana
tecnología (f)	प्रौद्योगिकी (f)	praudyogikī
dibujo (m) técnico	तकनीकी चित्रकारी (f)	takanīkī chitrakārī

cargamento (m)	भार (m)	bhār
cargador (m)	कुली (m)	kulī
cargar (camión, etc.)	लादना	lādana
carga (f) (proceso)	लादना (m)	lādana
descargar (vt)	सामान उतारना	sāmān utārana
descarga (f)	उतारना	utārana

transporte (m)	परिवहन (m)	parivahan
compañía (f) de transporte	परिवहन कम्पनी (f)	parivahan kampanī
transportar (vt)	अपवाहन करना	apavāhan karana

vagón (m)	माल गाड़ी (f)	māl gāṛī
cisterna (f)	टैंकर (m)	tainkar
camión (m)	ट्रक (m)	trak

| máquina (f) herramienta | मशीनी उपकरण (m) | mashīnī upakaran |
| mecanismo (m) | यंत्र (m) | yantr |

desperdicios (m pl)	औद्योगिक अवशेष (m)	audyogik avashesh
empaquetado (m)	पैकिंग (f)	paiking
empaquetar (vt)	पैक करना	paik karana

107. El contrato. El acuerdo

contrato (m)	ठेका (m)	theka
acuerdo (m)	समझौता (f)	samajhauta
anexo (m)	परिशिष्ट (f)	parishisht

firmar un contrato	अनुबंध पर हस्ताक्षर करना	anubandh par hastākshar karana
firma (f) (nombre)	हस्ताक्षर (m)	hastākshar
firmar (vt)	हस्ताक्षर करना	hastākshar karana
sello (m)	सील (m)	sīl

objeto (m) del acuerdo	अनुबंध की विषय-वस्तु (f)	anubandh kī vishay-vastu
cláusula (f)	धारा (f)	dhāra
partes (f pl)	पार्टी (f)	pārtī
domicilio (m) legal	कानूनी पता (m)	kānūnī pata

violar el contrato	अनुबंध का उल्लंघन करना	anubandh ka ullanghan karana
obligación (f)	प्रतिबद्धता (f)	pratibaddhta
responsabilidad (f)	ज़िम्मेदारी (f)	zimmedārī
fuerza mayor (f)	अप्रत्याशित घटना (f)	apratyāshit ghatana

| disputa (f) | विवाद (m) | vivād |
| penalidades (f pl) | जुर्माना (m) | jurmāna |

108. Importación y exportación

importación (f)	आयात (m)	āyāt
importador (m)	आयातकर्ता (m)	āyātakarta
importar (vt)	आयात करना	āyāt karana
de importación (adj)	आयातित	āyātit

| exportador (m) | निर्यातकर्ता (m) | niryātakarta |
| exportar (vt) | निर्यात करना | niryāt karana |

| mercancía (f) | माल (m) | māl |
| lote (m) de mercancías | प्रेषित माल (m) | preshit māl |

peso (m)	वज़न (m)	vazan
volumen (m)	आयतन (m)	āyatan
metro (m) cúbico	घन मीटर (m)	ghan mītar

productor (m)	उत्पादक (m)	utpādak
compañía (f) de transporte	वाहन कम्पनी (f)	vāhan kampanī
contenedor (m)	डिब्बा (m)	dibba

frontera (f)	सीमा (f)	sīma
aduana (f)	सीमाशुल्क कार्यालय (f)	sīmāshulk kāryālay
derechos (m pl) arancelarios	सीमाशुल्क (m)	sīmāshulk
aduanero (m)	सीमाशुल्क अधिकारी (m)	sīmāshulk adhikārī
contrabandismo (m)	तस्करी (f)	taskarī
contrabando (m)	तस्करी का माल (m)	taskarī ka māl

109. Las finanzas

acción (f)	शेयर (f)	sheyar
bono (m), obligación (f)	बॉंड (m)	bānd
letra (f) de cambio	विनिमय पत्र (m)	vinimay patr

| bolsa (f) | स्टॉक मार्केट (m) | stok mārket |
| cotización (f) de valores | शेयर का मूल्य (m) | sheyar ka mūly |

| abaratarse (vr) | मूल्य कम होना | mūly kam hona |
| encarecerse (vr) | मूल्य बढ़ जाना | mūly barh jāna |

interés (m) mayoritario	नियंत्रण हित (f)	niyantran hit
inversiones (f pl)	निवेश (f)	nivesh
invertir (vi, vt)	निवेश करना	nivesh karana
porcentaje (m)	प्रतिशत (f)	pratishat
interés (m)	ब्याज (m pl)	byāj

beneficio (m)	नफ़ा (m)	nafa
beneficioso (adj)	लाभदायक	lābhadāyak
impuesto (m)	कर (f)	kar

divisa (f)	मुद्रा (m)	mudra
nacional (adj)	राष्ट्रीय	rāshtrīy
cambio (m)	विनिमय (m)	vinimay
contable (m)	लेखापाल (m)	lekhāpāl
contaduría (f)	लेखा विभाग (m)	lekha vibhāg
bancarrota (f)	दिवाला (m)	divāla
quiebra (f)	वित्तीय पतन (m)	vittīy pattan
ruina (f)	बरबादी (m)	barabādī
arruinarse (vr)	आर्थिक रूप से बरबादी	ārthik rūp se barabādī
inflación (f)	मुद्रास्फीति (f)	mudrāsfīti
devaluación (f)	अवमूल्यन (m)	avamūlyan
capital (m)	पूँजी (f)	pūnjī
ingresos (m pl)	आय (f)	āy
volumen (m) de negocio	कुल बिक्री (f)	kul bikrī
recursos (m pl)	वित्तीय संसाधन (m)	vittīy sansādhan
recursos (m pl) monetarios	मुद्रागत संसाधन (m)	mudrāgat sansādhan
reducir (vt)	कम करना	kam karana

110. La mercadotecnia

mercadotecnia (f)	विपणन (m)	vipanan
mercado (m)	मंडी (f)	mandī
segmento (m) del mercado	बाज़ार क्षेत्र (m)	bāzār kshetr
producto (m)	उत्पाद (m)	utpād
mercancía (f)	माल (m)	māl
marca (f) comercial	ट्रेड मार्क (m)	tred mārk
logotipo (m)	लोगोटाइप (m)	logotaip
logo (m)	लोगो (m)	logo
demanda (f)	मांग (f)	māng
oferta (f)	आपूर्ति (f)	āpūrti
necesidad (f)	ज़रूरत (f)	zarūrat
consumidor (m)	उपभोक्ता (m)	upabhokta
análisis (m)	विश्लेषण (m)	vishleshan
analizar (vt)	विश्लेषण करना	vishleshan karana
posicionamiento (m)	स्थिति-निर्धारण (f)	sthiti-nirdhāran
posicionar (vt)	स्थिति-निर्धारण करना	sthiti-nirdhāran karana
precio (m)	दाम (m)	dām
política (f) de precios	मूल्य निर्धारण नीति (f)	mūly nirdhāran nīti
formación (f) de precios	मूल्य स्थापना (f)	mūly sthāpana

111. La publicidad

publicidad (f)	विज्ञापन (m)	vigyāpan
publicitar (vt)	विज्ञापन देना	vigyāpan dena
presupuesto (m)	बजट (m)	bajat

anuncio (m) publicitario	विज्ञापन (m)	vigyāpan
publicidad (f) televisiva	टीवी विज्ञापन (m)	tīvī vigyāpan
publicidad (f) radiofónica	रेडियो विज्ञापन (m)	rediyo vigyāpan
publicidad (f) exterior	बिलबोर्ड विज्ञापन (m)	bilabord vigyāpan
medios (m pl) de comunicación de masas	जनसंपर्क माध्यम (m)	janasampark mādhyam
periódico (m)	पत्रिका (f)	patrika
imagen (f)	सार्वजनिक छवि (f)	sārvajanik chhavi
consigna (f)	नारा (m)	nāra
divisa (f)	नारा (m)	nāra
campaña (f)	अभियान (m)	abhiyān
campaña (f) publicitaria	विज्ञापन प्रचार (m)	vigyāpan prachār
auditorio (m) objetivo	श्रोतागण (f)	shrotāgan
tarjeta (f) de visita	बिज़नेस कार्ड (m)	bizanes kārd
prospecto (m)	पर्चा (f)	parcha
folleto (m)	ब्रोशर (m)	broshar
panfleto (m)	पर्चा (f)	parcha
boletín (m)	सूचनापत्र (m)	sūchanāpatr
letrero (m) (~ luminoso)	नेमप्लेट (m)	nemaplet
pancarta (f)	पोस्टर (m)	postar
valla (f) publicitaria	इश्तहार (m)	ishtahār

112. La banca

banco (m)	बैंक (m)	baink
sucursal (f)	शाखा (f)	shākha
consultor (m)	क्लर्क (m)	klark
gerente (m)	मैनेजर (m)	mainejar
cuenta (f)	बैंक खाता (m)	baink khāta
numero (m) de la cuenta	खाते का नम्बर (m)	khāte ka nambar
cuenta (f) corriente	चालू खाता (m)	chālū khāta
cuenta (f) de ahorros	बचत खाता (m)	bachat khāta
abrir una cuenta	खाता खोलना	khāta kholana
cerrar la cuenta	खाता बंद करना	khāta band karana
ingresar en la cuenta	खाते में जमा करना	khāte men jama karana
sacar de la cuenta	खाते से पैसा निकालना	khāte se paisa nikālana
depósito (m)	जमा (m)	jama
hacer un depósito	जमा करना	jama karana
giro (m) bancario	तार स्थानांतरण (m)	tār sthānāntaran
hacer un giro	पैसे स्थानांतरित करना	paise sthānāntarit karana
suma (f)	रक़म (m)	raqam
¿Cuánto?	कितना?	kitana?
firma (f) (nombre)	हस्ताक्षर (f)	hastākshar
firmar (vt)	हस्ताक्षर करना	hastākshar karana

tarjeta (f) de crédito	क्रेडिट कार्ड (m)	kredit kārd
código (m)	पिन कोड (m)	pin kod
número (m) de tarjeta de crédito	क्रेडिट कार्ड संख्या (f)	kredit kārd sankhya
cajero (m) automático	एटीएम (m)	etīem
cheque (m)	चेक (m)	chek
sacar un cheque	चेक लिखना	chek likhana
talonario (m)	चेकबुक (f)	chekabuk
crédito (m)	उधार (m)	uthār
pedir el crédito	उधार के लिए आवेदन करना	udhār ke lie āvedan karana
obtener un crédito	उधार लेना	uthār lena
conceder un crédito	उधार देना	uthār dena
garantía (f)	गारन्टी (f)	gārantī

113. El teléfono. Las conversaciones telefónicas

teléfono (m)	फ़ोन (m)	fon
teléfono (m) móvil	मोबाइल फ़ोन (m)	mobail fon
contestador (m)	जवाबी मशीन (f)	javābī mashīn
llamar, telefonear	फ़ोन करना	fon karana
llamada (f)	कॉल (m)	kol
marcar un número	नम्बर लगाना	nambar lagāna
¿Sí?, ¿Dígame?	हेलो!	helo!
preguntar (vt)	पूछना	pūchhana
responder (vi, vt)	जवाब देना	javāb dena
oír (vt)	सुनना	sunana
bien (adv)	ठीक	thīk
mal (adv)	ठीक नहीं	thīk nahin
ruidos (m pl)	आवाज़ें (f)	āvāzen
auricular (m)	रिसीवर (m)	risīvar
descolgar (el teléfono)	फ़ोन उठाना	fon uthāna
colgar el auricular	फ़ोन रखना	fon rakhana
ocupado (adj)	बिज़ी	bizī
sonar (teléfono)	फ़ोन बजना	fon bajana
guía (f) de teléfonos	टेलीफ़ोन बुक (m)	telīfon buk
local (adj)	लोकल	lokal
de larga distancia	लंबी दूरी की कॉल	lambī dūrī kī kol
internacional (adj)	अंतर्राष्ट्रीय	antarrāshtrīy

114. El teléfono celular

teléfono (m) móvil	मोबाइल फ़ोन (m)	mobail fon
pantalla (f)	डिस्प्ले (m)	disple
botón (m)	बटन (m)	batan
tarjeta SIM (f)	सिम कार्ड (m)	sim kārd

pila (f)	बैटरी (f)	baitarī
descargarse (vr)	बैटरी डेड हो जाना	baitarī ded ho jāna
cargador (m)	चार्जर (m)	chārjar

menú (m)	मीनू (m)	mīnū
preferencias (f pl)	सेटिंग्स (f)	setings
melodía (f)	कॉलर ट्यून (m)	kolar tyūn
seleccionar (vt)	चुनना	chunana

calculadora (f)	कैल्कुलैटर (m)	kailkulaitar
contestador (m)	वॉयस मेल (f)	voyas mel
despertador (m)	अलार्म घड़ी (f)	alārm gharī
contactos (m pl)	संपर्क (m)	sampark

| mensaje (m) de texto | एसएमएस (m) | esemes |
| abonado (m) | सदस्य (m) | sadasy |

115. Los artículos de escritorio. La papelería

| bolígrafo (m) | बॉल पेन (m) | bol pen |
| pluma (f) estilográfica | फाउन्टेन पेन (m) | faunten pen |

lápiz (m)	पेंसिल (f)	pensil
marcador (m)	हाइलाइटर (m)	hailaitar
rotulador (m)	फ़ेल्ट टिप पेन (m)	felt tip pen

| bloc (m) de notas | नोटबुक (m) | notabuk |
| agenda (f) | डायरी (f) | dāyarī |

regla (f)	स्केल (m)	skel
calculadora (f)	कैल्कुलेटर (m)	kailkuletar
goma (f) de borrar	रबड़ (f)	rabar
chincheta (f)	थंबटैक (m)	thanrbataik
clip (m)	पेपर क्लिप (m)	pepar klip

cola (f), pegamento (m)	गोंद (f)	gond
grapadora (f)	स्टेप्लर (m)	steplar
perforador (m)	होल पंचर (m)	hol panchar
sacapuntas (m)	शार्पनर (m)	shārpanar

116. Diversos tipos de documentación

informe (m)	रिपोर्ट (m)	riport
acuerdo (m)	समझौता (f)	samajhauta
formulario (m) de solicitud	आवेदन प्रपत्र (m)	āvedan prapatr
auténtico (adj)	असल	asal
tarjeta (f) de identificación	बैज (m)	baij
tarjeta (f) de visita	बिज़नेस कार्ड (m)	bizanes kārd

certificado (m)	प्रमाणपत्र (m)	pramānapatr
cheque (m) bancario	चेक (m)	chek
cuenta (f) (restaurante)	बिल (m)	bil

constitución (f)	संविधान (m)	sanvidhān
contrato (m)	अनुबंध (m)	anubandh
copia (f)	कॉपी (f)	kopī
ejemplar (m)	प्रति (f)	prati
declaración (f) de aduana	सीमाशुल्क घोषणा (f)	sīmāshulk ghoshana
documento (m)	दस्तावेज़ (m)	dastāvez
permiso (m) de conducir	ड्राइवर-लाइसेंस (m)	draivar-laisens
anexo (m)	परिशिष्ट (f)	parishisht
cuestionario (m)	प्रपत्र (m)	prapatr
carnet (m) de identidad	पहचान पत्र (m)	pahachān patr
solicitud (f) de información	पूछताछ (f)	pūchhatāchh
tarjeta (f) de invitación	निमंत्रण-पत्र (m)	nimantran-patr
factura (f)	इन्वॉएस (m)	invoes
ley (f)	कानून (m)	kānūn
carta (f)	पत्र (m)	patr
hoja (f) membretada	लेटरहेड (m)	letarahed
lista (f) (de nombres, etc.)	सूची (f)	sūchī
manuscrito (m)	हस्तलेख (m)	hastalekh
boletín (m)	संवादपत्र (m)	sanvādapatr
nota (f) (mensaje)	नोट (m)	not
pase (m) (permiso)	पास (m)	pās
pasaporte (m)	पासपोर्ट (m)	pāsaport
permiso (m)	अनुमति (f)	anumati
curriculum vitae (m)	रेज्यूम (m)	rijyūm
pagaré (m)	ऋण नोट (m)	ririn not
recibo (m)	रसीद (f)	rasīd
ticket (m) de compra	बिक्री रसीद (f)	bikrī rasīd
informe (m)	रिपोर्ट (m)	riport
presentar (identificación)	दिखाना	dikhāna
firmar (vt)	हस्ताक्षर करना	hastākshar karana
firma (f) (nombre)	हस्ताक्षर (f)	hastākshar
sello (m)	सील (m)	sīl
texto (m)	पाठ (m)	pāth
billete (m)	प्रवेश टिकट (m)	pravesh tikat
tachar (vt)	रेखा खींचकर काटना	rekha khīnchakar kātana
rellenar (vt)	भरना	bharana
guía (f) de embarque	रसीद (f)	rasīd
testamento (m)	वसीयत (m)	vasīyat

117. Tipos de negocios

agencia (f) de empleo	रोज़गार एजेंसी (f)	rozagār ejensī
agencia (f) de información	सूचना केन्द्र (m)	sūchana kendr
agencia (f) de publicidad	विज्ञापन एजेंसी (f)	vigyāpan ejansī
agencia (f) de seguridad	सुरक्षा एजेंसी (f)	suraksha ejensī
almacén (m)	भंडार (m)	bhandār
antigüedad (f)	पुरानी चीज़ें (f)	purānī chīzen

asesoría (f) jurídica	कानूनी सलाह (f)	kānūnī salāh
servicios (m pl) de auditoría	लेखापरीक्षा सेवा (f)	lekhāparīksha seva
bar (m)	बार (m)	bār
bebidas (f pl) alcohólicas	मद्य पदार्थ (m)	mady padārth
bolsa (f) de comercio	स्टॉक मार्केट (m)	stok mārket
casino (m)	केसिनो (m)	kesino
centro (m) de negocios	व्यापार केन्द्र (m)	vyāpār kendr
fábrica (f) de cerveza	शराब की भठ्ठी (f)	sharāb kī bhaththī
cine (m) (iremos al ~)	सिनेमाघर (m)	sinemāghar
climatizadores (m pl)	वातानुकूलक सेवा (f)	vātānukūlak seva
club (m) nocturno	नाइट क्लब (m)	nait klab
comercio (m)	व्यापार (m)	vyāpār
productos alimenticios	खाद्य पदार्थ (m)	khādy padārth
compañía (f) aérea	हवाई कम्पनी (f)	havaī kampanī
construcción (f)	निर्माण (m)	nirmān
contabilidad (f)	लेखा सेवा (f)	lekha seva
deporte (m)	क्रीड़ा (f)	krīra
diseño (m)	डिज़ाइन (m)	dizain
editorial (f)	प्रकाशन गृह (m)	prakāshan grh
escuela (f) de negocios	व्यापार विद्यालय (m)	vyāpār vidyālay
estomatología (f)	दंतचिकित्सा क्लिनिक (f)	dantachikitsa klinik
farmacia (f)	दवाख़ाना (m)	davākhāna
industria (f) farmacéutica	औषधि (f)	aushadhi
funeraria (f)	शमशान घाट (m)	shamashān ghāt
galería (f) de arte	चित्रशाला (f)	chitrashāla
helado (m)	आईसक्रीम (f)	āīsakrīm
hotel (m)	होटल (m)	hotal
industria (f)	उद्योग (m)	udyog
industria (f) ligera	हल्का उद्योग (m)	halka udyog
inmueble (m)	अचल संपत्ति (f)	achal sampatti
internet (m), red (f)	इन्टरनेट (m)	intaranet
inversiones (f pl)	निवेश (f)	nivesh
joyería (f)	आभूषण (m)	ābhūshan
joyero (m)	सुनार (m)	sunār
lavandería (f)	धोबीघर (m)	dhobīghar
librería (f)	किताबों की दुकान (f)	kitābon kī dukān
medicina (f)	औषधि (f)	aushadhi
muebles (m pl)	फ़र्निचर (m)	farnichar
museo (m)	संग्रहालय (m)	sangrahālay
negocio (m) bancario	बैंक (m)	baink
periódico (m)	अख़बार (m)	akhabār
petróleo (m)	पेट्रोलियम (m)	petroliyam
piscina (f)	तरण-ताल (m)	taran-tāl
poligrafía (f)	छपाई (m)	chhapaī
publicidad (f)	विज्ञापन (m)	vigyāpan
radio (f)	रेडियो (m)	rediyo
recojo (m) de basura	कूड़ा उठाने की सेवा (f)	kūra uthāne kī seva

restaurante (m)	रेस्टराँ (m)	restarān
revista (f)	पत्रिका (f)	patrika
ropa (f)	पोशाक (m)	poshāk
salón (m) de belleza	ब्यूटी पार्लर (m)	byūtī pārlar
seguro (m)	बीमा (m)	bīma
servicio (m) de entrega	कुरियर सेवा (f)	kuriyar seva
servicios (m pl) financieros	वित्त सेवा (f)	vitt seva
supermercado (m)	सुपर बाज़ार (m)	supar bāzār
taller (m)	दर्ज़ी (m)	darzī
teatro (m)	रंगमंच (m)	rangamanch
televisión (f)	टीवी (m)	tīvī
tienda (f)	दुकान (f)	dukān
tintorería (f)	ड्राइक्लीनिंग (f)	draiklīning
servicios de transporte	परिवहन (m)	parivahan
turismo (m)	पर्यटन (m)	paryatan
venta (f) por catálogo	मेल-ऑर्डर विक्रय (m)	mel-ordar vikray
veterinario (m)	पशुचिकित्सक (m)	pashuchikitsak
consultoría (f)	परामर्श सेवा (f)	parāmarsh seva

El trabajo. Los negocios. Unidad 2

118. La exhibición. La feria comercial

exposición, feria (f)	प्रदर्शनी (f)	pradarshanī
feria (f) comercial	व्यापारिक प्रदर्शनी (f)	vyāpārik pradarshanī
participación (f)	शिरकत (f)	shirakat
participar (vi)	भाग लेना	bhāg lena
participante (m)	प्रतिभागी (m)	pratibhāgī
director (m)	निदेशक (m)	nideshak
dirección (f)	आयोजकों का कार्यालय (m)	āyojakon ka kāryālay
organizador (m)	आयोजक (m)	āyojak
organizar (vt)	आयोजित करना	āyojit karana
solicitud (f) de participación	प्रतिभागी प्रपत्र (m)	pratibhāgī prapatr
rellenar (vt)	भरना	bharana
detalles (m pl)	विवरण (m)	vivaran
información (f)	जानकारी (f)	jānakārī
precio (m)	दाम (m)	dām
incluso	सहित	sahit
incluir (vt)	शामिल करना	shāmil karana
pagar (vi, vt)	दाम चुकाना	dām chukāna
cuota (f) de registro	पंजीकरण शुल्क (f)	panjīkaran shulk
entrada (f)	प्रवेश (m)	pravesh
pabellón (m)	हॉल (m)	hol
registrar (vt)	पंजीकरण करबाना	panjīkaran karavāna
tarjeta (f) de identificación	बैज (f)	baij
stand (m) de feria	स्टेंड (m)	stend
reservar (vt)	बुक करना	buk karana
vitrina (f)	प्रदर्शन खिड़की (f)	pradarshan khirakī
lámpara (f)	स्पॉटलाइट (f)	spotalait
diseño (m)	डिज़ाइन (m)	dizain
poner (colocar)	रखना	rakhana
distribuidor (m)	वितरक (m)	vitarak
proveedor (m)	आपूर्तिकर्ता (m)	āpūrtikarta
país (m)	देश (m)	desh
extranjero (adj)	विदेश	videsh
producto (m)	उत्पाद (m)	utpād
asociación (f)	संस्था (f)	sanstha
sala (f) de conferencias	सम्मेलन भवन (m)	sammelan bhavan
congreso (m)	सम्मेलन (m)	sammelan

concurso (m)	प्रतियोगिता (f)	pratiyogita
visitante (m)	सहभागी (m)	sahabhāgī
visitar (vt)	भाग लेना	bhāg lena
cliente (m)	ग्राहक (m)	grāhak

119. Medios de comunicación de masas

periódico (m)	अख़बार (m)	akhabār
revista (f)	पत्रिका (f)	patrika
prensa (f)	प्रेस (m)	pres
radio (f)	रेडियो (m)	rediyo
estación (f) de radio	रेडियो स्टेशन (m)	rediyo steshan
televisión (f)	टीवी (m)	tīvī

presentador (m)	प्रस्तुतकर्ता (m)	prastutakarta
presentador (m) de noticias	उद्घोषक (m)	udghoshak
comentarista (m)	टिप्पणीकार (m)	tippanīkār

periodista (m)	पत्रकार (m)	patrakār
corresponsal (m)	पत्रकार (m)	patrakār
corresponsal (m) fotográfico	फ़ोटो पत्रकार (m)	foto patrakār
reportero (m)	पत्रकार (m)	patrakār

redactor (m)	संपादक (m)	sampādak
redactor jefe (m)	मुख्य संपादक (m)	mūkhy sampādak
suscribirse (vr)	सदस्य बनना	sadasy banana
suscripción (f)	सदस्यता शुल्क (f)	sadasyata shulk
suscriptor (m)	सदस्य (m)	sadasy
leer (vi, vt)	पढ़ना	parhana
lector (m)	पाठक (m)	pāthak

tirada (f)	प्रतियों की संख्या (f)	pratiyon kī sankhya
mensual (adj)	मासिक	māsik
semanal (adj)	साप्ताहिक	saptāhik
número (m)	संस्करण संख्या (f)	sanskaran sankhya
nuevo (~ número)	ताज़ा	tāza

titular (m)	हेडलाइन (f)	hedalain
noticia (f)	लघु लेख (m)	laghu lekh
columna (f)	कॉलम (m)	kolam
artículo (m)	लेख (m)	lekh
página (f)	पृष्ठ (m)	prshth

reportaje (m)	रिपोर्ट (f)	riport
evento (m)	घटना (f)	ghatana
sensación (f)	सनसनी (f)	sanasanī
escándalo (m)	कांड (m)	kānd
escandaloso (adj)	चौंका देने वाला	chaunka dene vāla
gran (~ escándalo)	बड़ा	bara

emisión (f)	प्रसारण (m)	prasāran
entrevista (f)	साक्षात्कार (m)	sākshātkār
transmisión (f) en vivo	सीधा प्रसारण (m)	sīdha prasāran
canal (m)	चैनल (m)	chainal

120. La agricultura

agricultura (f)	खेती (f)	khetī
campesino (m)	किसान (m)	kisān
campesina (f)	किसान (f)	kisān
granjero (m)	किसान (m)	kisān
tractor (m)	ट्रैक्टर (m)	traiktar
cosechadora (f)	फ़सल काटने की मशीन (f)	fasal kātane kī mashīn
arado (m)	हल (m)	hal
arar (vi, vt)	जोतना	jotana
labrado (m)	जोत भूमि (f)	jot bhūmi
surco (m)	जोती गई भूमि (f)	jotī gaī bhūmi
sembrar (vi, vt)	बोना	bona
sembradora (f)	बोने की मशीन (f)	bone kī mashīn
siembra (f)	बोवाई (f)	bovaī
guadaña (f)	हँसिया (m)	hansiya
segar (vi, vt)	काटना	kātana
pala (f)	कुदाल (m)	kudāl
layar (vt)	खोदना	khodana
azada (f)	फावड़ा (m)	fāvara
sachar, escardar	निराना	nirāna
mala hierba (f)	जंगली घास	jangalī ghās
regadera (f)	सींचाई कनस्तर (m)	sīnchaī kanastar
regar (plantas)	सींचना	sīnchana
riego (m)	सींचाई (f)	sīnchaī
horquilla (f)	पंजा (m)	panja
rastrillo (m)	जेली (f)	jelī
fertilizante (m)	खाद (f)	khād
abonar (vt)	खाद डालना	khād dālana
estiércol (m)	गोबर (m)	gobar
campo (m)	खेत (f)	khet
prado (m)	केदार (m)	kedār
huerta (f)	सब्ज़ियों का बगीचा (m)	sabziyon ka bagīcha
jardín (m)	बाग़ (m)	bāg
pacer (vt)	चराना	charāna
pastor (m)	चरवाहा (m)	charavāha
pastadero (m)	चरागाह (f)	charāgāh
ganadería (f)	पशुपालन (m)	pashupālan
cría (f) de ovejas	भेड़पालन (m)	bherapālan
plantación (f)	बागान (m)	bāgān
hilera (f) (~ de cebollas)	क्यारी (f)	kyārī
invernadero (m)	पौधाघर (m)	paudhāghar

| sequía (f) | सूखा (f) | sūkha |
| seco, árido (adj) | सूखा | sūkha |

| cereales (m pl) | अनाज (m pl) | anāj |
| recolectar (vt) | फ़सल काटना | fasal kātana |

molinero (m)	चक्कीवाला (m)	chakkīvāla
molino (m)	चक्की (f)	chakkī
moler (vt)	पीसना	pīsana
harina (f)	आटा (m)	āta
paja (f)	फूस (m)	fūs

121. La construcción. El proceso de construcción

obra (f)	निर्माण स्थल (m)	nirmān sthal
construir (vt)	निर्माण करना	nirmān karana
albañil (m)	मज़दूर (m)	mazadūr

proyecto (m)	परियोजना (m)	pariyojana
arquitecto (m)	वास्तुकार (m)	vāstukār
obrero (m)	मज़दूर (m)	mazadūr

cimientos (m pl)	आधार (m)	ādhār
techo (m)	छत (f)	chhat
pila (f) de cimentación	नींव (m)	nīnv
muro (m)	दीवार (f)	dīvār

| armadura (f) | मज़बूत सलाखें (m) | mazabūt salākhen |
| andamio (m) | मचान (m) | machān |

| hormigón (m) | कंक्रीट (m) | kankrīt |
| granito (m) | ग्रेनाइट (m) | grenait |

| piedra (f) | पत्थर (m) | patthar |
| ladrillo (m) | ईंट (f) | īnt |

arena (f)	रेत (f)	ret
cemento (m)	सीमेन्ट (m)	sīment
estuco (m)	प्लस्तर (m)	plastar
estucar (vt)	प्लस्तर लगाना	plastar lagāna
pintura (f)	रंग (m)	rang

| pintar (las paredes) | रंगना | rangana |
| barril (m) | पीपा (m) | pīpa |

grúa (f)	क्रेन (m)	kren
levantar (vt)	उठाना	uthāna
bajar (vt)	नीचे उतारना	nīche utārana

bulldózer (m)	बुल्डोज़र (m)	buldozar
excavadora (f)	उत्खनक (m)	utkhanak
cuchara (f)	उत्खनक बाल्टी (m)	utkhanak bāltī
cavar (vt)	खोदना	khodana
casco (m)	हेलमेट (f)	helamet

122. La ciencia. La investigación. Los científicos

ciencia (f)	विज्ञान (m)	vigyān
científico (adj)	वैज्ञानिक	vaigyānik
científico (m)	वैज्ञानिक (m)	vaigyānik
teoría (f)	सिद्धांत (f)	siddhānt

axioma (m)	सिद्ध प्रमाण (m)	siddh pramān
análisis (m)	विश्लेषण (m)	vishleshan
analizar (vt)	विश्लेषण करना	vishleshan karana
argumento (m)	तथ्य (m)	tathy
sustancia (f) (materia)	पदार्थ (m)	padārth

hipótesis (f)	परिकल्पना (f)	parikalpana
dilema (m)	दुविधा (m)	duvidha
tesis (f) de grado	शोधनिबंध (m)	shodhanibandh
dogma (m)	हठधर्मिता (f)	hathadharmita

doctrina (f)	सिद्धांत (m)	siddhānt
investigación (f)	शोध (m)	shodh
investigar (vt)	शोध करना	shodh karana
prueba (f)	जांच (f)	jānch
laboratorio (m)	प्रयोगशाला (f)	prayogashāla

método (m)	वीधि (f)	vīdhi
molécula (f)	अणु (m)	anu
seguimiento (m)	निगरानी (f)	nigarānī
descubrimiento (m)	आविष्कार (m)	āvishkār

postulado (m)	स्वसिद्ध (m)	svasiddh
principio (m)	सिद्धांत (m)	siddhānt
pronóstico (m)	पूर्वानुमान (m)	pūrvānumān
pronosticar (vt)	पूर्वानुमान करना	pūrvānumān karana

síntesis (f)	संश्लेषण (m)	sanshleshan
tendencia (f)	प्रवृत्ति (f)	pravrtti
teorema (m)	प्रमेय (m)	pramey

enseñanzas (f pl)	शिक्षा (f)	shiksha
hecho (m)	तथ्य (m)	tathy
expedición (f)	अभियान (m)	abhiyān
experimento (m)	प्रयोग (m)	prayog

académico (m)	अकदमीशियन (m)	akadamīshiyan
bachiller (m)	स्नातक (m)	snātak
doctorado (m)	डॉक्टर (m)	doktar
docente (m)	सह - प्राध्यापक (m)	sah - prādhyāpak
Master (m) (~ en Letras)	स्नातकोत्तर (m)	snātakottar
profesor (m)	प्रोफ़ेसर (m)	profesar

Las profesiones y los oficios

trabajo (m)	नौकरी (f)	naukarī
personal (m)	कर्मचारी (m)	karmachārī
carrera (f)	व्यवसाय (m)	vyavasāy
perspectiva (f)	संभावना (f)	sambhāvana
maestría (f)	हुनर (m)	hunar
selección (f)	चुनाव (m)	chunāv
agencia (f) de empleo	रोज़गार केन्द्र (m)	rozagār kendr
curriculum vitae (m)	रेज़्यूम (m)	rijyūm
entrevista (f)	नौकरी के लिए	naukarī ke lie
	साक्षात्कार (m)	sākshātkār
vacancia (f)	रिक्ति (f)	rikti
salario (m)	वेतन (m)	vetan
salario (m) fijo	वेतन (m)	vetan
remuneración (f)	भुगतान (m)	bhugatān
puesto (m) (trabajo)	पद (m)	pad
deber (m)	कर्तव्य (m)	kartavy
gama (f) de deberes	कार्य-क्षेत्र (m)	kāry-kshetr
ocupado (adj)	व्यस्त	vyast
despedir (vt)	बर्ख़ास्त करना	barakhāst karana
despido (m)	बर्ख़ास्तगी (f)	barakhāstagī
desempleo (m)	बेरोज़गारी (f)	berozagārī
desempleado (m)	बेरोज़गार (m)	berozagār
jubilación (f)	सेवा-निवृत्ति (f)	seva-nivrtti
jubilarse	सेवा-निवृत्त होना	seva-nivrtt hona

director (m)	निदेशक (m)	nideshak
gerente (m)	प्रबंधक (m)	prabandhak
jefe (m)	मालिक (m)	mālik
superior (m)	वरिष्ठ अधिकारी (m)	varishth adhikārī
superiores (m pl)	वरिष्ठ अधिकारी (m)	varishth adhikārī
presidente (m)	अध्यक्ष (m)	adhyaksh
presidente (m) (de compañía)	सभाध्यक्ष (m)	sabhādhyaksh
adjunto (m)	उपाध्यक्ष (m)	upādhyaksh
asistente (m)	सहायक (m)	sahāyak

secretario, -a (m, f)	सेक्रटरी (f)	sekratarī
secretario (m) particular	निजी सहायक (m)	nijī sahāyak
hombre (m) de negocios	व्यापारी (m)	vyāpārī
emprendedor (m)	उद्यमी (m)	udyamī
fundador (m)	संस्थापक (m)	sansthāpak
fundar (vt)	स्थापित करना	sthāpit karana
institutor (m)	स्थापक (m)	sthāpak
socio (m)	पार्टनर (m)	pārtanar
accionista (m)	शेयर होलडर (m)	sheyar holadar
millonario (m)	लखपति (m)	lakhapati
multimillonario (m)	करोड़पति (m)	karorapati
propietario (m)	मालिक (m)	mālik
terrateniente (m)	ज़मीनदार (m)	zamīnadār
cliente (m)	ग्राहक (m)	grāhak
cliente (m) habitual	खरीदार (m)	kharīdār
comprador (m)	ग्राहक (m)	grāhak
visitante (m)	आगंतुक (m)	āgantuk
profesional (m)	पेशेवर (m)	peshevar
experto (m)	विशेषज्ञ (m)	visheshagy
especialista (m)	विशेषज्ञ (m)	visheshagy
banquero (m)	बैंकर (m)	bainkar
broker (m)	ब्रोकर (m)	brokar
cajero (m)	कैशियर (m)	kaishiyar
contable (m)	लेखापाल (m)	lekhāpāl
guardia (m) de seguridad	पहरेदार (m)	paharedār
inversionista (m)	निवेशक (m)	niveshak
deudor (m)	क़र्ज़दार (m)	qarzadār
acreedor (m)	लेनदार (m)	lenadār
prestatario (m)	कर्ज़दार (m)	karzadār
importador (m)	आयातकर्ता (m)	āyātakartta
exportador (m)	निर्यातकर्ता (m)	niryātakartta
productor (m)	उत्पादक (m)	utpādak
distribuidor (m)	वितरक (m)	vitarak
intermediario (m)	बिचौलिया (m)	bichauliya
asesor (m) (~ fiscal)	सलाहकार (m)	salāhakār
representante (m)	बिक्री प्रतिनिधि (m)	bikrī pratinidhi
agente (m)	एजेंट (m)	ejent
agente (m) de seguros	बीमा एजन्ट (m)	bīma ejant

125. Los trabajos de servicio

cocinero (m)	बावरची (m)	bāvarachī
jefe (m) de cocina	मुख्य बावरची (m)	mukhy bāvarachī

panadero (m)	बेकर (m)	bekar
barman (m)	बारेटेन्डर (m)	bāretendar
camarero (m)	बैरा (m)	baira
camarera (f)	बैरा (f)	baira
abogado (m)	वकील (m)	vakīl
jurista (m)	वकील (m)	vakīl
notario (m)	नोटरी (m)	notarī
electricista (m)	बिजलीवाला (m)	bijalīvāla
fontanero (m)	प्लम्बर (m)	plambar
carpintero (m)	बढ़ई (m)	barhī
masajista (m)	मालिशिया (m)	mālishiya
masajista (f)	मालिशिया (m)	mālishiya
médico (m)	चिकित्सक (m)	chikitsak
taxista (m)	टैक्सीवाला (m)	taiksīvāla
chofer (m)	ड्राइवर (m)	draivar
repartidor (m)	कूरियर (m)	kūriyar
camarera (f)	चैम्बरमेड (f)	chaimbaramed
guardia (m) de seguridad	पहरेदार (m)	paharedār
azafata (f)	एयर होस्टेस (f)	eyar hostes
profesor (m) (~ de baile, etc.)	शिक्षक (m)	shikshak
bibliotecario (m)	पुस्तकाध्यक्ष (m)	pustakādhyaksh
traductor (m)	अनुवादक (m)	anuvādak
intérprete (m)	दुभाषिया (m)	dubhāshiya
guía (m)	गाइड (m)	gaid
peluquero (m)	नाई (m)	naī
cartero (m)	डाकिया (m)	dākiya
vendedor (m)	विक्रेता (m)	vikreta
jardinero (m)	माली (m)	mālī
servidor (m)	नौकर (m)	naukar
criada (f)	नौकरानी (f)	naukarānī
mujer (f) de la limpieza	सफ़ाईवाली (f)	safaīvālī

126. La profesión militar y los rangos

soldado (m) raso	सैनिक (m)	sainik
sargento (m)	सार्जेंट (m)	sārjent
teniente (m)	लेफ्टिनेंट (m)	leftinent
capitán (m)	कैप्टन (m)	kaiptan
mayor (m)	मेजर (m)	mejar
coronel (m)	कर्नल (m)	karnal
general (m)	जनरल (m)	janaral
mariscal (m)	मार्शल (m)	mārshal
almirante (m)	एडमिरल (m)	edamiral
militar (m)	सैनिक (m)	sainik
soldado (m)	सिपाही (m)	sipāhī

| oficial (m) | अफ़्सर (m) | afsar |
| comandante (m) | कमांडर (m) | kamāndar |

guardafronteras (m)	सीमा रक्षक (m)	sīma rakshak
radio-operador (m)	रेडियो ऑपरेटर (m)	rediyo oparetar
explorador (m)	गुप्तचर (m)	guptachar
zapador (m)	युद्ध इंजीनियर (m)	yuddh injīniyar
tirador (m)	तीरंदाज़ (m)	tīrandāz
navegador (m)	नैवीगेटर (m)	naivīgetar

127. Los oficiales. Los sacerdotes

| rey (m) | बादशाह (m) | bādashāh |
| reina (f) | महारानी (f) | mahārānī |

| príncipe (m) | राजकुमार (m) | rājakumār |
| princesa (f) | राजकुमारी (f) | rājakumārī |

| zar (m) | राजा (m) | rāja |
| zarina (f) | रानी (f) | rānī |

presidente (m)	राष्ट्रपति (m)	rāshtrapati
ministro (m)	मंत्री (m)	mantrī
primer ministro (m)	प्रधान मंत्री (m)	pradhān mantrī
senador (m)	सांसद (m)	sānsad

diplomático (m)	राजनयिक (m)	rājanayik
cónsul (m)	राजनयिक (m)	rājanayik
embajador (m)	राजदूत (m)	rājadūt
consejero (m)	राजनयिक परामर्शदाता (m)	rājanayik parāmarshadāta

funcionario (m)	अधिकारी (m)	adhikārī
prefecto (m)	अधिकारी (m)	adhikārī
alcalde (m)	मेयर (m)	meyar

| juez (m) | न्यायाधीश (m) | nyāyādhīsh |
| fiscal (m) | अभियोक्ता (m) | abhiyokta |

misionero (m)	पादरी (m)	pādarī
monje (m)	मठवासी (m)	mathavāsī
abad (m)	मठाधीश (m)	mathādhīsh
rabino (m)	रब्बी (m)	rabbī

visir (m)	वज़ीर (m)	vazīr
sha (m)	शाह (m)	shāh
jeque (m)	शेख़ (m)	shekh

128. Las profesiones agrícolas

apicultor (m)	मधुमक्खी-पालक (m)	madhumakkhī-pālak
pastor (m)	चरवाहा (m)	charavāha
agrónomo (m)	कृषिविज्ञानी (m)	krshivigyānī

| ganadero (m) | पशुपालक (m) | pashupālak |
| veterinario (m) | पशुचिकित्सक (m) | pashuchikitsak |

granjero (m)	किसान (m)	kisān
vinicultor (m)	मदिराकारी (m)	madirākārī
zoólogo (m)	जीव विज्ञानी (m)	jīv vigyānī
vaquero (m)	चरवाहा (m)	charavāha

129. Las profesiones artísticas

| actor (m) | अभिनेता (m) | abhineta |
| actriz (f) | अभिनेत्री (f) | abhinetrī |

| cantante (m) | गायक (m) | gāyak |
| cantante (f) | गायिका (f) | gāyika |

| bailarín (m) | नर्तक (m) | nartak |
| bailarina (f) | नर्तकी (f) | nartakī |

| artista (m) | अदाकार (m) | adākār |
| artista (f) | अदाकारा (f) | adākāra |

músico (m)	साज़िन्दा (m)	sāzinda
pianista (m)	पियानो वादक (m)	piyāno vādak
guitarrista (m)	गिटार वादक (m)	gitār vādak

director (m) de orquesta	बैंड कंडक्टर (m)	baind kandaktar
compositor (m)	संगीतकार (m)	sangītakār
empresario (m)	इम्प्रेसारियो (m)	impresāriyo

director (m) de cine	निर्देशक (m)	nirdeshak
productor (m)	प्रोड्यूसर (m)	prodyūsar
guionista (m)	लेखक (m)	lekhak
crítico (m)	आलोचक (m)	ālochak

escritor (m)	लेखक (m)	lekhak
poeta (m)	कवि (m)	kavi
escultor (m)	मूर्तिकार (m)	mūrtikār
pintor (m)	चित्रकार (m)	chitrakār

malabarista (m)	बाज़ीगर (m)	bāzīgar
payaso (m)	जोकर (m)	jokar
acróbata (m)	कलाबाज़ (m)	kalābāz
ilusionista (m)	जादूगर (m)	jādūgar

130. Profesiones diversas

médico (m)	चिकित्सक (m)	chikitsak
enfermera (f)	नर्स (m)	nars
psiquiatra (m)	मनोचिकित्सक (m)	manochikitsak
dentista (m)	दंतचिकित्सक (m)	dantachikitsak
cirujano (m)	शल्य-चिकित्सक (m)	shaly-chikitsak

astronauta (m)	अंतरिक्षयात्री (m)	antarikshayātrī
astrónomo (m)	खगोल-विज्ञानी (m)	khagol-vigyānī
piloto (m)	पाइलट (m)	pailat
conductor (m) (chófer)	ड्राइवर (m)	draivar
maquinista (m)	इंजन ड्राइवर (m)	injan draivar
mecánico (m)	मैकेनिक (m)	maikenik
minero (m)	खनिक (m)	khanik
obrero (m)	मज़दूर (m)	mazadūr
cerrajero (m)	ताला बनानेवाला (m)	tāla banānevāla
carpintero (m)	बढ़ई (m)	barhī
tornero (m)	खरादी (m)	kharādī
albañil (m)	मज़ूदर (m)	mazūdar
soldador (m)	वेल्डर (m)	veldar
profesor (m) (título)	प्रोफ़ेसर (m)	profesar
arquitecto (m)	वास्तुकार (m)	vāstukār
historiador (m)	इतिहासकार (m)	itihāsakār
científico (m)	वैज्ञानिक (m)	vaigyānik
físico (m)	भौतिक विज्ञानी (m)	bhautik vigyānī
químico (m)	रसायनविज्ञानी (m)	rasāyanavigyānī
arqueólogo (m)	पुरातत्वविद (m)	purātatvavid
geólogo (m)	भूविज्ञानी (m)	bhūvigyānī
investigador (m)	शोधकर्ता (m)	shodhakarta
niñera (f)	दाई (f)	daī
pedagogo (m)	शिक्षक (m)	shikshak
redactor (m)	संपादक (m)	sampādak
redactor jefe (m)	मूख्य संपादक (m)	mūkhy sampādak
corresponsal (m)	पत्रकार (m)	patrakār
mecanógrafa (f)	टाइपिस्ट (f)	taipist
diseñador (m)	डिज़ाइनर (m)	dizainar
especialista (m) en ordenadores	कंप्यूटर विशेषज्ञ (m)	kampyūtar visheshagy
programador (m)	प्रोग्रामर (m)	progrāmar
ingeniero (m)	इंजीनियर (m)	injīniyar
marino (m)	मल्लाह (m)	mallāh
marinero (m)	मल्लाह (m)	mallāh
socorrista (m)	बचानेवाला (m)	bachānevāla
bombero (m)	दमकल कर्मचारी (m)	damakal karmachārī
policía (m)	पुलिसवाला (m)	pulisavāla
vigilante (m) nocturno	पहरेदार (m)	paharedār
detective (m)	जासूस (m)	jāsūs
aduanero (m)	सीमाशुल्क अधिकारी (m)	sīmāshulk adhikārī
guardaespaldas (m)	अंगरक्षक (m)	angarakshak
guardia (m) de prisiones	जेल का पहरेदार (m)	jel ka paharedār
inspector (m)	अधीक्षक (m)	adhīkshak
deportista (m)	खिलाड़ी (m)	khilārī
entrenador (m)	प्रशिक्षक (m)	prashikshak

carnicero (m)	कसाई (m)	kasaī
zapatero (m)	मोची (m)	mochī
comerciante (m)	व्यापारी (m)	vyāpārī
cargador (m)	कुली (m)	kulī
diseñador (m) de modas	फैशन डिज़ाइनर (m)	faishan dizainar
modelo (f)	मॉडल (m)	modal

131. Los trabajos. El estatus social

escolar (m)	छात्र (m)	chhātr
estudiante (m)	विद्यार्थी (m)	vidyārthī
filósofo (m)	दर्शनशास्त्री (m)	darshanashāstrī
economista (m)	अर्थशास्त्री (m)	arthashāstrī
inventor (m)	आविष्कारक (m)	āvishkārak
desempleado (m)	बेरोज़गार (m)	berozagār
jubilado (m)	सेवा-निवृत्त (m)	seva-nivrtt
espía (m)	गुप्तचर (m)	guptachar
prisionero (m)	क़ैदी (m)	qaidī
huelguista (m)	हड़तालकारी (m)	haratālakārī
burócrata (m)	अफ़सरशाह (m)	afasarashāh
viajero (m)	यात्री (m)	yātrī
homosexual (m)	समलैंगिक (m)	samalaingik
hacker (m)	हैकर (m)	haikar
bandido (m)	डाकू (m)	dākū
sicario (m)	हत्यारा (m)	hatyāra
drogadicto (m)	नशेबाज़ (m)	nashebāz
narcotraficante (m)	नशीली दवाओं का विक्रेता (m)	nashīlī davaon ka vikreta
prostituta (f)	वैश्या (f)	vaishya
chulo (m), proxeneta (m)	दलाल (m)	dalāl
brujo (m)	जादूगर (m)	jādūgar
bruja (f)	डायन (f)	dāyan
pirata (m)	समुद्री लूटेरा (m)	samudrī lūtera
esclavo (m)	दास (m)	dās
samurai (m)	सामुराई (m)	sāmuraī
salvaje (m)	जंगली (m)	jangalī

Los deportes

deportista (m)	खिलाड़ी (m)	khilārī
tipo (m) de deporte	खेल (m)	khel
baloncesto (m)	बास्केटबॉल (f)	bāsketabol
baloncestista (m)	बास्केटबॉल खिलाड़ी (m)	bāsketabol khilārī
béisbol (m)	बेसबॉल (f)	besabol
beisbolista (m)	बेसबॉल खिलाड़ी (m)	besabol khilārī
fútbol (m)	फुटबॉल (f)	futabol
futbolista (m)	फुटबॉल खिलाड़ी (m)	futabol khilārī
portero (m)	गोलची (m)	golachī
hockey (m)	हॉकी (f)	hokī
jugador (m) de hockey	हॉकी खिलाड़ी (m)	hokī khilārī
voleibol (m)	वॉलीबॉल (f)	volībol
voleibolista (m)	वॉलीबॉल खिलाड़ी (m)	volībol khilārī
boxeo (m)	मुक्केबाज़ी (f)	mukkebāzī
boxeador (m)	मुक्केबाज़ (m)	mukkebāz
lucha (f)	कुश्ती (m)	kushtī
luchador (m)	पहलवान (m)	pahalavān
kárate (m)	कराटे (m)	karāte
karateka (m)	कराटेबाज़ (m)	karātebāz
judo (m)	जूडो (m)	jūdo
judoka (m)	जूडोबाज़ (m)	jūdobāz
tenis (m)	टेनिस (m)	tenis
tenista (m)	टेनिस खिलाड़ी (m)	tenis khilārī
natación (f)	तैराकी (m)	tairākī
nadador (m)	तैराक (m)	tairāk
esgrima (f)	तलवारबाज़ी (f)	talavārabāzī
esgrimidor (m)	तलवारबाज़ (m)	talavārabāz
ajedrez (m)	शतरंज (m)	shataranj
ajedrecista (m)	शतंरजबाज़ (m)	shatanrajabāz
alpinismo (m)	पर्वतारोहण (m)	parvatārohan
alpinista (m)	पर्वतारोही (m)	parvatārohī
carrera (f)	दौड़ (f)	daur

corredor (m)	धावक (m)	dhāvak
atletismo (m)	एथलेटिक्स (f)	ethaletiks
atleta (m)	एथलीट (m)	ethalīt
deporte (m) hípico	घुड़सवारी (f)	ghurasavārī
jinete (m)	घुड़सवार (m)	ghurasavār
patinaje (m) artístico	फ़ीगर स्केटिन्ग (m)	fīgar sketing
patinador (m)	फ़ीगर स्केटर (m)	fīgar sketar
patinadora (f)	फ़ीगर स्केटर (f)	fīgar sketar
levantamiento (m) de pesas	पॉवरलिफ़्टिंग (m)	povaralifting
carreras (f pl) de coches	कार रेस (f)	kār res
piloto (m) de carreras	रेस ड्राइवर (m)	res draivar
ciclismo (m)	साइकिलिंग (f)	saikiling
ciclista (m)	साइकिल चालक (m)	saikil chālak
salto (m) de longitud	लांग जम्प (m)	lāng jamp
salto (m) con pértiga	बांस कूद (m)	bāns kūd
saltador (m)	जम्पर (m)	jampar

133. Tipos de deportes. Miscelánea

fútbol (m) americano	फ़ुटबाल (m)	futabāl
bádminton (m)	बैडमिंटन (m)	baidamintan
biatlón (m)	बायएथलॉन (m)	bāyethalon
billar (m)	बिलियइर्स (m)	biliyards
bobsleigh (m)	बोबस्लेड (m)	bobasled
culturismo (m)	बॉडीबिल्डिंग (m)	bodībilding
waterpolo (m)	वॉटर-पोलो (m)	votar-polo
balonmano (m)	हैन्डबॉल (f)	haindabol
golf (m)	गोल्फ़ (m)	golf
remo (m)	नौकायन (m)	naukāyan
buceo (m)	स्कूबा डाइविंग (f)	skūba daiving
esquí (m) de fondo	क्रॉस कंट्री स्कीइंग (f)	kros kantrī skīing
tenis (m) de mesa	टेबल टेनिस (m)	tebal tenis
vela (f)	पाल नौकायन (m)	pāl naukāyan
rally (m)	रैली रेसिंग (f)	railī resing
rugby (m)	रग्बी (m)	ragbī
snowboarding (m)	स्नोबोर्डिंग (m)	snobording
tiro (m) con arco	तीरंदाज़ी (f)	tīrandāzī

134. El gimnasio

barra (f) de pesas	वेट (m)	vet
pesas (f pl)	डाम्बबेल्स (m pl)	dāmbabels
aparato (m) de ejercicios	ट्रेनिंग मशीन (f)	trening mashīn
bicicleta (f) estática	व्यायाम साइकिल (f)	vyāyām saikil

cinta (f) de correr	ट्रेडमिल (f)	tredamil
barra (f) fija	क्षैतिज बार (m)	kshaitij bār
barras (f pl) paralelas	समानांतर बार (m)	samānāntar bār
potro (m)	घोड़ा (m)	ghora
colchoneta (f)	मैट (m)	mait
aeróbica (f)	एरोबिक (m)	erobik
yoga (m)	योग (m)	yog

135. El hóckey

hockey (m)	हॉकी (f)	hokī
jugador (m) de hockey	हॉकी का खिलाड़ी (m)	hokī ka khilārī
jugar al hockey	हॉकी खेलना	hokī khelana
hielo (m)	बर्फ़ (m)	barf
disco (m)	पक (m)	pak
palo (m) de hockey	स्टिक (m)	stik
patines (m pl)	आइस स्केट्स (m)	āis skets
muro (m)	बोर्ड (m)	bord
tiro (m)	शॉट (m)	shot
portero (m)	गोलची (m)	golachī
gol (m)	गोल (m)	gol
marcar un gol	गोल करना	gol karana
periodo (m)	अवधि (f)	avadhi
banquillo (m) de reserva	सब्सचिट्यूट बेंच (f)	sabsachityūt bench

136. El fútbol

fútbol (m)	फ़ुटबॉल (m)	futabol
futbolista (m)	फ़ुटबॉल का खिलाड़ी (m)	futabol ka khilārī
jugar al fútbol	फ़ुटबॉल खेलना	futabol khelana
liga (f) superior	मेजर लीग (m)	mejar līg
club (m) de fútbol	फ़ुटबॉल क्लब (m)	futabol klab
entrenador (m)	प्रशिक्षक (m)	prashikshak
propietario (m)	मालिक (m)	mālik
equipo (m)	दल (m)	dal
capitán (m) del equipo	दल का कसान (m)	dal ka kaptān
jugador (m)	खिलाड़ी (m)	khilārī
reserva (m)	रिज़र्व-खिलाड़ी (m)	rizarv-khilārī
delantero (m)	फ़ोर्वर्ड (m)	forvard
delantero (m) centro	केन्द्रिय फ़ोर्वर्ड (m)	kendriy forvard
goleador (m)	गोल स्कोरर (m)	gol skorar
defensa (m)	रक्षक (m)	rakshak
medio (m)	हाफ़बैक (m)	hāfabaik
match (m)	मैच (m)	maich

encontrarse (vr)	मिलना	milana
final (f)	फ़ाइनल (m)	fainal
semifinal (f)	सेमीफ़ाइनल (m)	semīfainal
campeonato (m)	चैम्पियनशिप (f)	chaimpiyanaship

tiempo (m)	हाफ़ (m)	hāf
primer tiempo (m)	पहला हाफ़ (m)	pahala hāf
descanso (m)	अंतराल (m)	antarāl

puerta (f)	गोल (m)	gol
portero (m)	गोलची (m)	golachī
poste (m)	गोलपोस्ट (m)	golapost
larguero (m)	अर्गला (f)	argala
red (f)	जाल (m)	jāl
recibir un gol	गोल देना	gol dena

balón (m)	गेंद (m)	gend
pase (m)	पास (m)	pās
tiro (m)	किक (f)	kik
lanzar un tiro	किक करना	kik karana
tiro (m) de castigo	फ्री किक (f)	frī kik
saque (m) de esquina	कॉर्नर किक (f)	kornar kik

ataque (m)	आक्रमण (m)	ākraman
contraataque (m)	काउन्टर अटैक (m)	kauntar ataik
combinación (f)	कॉम्बिनेशन (m)	kombineshan

árbitro (m)	रेफ़री (m)	refarī
silbar (vi)	सीटी बजाना	sītī bajāna
silbato (m)	सीटी (f)	sītī
infracción (f)	फाउल (m)	faul
cometer una infracción	फाउल करना	faul karana
expulsar del campo	बाहर निकालना	bāhar nikālana

tarjeta (f) amarilla	पीला कार्ड (m)	pīla kārd
tarjeta (f) roja	लाल कार्ड (m)	lāl kārd
descalificación (f)	डिसक्वालिफ़िकेशन (m)	disakvālifikeshan
descalificar (vt)	डिस्क्वालिफ़ाई करना	diskvālifaī karana

penalti (m)	पेनल्टी किक (f)	penaltī kik
barrera (f)	दीवार (f)	dīvār
meter un gol	स्कोर करना	skor karana
gol (m)	गोल (m)	gol
marcar un gol	गोल करना	gol karana

reemplazo (m)	बदलाव (m)	badalāv
reemplazar (vt)	खिलाड़ी बदलना	khilārī badalana
reglas (f pl)	नियम (m pl)	niyam
táctica (f)	टैक्टिक्स (m)	taiktiks

estadio (m)	स्टेडियम (m)	stediyam
gradería (f)	स्टॉल (m)	stol
hincha (m)	फ़ैन (m)	fain
gritar (vi)	चिल्लाना	chillāna
tablero (m)	स्कोरबोर्ड (m)	skorabord
tanteo (m)	स्कोर (m)	skor

derrota (f)	हार (f)	hār
perder (vi)	हारना	hārana
empate (m)	टाई (m)	taī
empatar (vi)	टाई करना	taī karana

victoria (f)	विजय (m)	vijay
ganar (vi)	जीतना	jītana
campeón (m)	चैम्पियन (m)	chaimpiyan
mejor (adj)	सर्वोत्तम	sarvottam
felicitar (vt)	बधाई देना	badhaī dena

comentarista (m)	टिप्पणीकार (m)	tippanīkār
comentar (vt)	टिप्पणी करना	tippanī karana
transmisión (f)	प्रसारण (m)	prasāran

137. El esquí

esquís (m pl)	स्की (m pl)	skī
esquiar (vi)	स्की करना	skī karana
estación (f) de esquí	माउंटेन स्की कैम्प (m)	maunten skī kaimp
telesquí (m)	स्की लिफ्ट (m)	skī lift

bastones (m pl)	स्की की डंडियाँ (f)	skī kī dandiyān
cuesta (f)	ढलान (f)	dhalān
eslalon (m)	स्लालोम (m)	slālom

138. El tenis. El golf

golf (m)	गोल्फ़ (m)	golf
club (m) de golf	गोल्फ़-क्लब (m)	golf-klab
jugador (m) de golf	गोल्फ़-खिलाड़ी (m)	golf-khilārī

hoyo (m)	गुच्छी (f)	guchchī
palo (m)	डंडा (m)	danda
carro (m) de golf	स्टिकों की गाड़ी (f)	stikon kī gārī

tenis (m)	टेनिस (m)	tenis
cancha (f) de tenis	कोर्ट (m)	kort
saque (m)	सर्विस (f)	sarvis
sacar (servir)	सर्विस करना	sarvis karana
raqueta (f)	रैकेट (m)	raiket
red (f)	नेट (m)	net
pelota (f)	गेंद (m)	gend

139. El ajedrez

ajedrez (m)	शतरंज (m)	shataranj
piezas (f pl)	शतरंज के मोहरे (m pl)	shataranj ke mohare
ajedrecista (m)	शतरंज का खिलाड़ी (m)	shataranj ka khilārī
tablero (m) de ajedrez	शतरंज की बिसात (f)	shataranj kī bisāt

pieza (f)	शतरंज का मोहरा (m)	shataranj ka mohara
blancas (f pl)	सफ़ेद (m)	safed
negras (f pl)	काला (m)	kāla

peón (m)	प्यादा (f)	pyāda
alfil (m)	ऊँठ (m)	ūnth
caballo (m)	घोड़ा (m)	ghora
torre (f)	हाथी (m)	hāthī
reina (f)	रानी (f)	rānī
rey (m)	बादशाह (m)	bādashāh

jugada (f)	चाल (f)	chāl
jugar (mover una pieza)	चाल चलना	chāl chalana
sacrificar (vt)	त्याग देना	tyāg dena
enroque (m)	कैसलिंग (m)	kaisaling
jaque (m)	शह (m)	shah
mate (m)	शह और मात (m)	shah aur māt

torneo (m) de ajedrez	शतरंज की प्रतियोगिता (f)	shataranj kī pratiyogita
gran maestro (m)	ग्रांडमास्टर (m)	grāndamāstar
combinación (f)	कॉम्बिनेशन (m)	kombineshan
partida (f)	बाज़ी (f)	bāzī
damas (f pl)	चेकर्स (m)	chekars

140. El boxeo

boxeo (m)	मुक्केबाज़ी (f)	mukkebāzī
combate (m) (~ de boxeo)	लड़ाई (f)	laraī
pelea (f) de boxeo	मुक्केबाज़ी का मुक़ाबला (m)	mukkebāzī ka muqābala
asalto (m)	मुक्केबाज़ी का राउंड (m)	mukkevāzī ka raund

| cuadrilátero (m) | बॉक्सिंग रिंग (f) | boksing ring |
| campana (f) | घंटा (m) | ghanta |

golpe (m)	प्रहार (m)	prahār
knockdown (m)	नॉकडाउन (m)	nokadaun
nocaut (m)	नॉकआउट (m)	nokaut
noquear (vt)	नॉकआउट करना	nokaut karana

| guante (m) de boxeo | मुक्केबाज़ी के दस्ताने (m) | mukkebāzī ke dastāne |
| árbitro (m) | रेफ़री (m) | refarī |

peso (m) ligero	कम वज़न (m)	kam vazan
peso (m) medio	मध्यम वज़न (m)	madhyam vazan
peso (m) pesado	भारी वज़न (m)	bhārī vazan

141. Los deportes. Miscelánea

Juegos (m pl) Olímpicos	ओलिम्पिक खेल (m pl)	olimpik khel
vencedor (m)	विजेता (m)	vijeta
vencer (vi)	विजय पाना	vijay pāna
ganar (vi)	जीतना	jītana

líder (m)	लीडर (m)	līdar
liderar (vt)	लीड करना	līd karana
primer puesto (m)	पहला स्थान (m)	pahala sthān
segundo puesto (m)	दूसरा स्थान (m)	dūsara sthān
tercer puesto (m)	तीसरा स्थान (m)	tīsara sthān
medalla (f)	मेडल (m)	medal
trofeo (m)	ट्रॉफ़ी (f)	trofī
copa (f) (trofeo)	कप (m)	kap
premio (m)	पुरस्कार (m)	puraskār
premio (m) principal	मुख्य पुरस्कार (m)	mukhy puraskār
record (m)	रिकॉर्ड (m)	rikord
establecer un record	रिकॉर्ड बनाना	rikord banāna
final (m)	फ़ाइनल (m)	fainal
de final (adj)	अंतिम	antim
campeón (m)	चेम्पियन (m)	chempiyan
campeonato (m)	चैम्पियनशिप (f)	chaimpiyanaship
estadio (m)	स्टेडियम (m)	stediyam
gradería (f)	सीट (f)	sīt
hincha (m)	फ़ैन (m)	fain
adversario (m)	प्रतिद्वंद्वी (f)	pratidvandvī
arrancadero (m)	स्टार्ट (m)	stārt
línea (f) de meta	फ़िनिश (f)	finish
derrota (f)	हार (f)	hār
perder (vi)	हारना	hārana
árbitro (m)	रेफ़री (m)	refarī
jurado (m)	ज्यूरी (m)	jyūrī
cuenta (f)	स्कोर (m)	skor
empate (m)	टाई (m)	taī
empatar (vi)	खेल टाइ करना	khel tai karana
punto (m)	अंक (m)	ank
resultado (m)	नतीजा (m)	natīja
tiempo (m)	टाइम (m)	taim
descanso (m)	हाफ़ टाइम (m)	hāf taim
droga (f), doping (m)	अवैध दवाओं का इस्तेमाल (m)	avaidh davaon ka istemāl
penalizar (vt)	पेनल्टी लगाना	penaltī lagāna
descalificar (vt)	डिस्क्वेलिफ़ाई करना	diskvelifaī karana
aparato (m)	खेलकूद का सामान (m)	khelakūd ka sāmān
jabalina (f)	भाला (m)	bhāla
peso (m) (lanzamiento de ~)	गोला (m)	gola
bola (f) (billar, etc.)	गेंद (m)	gend
objetivo (m)	निशाना (m)	nishāna
blanco (m)	निशाना (m)	nishāna

tirar (vi)	गोली चलाना	golī chalāna
preciso (~ disparo)	सटीक	satīk
entrenador (m)	प्रशिक्षक (m)	prashikshak
entrenar (vt)	प्रशिक्षित करना	prashikshit karana
entrenarse (vr)	प्रशिक्षण करना	prashikshan karana
entrenamiento (m)	प्रशिक्षण (f)	prashikshan
gimnasio (m)	जिम (m)	jim
ejercicio (m)	व्यायाम (m)	vyāyām
calentamiento (m)	वार्म-अप (m)	vārm-ap

La educación

142. La escuela

escuela (f)	पाठशाला (m)	pāthashāla
director (m) de escuela	प्रिंसिपल (m)	prinsipal
alumno (m)	छात्र (m)	chhātr
alumna (f)	छात्रा (f)	chhātra
escolar (m)	छात्र (m)	chhātr
escolar (f)	छात्रा (f)	chhātra
enseñar (vt)	पढ़ाना	parhāna
aprender (ingles, etc.)	पढ़ना	parhana
aprender de memoria	याद करना	yād karana
aprender (a leer, etc.)	सीखना	sīkhana
estar en la escuela	स्कूल में पढ़ना	skūl men parhana
ir a la escuela	स्कूल जाना	skūl jāna
alfabeto (m)	वर्णमाला (f)	varnamāla
materia (f)	विषय (m)	vishay
aula (f)	कक्षा (f)	kaksha
lección (f)	पाठ (m)	pāth
recreo (m)	अंतराल (m)	antarāl
campana (f)	स्कूल की घंटी (f)	skūl kī ghantī
pupitre (m)	बेंच (f)	bench
pizarra (f)	चॉकबोर्ड (m)	chokabord
nota (f)	अंक (m)	ank
buena nota (f)	अच्छे अंक (m)	achchhe ank
mala nota (f)	कम अंक (m)	kam ank
poner una nota	मार्क्स देना	mārks dena
falta (f)	ग़लती (f)	galatī
hacer faltas	ग़लती करना	galatī karana
corregir (un error)	ठीक करना	thīk karana
chuleta (f)	कुंजी (f)	kunjī
deberes (m pl) de casa	गृहकार्य (m)	grhakāry
ejercicio (m)	अभ्यास (m)	abhyās
estar presente	उपस्थित होना	upasthit hona
estar ausente	अनुपस्थित होना	anupasthit hona
castigar (vt)	सज़ा देना	saza dena
castigo (m)	सज़ा (f)	saza
conducta (f)	बरताव (m)	baratāv
libreta (f) de notas	रिपोर्ट कार्ड (f)	riport kārd

lápiz (m)	पेंसिल (f)	pensil
goma (f) de borrar	रबड़ (f)	rabar
tiza (f)	चॉक (m)	chok
cartuchera (f)	पेंसिल का डिब्बा (m)	pensil ka dibba
mochila (f)	बस्ता (m)	basta
bolígrafo (m)	कलम (m)	kalam
cuaderno (m)	कॉपी (f)	kopī
manual (m)	पाठ्यपुस्तक (f)	pāthyapustak
compás (m)	कंपास (m)	kampās
trazar (vi, vt)	तकनीकी चित्रकारी बनाना	takanīkī chitrakārī banāna
dibujo (m) técnico	तकनीकी चित्रकारी (f)	takanīkī chitrakārī
poema (m), poesía (f)	कविता (f)	kavita
de memoria (adv)	रटकर	ratakar
aprender de memoria	याद करना	yād karana
vacaciones (f pl)	छुट्टियाँ (f pl)	chhuttiyān
estar de vacaciones	छुट्टी पर होना	chhuttī par hona
prueba (f) escrita	परीक्षा (f)	parīksha
composición (f)	रचना (f)	rachana
dictado (m)	श्रुतलेख (m)	shrutalekh
examen (m)	परीक्षा (f)	parīksha
hacer un examen	परीक्षा देना	parīksha dena
experimento (m)	परीक्षण (m)	parīkshan

143. Los institutos. La Universidad

academia (f)	अकादमी (f)	akādamī
universidad (f)	विश्वविद्यालय (m)	vishvavidyālay
facultad (f)	संकाय (f)	sankāy
estudiante (m)	छात्र (m)	chhātr
estudiante (f)	छात्रा (f)	chhātra
profesor (m)	अध्यापक (m)	adhyāpak
aula (f)	व्याख्यान कक्ष (m)	vyākhyān kaksh
graduado (m)	स्नातक (m)	snātak
diploma (m)	डिप्लोमा (m)	diploma
tesis (f) de grado	शोधनिबंध (m)	shodhanibandh
estudio (m)	अध्ययन (m)	adhyayan
laboratorio (m)	प्रयोगशाला (f)	prayogashāla
clase (f)	व्याख्यान (f)	vyākhyān
compañero (m) de curso	सहपाठी (m)	sahapāthī
beca (f)	छात्रवृत्ति (f)	chhātravrtti
grado (m) académico	शैक्षणिक डिग्री (f)	shaikshanik digrī

144. Las ciencias. Las disciplinas

matemáticas (f pl)	गणितशास्त्र (m)	ganitashāstr
álgebra (f)	बीजगणित (m)	bījaganit
geometría (f)	रेखागणित (m)	rekhāganit
astronomía (f)	खगोलवैज्ञान (m)	khagolavaigyān
biología (f)	जीवविज्ञान (m)	jīvavigyān
geografía (f)	भूगोल (m)	bhūgol
geología (f)	भूविज्ञान (m)	bhūvigyān
historia (f)	इतिहास (m)	itihās
medicina (f)	चिकित्सा (m)	chikitsa
pedagogía (f)	शिक्षाविज्ञान (m)	shikshāvigyān
derecho (m)	कानून (m)	kānūn
física (f)	भौतिकविज्ञान (m)	bhautikavigyān
química (f)	रसायन (m)	rasāyan
filosofía (f)	दर्शनशास्त्र (m)	darshanashāstr
psicología (f)	मनोविज्ञान (m)	manovigyān

145. Los sistemas de escritura. La ortografía

gramática (f)	व्याकरण (m)	vyākaran
vocabulario (m)	शब्दावली (f)	shabdāvalī
fonética (f)	स्वरविज्ञान (m)	svaravigyān
sustantivo (m)	संज्ञा (f)	sangya
adjetivo (m)	विशेषण (m)	visheshan
verbo (m)	क्रिया (m)	kriya
adverbio (m)	क्रिया विशेषण (f)	kriya visheshan
pronombre (m)	सर्वनाम (m)	sarvanām
interjección (f)	विस्मयादिबोधक (m)	vismayādibodhak
preposición (f)	पूर्वसर्ग (m)	pūrvasarg
raíz (f), radical (m)	मूल शब्द (m)	mūl shabd
desinencia (f)	अन्त्याक्षर (m)	antyākshar
prefijo (m)	उपसर्ग (m)	upasarg
sílaba (f)	अक्षर (m)	akshar
sufijo (m)	प्रत्यय (m)	pratyay
acento (m)	बल चिह्न (m)	bal chihn
apóstrofo (m)	वर्णलोप चिह्न (m)	varnalop chihn
punto (m)	पूर्णविराम (m)	pūrnavirām
coma (m)	उपविराम (m)	upavirām
punto y coma	अर्धविराम (m)	ardhavirām
dos puntos (m pl)	कोलन (m)	kolan
puntos (m pl) suspensivos	तीन बिन्दु (m)	tīn bindu
signo (m) de interrogación	प्रश्न चिह्न (m)	prashn chihn
signo (m) de admiración	विस्मयादिबोधक चिह्न (m)	vismayādibodhak chihn

comillas (f pl)	उद्धरण चिह्न (m)	uddharan chihn
entre comillas	उद्धरण चिह्न में	uddharan chihn men
paréntesis (m)	कोष्ठक (m pl)	koshthak
entre paréntesis	कोष्ठक में	koshthak men
guión (m)	हाइफन (m)	haifan
raya (f)	डैश (m)	daish
blanco (m)	रिक्त स्थान (m)	rikt sthān
letra (f)	अक्षर (m)	akshar
letra (f) mayúscula	बड़ा अक्षर (m)	bara akshar
vocal (f)	स्वर (m)	svar
consonante (m)	समस्वर (m)	samasvar
oración (f)	वाक्य (m)	vāky
sujeto (m)	कर्ता (m)	kartta
predicado (m)	विधेय (m)	vidhey
línea (f)	पंक्ति (f)	pankti
en una nueva línea	नई पंक्ति पर	naī pankti par
párrafo (m)	अनुच्छेद (m)	anuchchhed
palabra (f)	शब्द (m)	shabd
combinación (f) de palabras	शब्दों का समूह (m)	shabdon ka samūh
expresión (f)	अभिव्यक्ति (f)	abhivyakti
sinónimo (m)	समनार्थक शब्द (m)	samanārthak shabd
antónimo (m)	विपरीतार्थी शब्द (m)	viparītārthī shabd
regla (f)	नियम (m)	niyam
excepción (f)	अपवाद (m)	apavād
correcto (adj)	ठीक	thīk
conjugación (f)	क्रियारूप संयोजन (m)	kriyārūp sanyojan
declinación (f)	विभक्ति-रूप (m)	vibhakti-rūp
caso (m)	कारक (m)	kārak
pregunta (f)	प्रश्न (m)	prashn
subrayar (vt)	रेखांकित करना	rekhānkit karana
línea (f) de puntos	बिन्दुरेखा (f)	bindurekha

146. Los idiomas extranjeros

lengua (f)	भाषा (f)	bhāsha
lengua (f) extranjera	विदेशी भाषा (f)	videshī bhāsha
estudiar (vt)	पढ़ना	parhana
aprender (ingles, etc.)	सीखना	sīkhana
leer (vi, vt)	पढ़ना	parhana
hablar (vi, vt)	बोलना	bolana
comprender (vt)	समझना	samajhana
escribir (vt)	लिखना	likhana
rápidamente (adv)	तेज़	tez
lentamente (adv)	धीरे	dhīre

con fluidez (adv)	धड़ल्ले से	dharalle se
reglas (f pl)	नियम (m pl)	niyam
gramática (f)	व्याकरण (m)	vyākaran
vocabulario (m)	शब्दावली (f)	shabdāvalī
fonética (f)	स्वरविज्ञान (m)	svaravigyān

manual (m)	पाठ्यपुस्तक (f)	pāthyapustak
diccionario (m)	शब्दकोश (m)	shabdakosh
manual (m) autodidáctico	स्वयंशिक्षक पुस्तक (m)	svayanshikshak pustak
guía (f) de conversación	वार्तालाप-पुस्तिका (f)	vārttālāp-pustika

casete (m)	कैसेट (f)	kaiset
videocasete (f)	वीडियो कैसेट (m)	vīdiyo kaiset
disco compacto, CD (m)	सीडी (m)	sīdī
DVD (m)	डीवीडी (m)	dīvīdī

alfabeto (m)	वर्णमाला (f)	varnamāla
deletrear (vt)	हिज्जे करना	hijje karana
pronunciación (f)	उच्चारण (m)	uchchāran

acento (m)	लहज़ा (m)	lahaza
con acento	लहज़े के साथ	lahaze ke sāth
sin acento	बिना लहज़े	bina lahaze

| palabra (f) | शब्द (m) | shabd |
| significado (m) | मतलब (m) | matalab |

cursos (m pl)	पाठ्यक्रम (m)	pāthyakram
inscribirse (vr)	सदस्य बनना	sadasy banana
profesor (m) (~ de inglés)	शिक्षक (m)	shikshak

traducción (f) (proceso)	तर्जुमा (m)	tarjuma
traducción (f) (texto)	अनुवाद (m)	anuvād
traductor (m)	अनुवादक (m)	anuvādak
intérprete (m)	दुभाषिया (m)	dubhāshiya

| políglota (m) | बहुभाषी (m) | bahubhāshī |
| memoria (f) | स्मृति (f) | smrti |

147. Los personajes de los cuentos de hadas

| Papá Noel (m) | सांता क्लॉज़ (m) | sānta kloz |
| sirena (f) | जलपरी (f) | jalaparī |

mago (m)	जादूगर (m)	jādūgar
maga (f)	परी (f)	parī
mágico (adj)	जादूई	jādūī
varita (f) mágica	जादू की छड़ी (f)	jādū kī chharī

cuento (m) de hadas	परियों की कहानी (f)	pariyon kī kahānī
milagro (m)	करामात (f)	karāmāt
enano (m)	बौना (m)	bauna
transformarse en ...	... में बदल जाना	... men badal jāna
espíritu (m) (fantasma)	भूत (m)	bhūt

fantasma (m)	प्रेत (m)	pret
monstruo (m)	राक्षस (m)	rākshas
dragón (m)	पंखवाला नाग (m)	pankhavāla nāg
gigante (m)	भीमकाय (m)	bhīmakāy

148. Los signos de zodiaco

Aries (m)	मेष (m)	mesh
Tauro (m)	वृषभ (m)	vrshabh
Géminis (m pl)	मिथुन (m)	mithun
Cáncer (m)	कर्क (m)	kark
Leo (m)	सिंह (m)	sinh
Virgo (m)	कन्या (f)	kanya
Libra (f)	तुला (f pl)	tula
Escorpio (m)	वृश्चिक (m)	vrshchik
Sagitario (m)	धनु (m)	dhanu
Capricornio (m)	मकर (m)	makar
Acuario (m)	कुंभ (m)	kumbh
Piscis (m pl)	मीन (m pl)	mīn
carácter (m)	स्वभाव (m)	svabhāv
rasgos (m pl) de carácter	गुण (m pl)	gun
conducta (f)	बरताव (m)	baratāv
decir la buenaventura	भविष्यवाणी करना	bhavishyavānī karana
adivinadora (f)	ज्योतिषी (m)	jyotishī
horóscopo (m)	जन्म कुंडली (f)	janm kundalī

El arte

teatro (m)	रंगमंच (m)	rangamanch
ópera (f)	ओपेरा (m)	opera
opereta (f)	ऑपेराटा (m)	operāta
ballet (m)	बैले (m)	baile
cartelera (f)	रंगमंच इश्तहार (m)	rangamanch ishtahār
compañía (f) de teatro	थियेटर कंपनी (f)	thiyetar kampanī
gira (f) artística	दौरा (m)	daura
hacer una gira artística	दौरे पर जाना	daure par jāna
ensayar (vi, vt)	अभ्यास करना	abhyās karana
ensayo (m)	अभ्यास (m)	abhyās
repertorio (m)	प्रदर्शनों की सूची (f)	pradarshanon kī sūchī
representación (f)	प्रदर्शन (m)	pradarshan
espectáculo (m)	प्रदर्शन (m)	pradarshan
pieza (f) de teatro	नाटक (m)	nātak
billet (m)	टिकट (m)	tikat
taquilla (f)	टिकट घर (m)	tikat ghar
vestíbulo (m)	हॉल (m)	hol
guardarropa (f)	कपड़द्वार (m)	kaparadvār
ficha (f) de guardarropa	कपड़द्वार टैग (m)	kaparadvār taig
gemelos (m pl)	दूरबीन (f)	dūrabīn
acomodador (m)	कंडक्टर (m)	kandaktar
patio (m) de butacas	सीटें (f)	sīten
balconcillo (m)	अपर सर्कल (m)	apar sarkal
entresuelo (m)	दूसरी मंज़िल (f)	dūsarī manzil
palco (m)	बॉक्स (m)	boks
fila (f)	कतार (m)	katār
asiento (m)	सीट (f)	sīt
público (m)	दर्शक (m)	darshak
espectador (m)	दर्शक (m)	darshak
aplaudir (vi, vt)	ताली बजाना	tālī bajāna
aplausos (m pl)	तालियाँ (f pl)	tāliyān
ovación (f)	तालियों की गड़गड़ाहट (m)	tāliyon kī garagarāhat
escenario (m)	मंच (m)	manch
telón (m)	पर्दा (m)	parda
decoración (f)	मंच सज्जा (f)	manch sajja
bastidores (m pl)	नेपथ्य (m pl)	nepathy
escena (f)	दृश्य (m)	drshy
acto (m)	एक्ट (m)	ekt
entreacto (m)	अंतराल (m)	antarāl

150. El cine

actor (m)	अभिनेता (m)	abhineta
actriz (f)	अभिनेत्री (f)	abhinetrī
cine (m) (industria)	सिनेमा (m)	sinema
película (f)	फ़िल्म (m)	film
episodio (m)	उपकथा (m)	upakatha
película (f) policíaca	जासूसी फ़िल्म (f)	jāsūsī film
película (f) de acción	एक्शन फ़िल्म (f)	ekshan film
película (f) de aventura	जोखिम भरी फ़िल्म (f)	jokhim bharī film
película (f) de ciencia ficción	कल्पित विज्ञान की फ़िल्म (f)	kalpit vigyān kī film
película (f) de horror	डरावनी फ़िल्म (f)	darāvanī film
película (f) cómica	मज़ाकिया फ़िल्म (f)	mazākiya film
melodrama (m)	भावुक नाटक (m)	bhāvuk nātak
drama (m)	नाटक (m)	nātak
película (f) de ficción	काल्पनिक फ़िल्म (f)	kālpanik film
documental (m)	वृत्तचित्र (m)	vrttachitr
dibujos (m pl) animados	कार्टून (m)	kārtūn
cine (m) mudo	मूक फ़िल्म (f)	mūk film
papel (m)	भूमिका (f)	bhūmika
papel (m) principal	मुख्य भूमिका (f)	mūkhy bhūmika
interpretar (vt)	भूमिका निभाना	bhūmika nibhāna
estrella (f) de cine	फ़िल्म स्टार (m)	film stār
conocido (adj)	मशहूर	mashahūr
famoso (adj)	मशहूर	mashahūr
popular (adj)	लोकप्रिय	lokapriy
guión (m) de cine	पटकथा (f)	patakatha
guionista (m)	पटकथा लेखक (m)	patakatha lekhak
director (m) de cine	निर्देशक (m)	nirdeshak
productor (m)	प्रड्यूसर (m)	pradyūsar
asistente (m)	सहायक (m)	sahāyak
operador (m) de cámara	कैमरामैन (m)	kaimarāmain
doble (m) de riesgo	स्टंटमैन (m)	stantamain
filmar una película	फ़िल्म शूट करना	film shūt karana
audición (f)	स्क्रीन टेस्ट (m)	skrīn test
rodaje (m)	शूटिंग (f pl)	shūting
equipo (m) de rodaje	शूटिंग दल (m)	shūting dal
plató (m) de rodaje	शूटिंग स्थल (m)	shuting sthal
cámara (f)	कैमरा (m)	kaimara
cine (m) (iremos al ~)	सिनेमाघर (m)	sinemāghar
pantalla (f)	स्क्रीन (m)	skrīn
mostrar la película	फ़िल्म दिखाना	film dikhāna
pista (f) sonora	साउंडट्रैक (m)	saundatraik
efectos (m pl) especiales	ख़ास प्रभाव (m pl)	khās prabhāv
subtítulos (m pl)	सबटाइटल (f)	sabataitil

| créditos (m pl) | टाइटिल (m pl) | taitil |
| traducción (f) | अनुवाद (m) | anuvād |

151. La pintura

arte (m)	कला (f)	kala
bellas artes (f pl)	ललित कला (f)	lalit kala
galería (f) de arte	चित्रशाला (f)	chitrashāla
exposición (f) de arte	चित्रों की प्रदर्शनी (f)	chitron kī pradarshanī
pintura (f) (tipo de arte)	चित्रकला (f)	chitrakala
gráfica (f)	रेखाचित्र कला (f)	rekhāchitr kala
abstraccionismo (m)	अमूर्त चित्रण (m)	amūrtt chitran
impresionismo (m)	प्रभाववाद (m)	prabhāvavād
pintura (f) (cuadro)	चित्र (m)	chitr
dibujo (m)	रेखाचित्र (f)	rekhāchitr
pancarta (f)	पोस्टर (m)	postar
ilustración (f)	चित्रण (m)	chitran
miniatura (f)	लघु चित्र (m)	laghu chitr
copia (f)	प्रति (f)	prati
reproducción (f)	प्रतिकृत (f)	pratikrt
mosaico (m)	पच्चीकारी (f)	pachchīkārī
vitral (m)	रंगीन काँच	rangīn kānch
fresco (m)	लेपचित्र (m)	lepachitr
grabado (m)	एनग्रेविंग (m)	enagreving
busto (m)	बस्ट (m)	bast
escultura (f)	मूर्तिकला (f)	mūrtikala
estatua (f)	मूर्ति (f)	mūrti
yeso (m)	सिलखड़ी (f)	silakharī
en yeso (adj)	सिलखड़ी से	silakharī se
retrato (m)	रूपचित्र (m)	rūpachitr
autorretrato (m)	स्वचित्र (m)	svachitr
paisaje (m)	प्रकृति चित्र (m)	prakrti chitr
naturaleza (f) muerta	अचल चित्र (m)	achal chitr
caricatura (f)	कार्टून (m)	kārtūn
boceto (m)	रेखाचित्र (f)	rekhāchitr
pintura (f) (material)	पेंट (f)	pent
acuarela (f)	जलरंग (m)	jalarang
óleo (m)	तेलरंग (m)	telarang
lápiz (m)	पेंसिल (f)	pensil
tinta (f) china	स्याही (f)	syāhī
carboncillo (m)	कोयला (m)	koyala
dibujar (vi, vt)	रेखाचित्र बनाना	rekhāchitr banāna
posar (vi)	पोज़ करना	poz karana
modelo (m)	मॉडल (m)	modal
modelo (f)	मॉडल (m)	modal
pintor (m)	चित्रकार (m)	chitrakār

obra (f) de arte	कलाकृति (f)	kalākrti
obra (f) maestra	अत्युत्तम कृति (f)	atyuttam krti
estudio (m) (de un artista)	स्टुडियो (m)	studiyo

lienzo (m)	चित्रपटी (f)	chitrapatī
caballete (m)	चित्राधार (m)	chitrādhār
paleta (f)	रंग पट्टिका (f)	rang pattika

marco (m)	ढांचा (m) '	dhāncha
restauración (f)	जीर्णोद्धार (m)	jīrnoddhār
restaurar (vt)	मरम्मत करना	marammat karana

152. La literatura y la poesía

literatura (f)	साहित्य (m)	sāhity
autor (m) (escritor)	लेखक (m)	lekhak
seudónimo (m)	छद्मनाम (m)	chhadmanām

libro (m)	किताब (f)	kitāb
tomo (m)	खंड (m)	khand
tabla (f) de contenidos	अनुक्रमणिका (f)	anukramanika
página (f)	पृष्ठ (m)	prshth
héroe (m) principal	मुख्य किरदार (m)	mūkhy kiradār
autógrafo (m)	स्वाक्षर (m)	svākshar

relato (m) corto	लघु कथा (f)	laghu katha
cuento (m)	उपन्यासिका (f)	upanyāsika
novela (f)	उपन्यास (m)	upanyās
obra (f) literaria	रचना (f)	rachana
fábula (f)	नीतिकथा (f)	nītikatha
novela (f) policíaca	जासूसी कहानी (f)	jāsūsī kahānī

verso (m)	कविता (f)	kavita
poesía (f)	काव्य (m)	kāvy
poema (m)	कविता (f)	kavita
poeta (m)	कवि (m)	kavi

bellas letras (f pl)	उपन्यास (m)	upanyās
ciencia ficción (f)	विज्ञान कथा (f)	vigyān katha
aventuras (f pl)	रोमांच (m)	romānch
literatura (f) didáctica	शैक्षिक साहित्य (m)	shaikshik sāhity
literatura (f) infantil	बाल साहित्य (m)	bāl sāhity

153. El circo

circo (m)	सर्कस (m)	sarkas
circo (m) ambulante	सर्कस (m)	sarkas
programa (m)	प्रोग्रम (m)	program
representación (f)	तमाशा (m)	tamāsha

| número (m) | ऐक्ट (m) | aikt |
| arena (f) | सर्कस रिंग (m) | sarkas ring |

pantomima (f)	मूकाभिनय (m)	mūkābhinay
payaso (m)	जोकर (m)	jokar

acróbata (m)	कलाबाज़ (m)	kalābāz
acrobacia (f)	कलाबाज़ी (f)	kalābāzī
gimnasta (m)	जिमनैस्ट (m)	jimanaist
gimnasia (f) acrobática	जिमनैस्टिक्स (m)	jimanaistiks
salto (m)	कलैया (m)	kalaiya

forzudo (m)	एथलीट (m)	ethalīt
domador (m)	जानवरों का शिक्षक (m)	jānavaron ka shikshak
caballista (m)	सवारी (m)	savārī
asistente (m)	सहायक (m)	sahāyak

truco (m)	कलाबाज़ी (f)	kalābāzī
truco (m) de magia	जादू (m)	jādū
ilusionista (m)	जादूगर (m)	jādūgar

malabarista (m)	बाज़ीगर (m)	bāzīgar
malabarear (vt)	बाज़ीगिरी दिखाना	bāzīgirī dikhāna
amaestrador (m)	जानवरों का प्रशिक्षक (m)	jānavaron ka prashikshak
amaestramiento (m)	पशु प्रशिक्षण (m)	pashu prashikshan
amaestrar (vt)	प्रशिक्षण देना	prashikshan dena

154. La música. La música popular

música (f)	संगीत (m)	sangit
músico (m)	साज़िन्दा (m)	sāzinda
instrumento (m) musical	बाजा (m)	bāja
tocar ...	... बजाना	... bajāna

guitarra (f)	गिटार (m)	gitār
violín (m)	वॉयलिन (m)	voyalin
violonchelo (m)	चैलो (m)	chailo
contrabajo (m)	डबल बास (m)	dabal bās
arpa (f)	हार्प (m)	hārp

piano (m)	पियानो (m)	piyāno
piano (m) de cola	ग्रैंड पियानो (m)	graind piyāno
órgano (m)	ऑर्गन (m)	organ

instrumentos (m pl) de viento	सुषिर वाद्य (m)	sushir vādy
oboe (m)	ओबो (m)	obo
saxofón (m)	सैक्सोफ़ोन (m)	saiksofon
clarinete (m)	क्लेरिनेट (m)	klerinet
flauta (f)	मुरली (f)	muralī
trompeta (f)	तुरही (m)	turahī

acordeón (m)	एकॉर्डियन (m)	ekordiyan
tambor (m)	नगाड़ा (m)	nagāra

dúo (m)	द्विवाद्य (m)	dvivādy
trío (m)	त्रयी (f)	trayī
cuarteto (m)	क्वार्टेट (m)	kvārtat

coro (m)	कोरस (m)	koras
orquesta (f)	ऑर्केस्ट्रा (m)	orkestra
música (f) pop	पॉप संगीत (m)	pop sangīt
música (f) rock	रॉक संगीत (m)	rok sangīt
grupo (m) de rock	रोक ग्रूप (m)	rok grūp
jazz (m)	जैज़ (m)	jaiz
ídolo (m)	आइडल (m)	āidal
admirador (m)	प्रशंसक (m)	prashansak
concierto (m)	कंसर्ट (m)	kansart
sinfonía (f)	वाद्य-वृंद रचना (f)	vādy-vrnd rachana
composición (f)	रचना (f)	rachana
escribir (vt)	रचना बनाना	rachana banāna
canto (m)	गाना (m)	gāna
canción (f)	गीत (m)	gīt
melodía (f)	संगीत (m)	sangit
ritmo (m)	ताल (m)	tāl
blues (m)	ब्लूज़ (m)	blūz
notas (f pl)	शीट संगीत (m)	shīt sangīt
batuta (f)	छड़ी (f)	chharī
arco (m)	गज (m)	gaj
cuerda (f)	तार (m)	tār
estuche (m)	केस (m)	kes

El descanso. El entretenimiento. El viaje

155. Las vacaciones. El viaje

turismo (m)	पर्यटन (m)	paryatan
turista (m)	पर्यटक (m)	paryatak
viaje (m)	यात्रा (f)	yātra
aventura (f)	जाँबाज़ी (f)	jānbāzī
viaje (m) (p.ej. ~ en coche)	यात्रा (f)	yātra
vacaciones (f pl)	छुट्टी (f)	chhuttī
estar de vacaciones	छुट्टी पर होना	chhuttī par hona
descanso (m)	आराम (m)	ārām
tren (m)	रेलगाड़ी, ट्रेन (f)	relagārī, tren
en tren	रैलगाड़ी से	railagārī se
avión (m)	विमान (m)	vimān
en avión	विमान से	vimān se
en coche	कार से	kār se
en barco	जहाज़ पर	jahāz par
equipaje (m)	सामान (m)	sāmān
maleta (f)	सूटकेस (m)	sūtakes
carrito (m) de equipaje	सामान के लिये गाड़ी (f)	sāmān ke liye gārī
pasaporte (m)	पासपोर्ट (m)	pāsaport
visado (m)	वीज़ा (m)	vīza
billete (m)	टिकट (m)	tikat
billete (m) de avión	हवाई टिकट (m)	havaī tikat
guía (f) (libro)	गाइडबुक (f)	gaidabuk
mapa (m)	नक्शा (m)	naksha
área (f) (~ rural)	क्षेत्र (m)	kshetr
lugar (m)	स्थान (m)	sthān
exotismo (m)	विचित्र वस्तुएं	vichitr vastuen
exótico (adj)	विचित्र	vichitr
asombroso (adj)	अजीब	ajīb
grupo (m)	समूह (m)	samūh
excursión (f)	पर्यटन (f)	paryatan
guía (m) (persona)	गाइड (m)	gaid

156. El hotel

hotel (m)	होटल (f)	hotal
motel (m)	मोटल (m)	motal
de tres estrellas	तीन सितारा	tīn sitāra

| de cinco estrellas | पाँच सितारा | pānch sitāra |
| hospedarse (vr) | ठहरना | thaharana |

habitación (f)	कमरा (m)	kamara
habitación (f) individual	एक पलंग का कमरा (m)	ek palang ka kamara
habitación (f) doble	दो पलंगों का कमरा (m)	do palangon ka kamara
reservar una habitación	कमरा बुक करना	kamara buk karana

| media pensión (f) | हाफ़-बोर्ड (m) | hāf-bord |
| pensión (f) completa | फ़ुल-बोर्ड (m) | ful-bord |

con baño	स्नानघर के साथ	snānaghar ke sāth
con ducha	शॉवर के साथ	shovar ke sāth
televisión (f) satélite	सैटेलाइट टेलीविज़न (m)	saitelait telīvizan
climatizador (m)	एयर-कंडिशनर (m)	eyar-kandishanar
toalla (f)	तौलिया (f)	tauliya
llave (f)	चाबी (f)	chābī

administrador (m)	मैनेजर (m)	mainejar
camarera (f)	चैमबरमैड (f)	chaimabaramaid
maletero (m)	कुली (m)	kulī
portero (m)	दरबान (m)	darabān

restaurante (m)	रेस्टरॉं (m)	restarān
bar (m)	बार (m)	bār
desayuno (m)	नाश्ता (m)	nāshta
cena (f)	रात्रिभोज (m)	rātribhoj
buffet (m) libre	बुफ़े (m)	bufe

| vestíbulo (m) | लॉबी (f) | lobī |
| ascensor (m) | लिफ़्ट (m) | lift |

| NO MOLESTAR | परेशान न करें | pareshān na karen |
| PROHIBIDO FUMAR | धुम्रपान निषेध! | dhumrapān nishedh! |

157. Los libros. La lectura

libro (m)	किताब (f)	kitāb
autor (m)	लेखक (m)	lekhak
escritor (m)	लेखक (m)	lekhak
escribir (~ un libro)	लिखना	likhana

lector (m)	पाठक (m)	pāthak
leer (vi, vt)	पढ़ना	parhana
lectura (f)	पढ़ना (f)	parhana

| en silencio | मन ही मन | man hī man |
| en voz alta | बोलकर | bolakar |

editar (vt)	प्रकाशित करना	prakāshit karana
edición (f) (~ de libros)	प्रकाशन (m)	prakāshan
editor (m)	प्रकाशक (m)	prakāshak
editorial (f)	प्रकाशन संस्था (m)	prakāshan sanstha
salir (libro)	बाज़ार में निकालना (m)	bāzār men nikālana

salida (f) (de un libro)	बाज़ार में निकालना (m)	bāzār men nikālana
tirada (f)	मुद्रण संख्या (f)	mudran sankhya
librería (f)	किताबों की दुकान (f)	kitābon kī dukān
biblioteca (f)	पुस्तकालय (m)	pustakālay
cuento (m)	उपन्यासिका (f)	upanyāsika
relato (m) corto	लघु कहानी (f)	laghu kahānī
novela (f)	उपन्यास (m)	upanyās
novela (f) policíaca	जासूसी किताब (m)	jāsūsī kitāb
memorias (f pl)	संस्मरण (m pl)	sansmaran
leyenda (f)	उपाख्यान (m)	upākhyān
mito (m)	पुराणकथा (m)	purānakatha
versos (m pl)	कविताएँ (f pl)	kavitaen
autobiografía (f)	आत्मकथा (m)	ātmakatha
obras (f pl) escogidas	चुनिंदा कृतियाँ (f)	chuninda krtiyān
ciencia ficción (f)	कल्पित विज्ञान (m)	kalpit vigyān
título (m)	किताब का नाम (m)	kitāb ka nām
introducción (f)	भूमिका (f)	bhūmika
portada (f)	टाइटिल पृष्ठ (m)	taitil prshth
capítulo (m)	अध्याय (m)	adhyāy
extracto (m)	अंश (m)	ansh
episodio (m)	उपकथा (f)	upakatha
sujeto (m)	कथानक (m)	kathānak
contenido (m)	कथा-वस्तु (f)	katha-vastu
tabla (f) de contenidos	अनुक्रमणिका (f)	anukramanika
héroe (m) principal	मुख्य किरदार (m)	mūkhy kiradār
tomo (m)	खंड (m)	khand
cubierta (f)	जिल्द (f)	jild
encuadernado (m)	जिल्द (f)	jild
marcador (m) de libro	बुकमार्क (m)	bukamārk
página (f)	पृष्ठ (m)	prshth
hojear (vt)	पन्ने पलटना	panne palatana
márgenes (m pl)	हाशिया (m pl)	hāshiya
anotación (f)	टिप्पणी (f)	tippanī
nota (f) a pie de página	टिप्पणी (f)	tippanī
texto (m)	पाठ (m)	pāth
fuente (f)	मुद्रलिपि (m)	mudrālipi
errata (f)	छपाई की भूल (f)	chhapaī kī bhūl
traducción (f)	अनुवाद (m)	anuvād
traducir (vt)	अनुवाद करना	anuvād karana
original (m)	मूल पाठ (m)	mūl pāth
famoso (adj)	मशहूर	mashahūr
desconocido (adj)	अपरिचित	aparichit
interesante (adj)	दिलचस्प	dilachasp
best-seller (m)	बेस्ट सेलर (m)	best selar

diccionario (m)	शब्दकोश (m)	shabdakosh
manual (m)	पाठ्यपुस्तक (f)	pāthyapustak
enciclopedia (f)	विश्वकोश (m)	vishvakosh

158. La caza. La pesca

caza (f)	शिकार (m)	shikār
cazar (vi, vt)	शिकार करना	shikār karana
cazador (m)	शिकारी (m)	shikārī
tirar (vi)	गोली चलाना	golī chalāna
fusil (m)	बंदूक (m)	bandūk
cartucho (m)	कारतूस (m)	kāratūs
perdigón (m)	कारतूस (m)	kāratūs
cepo (m)	जाल (m)	jāl
trampa (f)	जाल (m)	jāl
poner un cepo	जाल बिछाना	jāl bichhāna
cazador (m) furtivo	चोर शिकारी (m)	chor shikārī
caza (f) menor	शिकार के पशुपक्षी (f)	shikār ke pashupakshī
perro (m) de caza	शिकार का कुत्ता (m)	shikār ka kutta
safari (m)	सफ़ारी (m)	safārī
animal (m) disecado	जानवरों का पुतला (m)	jānavaron ka putala
pescador (m)	मछुआरा (m)	machhuāra
pesca (f)	मछली पकड़ना (f)	machhalī pakarana
pescar (vi)	मछली पकड़ना	machhalī pakarana
caña (f) de pescar	बंसी (f)	bansī
sedal (m)	डोरी (f)	dorī
anzuelo (m)	हूक (m)	hūk
flotador (m)	फ्लोट (m)	flot
cebo (m)	चारा (m)	chāra
lanzar el anzuelo	बंसी डालना	bansī dālana
picar (vt)	चुगना	chugana
pesca (f) (lo pescado)	मछलियाँ (f)	machhaliyān
agujero (m) en el hielo	आइस होल (m)	āis hol
red (f)	जाल (m)	jāl
barca (f)	नाव (m)	nāv
pescar con la red	जाल से पकड़ना	jāl se pakarana
tirar la red	जाल डालना	jāl dālana
sacar la red	जाल निकालना	jāl nikālana
ballenero (m) (persona)	ह्वेलर (m)	hvelar
ballenero (m) (barco)	ह्वेलमार जहाज़ (m)	hvelamār jahāz
arpón (m)	मत्स्यभाला (m)	matsyabhāla

159. Los juegos. El billar

| billar (m) | बिलियइर्स (m) | biliyards |
| sala (f) de billar | बिलियइर्स का कमरा (m) | biliyards ka kamara |

bola (f) de billar	बिलियड्स की गेंद (f)	biliyards kī gend
entronerar la bola	गेंद पॉकेट में डालना	gend poket men dālana
taco (m)	बिलियड्स का क्यू (m)	biliyards ka kyū
tronera (f)	बिलियड्स की पॉकेट (f)	biliyards kī poket

160. Los juegos. Las cartas

carta (f)	ताश का पत्ता (m)	tāsh ka patta
cartas (f pl)	ताश के पत्ते (m pl)	tāsh ke patte
baraja (f)	ताश की गड्डी (f)	tāsh kī gaddī
triunfo (m)	ट्रम्प (m)	tramp
cuadrados (m pl)	ईंट (f pl)	īnt
picas (f pl)	हुक्म (m pl)	hukm
corazones (m pl)	पान (m)	pān
tréboles (m pl)	चिड़ी (m)	chirī
as (m)	इक्का (m)	ikka
rey (m)	बादशाह (m)	bādashāh
dama (f)	बेगम (f)	begam
sota (f)	गुलाम (m)	gulām
dar, distribuir (repartidor)	ताश बांटना	tāsh bāntana
barajar (vt) (mezclar las cartas)	पत्ते फेंटना	patte fentana
jugada (f) (turno)	चाल (f)	chāl
fullero (m)	पत्तेबाज़ (m)	pattebāz

161. El casino. La ruleta

casino (m)	केसिनो (m)	kesino
ruleta (f)	रूले (m)	rūle
puesta (f)	दांव (m)	dānv
apostar (vt)	दांव लगाना	dānv lagāna
rojo (m)	लाल (m)	lāl
negro (m)	काला (m)	kāla
apostar al rojo	लाल पर दांव लगाना	lāl par dānv lagāna
apostar al negro	काले पर दांव लगाना	kāle par dānv lagāna
crupier (m, f)	क्रूप्ये (m)	krūpye
girar la ruleta	पहिया घुमाना	pahiya ghumāna
reglas (f pl) de juego	खेल के नियम (m pl)	khel ke niyam
ficha (f)	चिप (m)	chip
ganar (vi, vt)	जीतना	jītana
ganancia (f)	जीती हुई रकम (f)	jītī huī rakam
perder (vi)	हार जाना	hār jāna
pérdida (f)	हारी हुई रकम (f)	hārī huī rakam
jugador (m)	खिलाड़ी (m)	khilārī
black jack (m)	ब्लैक जैक (m)	blaik jaik

| juego (m) de dados | पासे का खेल (m) | pāse ka khel |
| tragaperras (f) | स्लॉट मशीन (f) | slot mashīn |

162. El descanso. Los juegos. Miscelánea

pasear (vi)	घूमना	ghūmana
paseo (m) (caminata)	सैर (f)	sair
paseo (m) (en coche)	सफ़र (m)	safar
aventura (f)	साहसिक कार्य (m)	sāhasik kāry
picnic (m)	पिकनिक (f)	pikanik

juego (m)	खेल (m)	khel
jugador (m)	खिलाड़ी (m)	khilāṛī
partido (m)	बाज़ी (f)	bāzī

coleccionista (m)	संग्राहक (m)	sangrāhak
coleccionar (vt)	संग्रहण करना	sangrāhan karana
colección (f)	संग्रह (m)	sangrah

crucigrama (m)	पहेली (f)	pahelī
hipódromo (m)	रेसकोर्स (m)	resakors
discoteca (f)	डिस्को (m)	disko

| sauna (f) | सौना (m) | sauna |
| lotería (f) | लॉटरी (f) | lotarī |

marcha (f)	कैम्पिंग ट्रिप (f)	kaimping trip
campo (m)	डेरा (m)	dera
campista (m)	शिविरार्थी (m)	shivirārthī
tienda (f) de campaña	तंबू (m)	tambū
brújula (f)	दिशा सूचक यंत्र (m)	disha sūchak yantr

ver (la televisión)	देखना	dekhana
telespectador (m)	दर्शक (m)	darshak
programa (m) de televisión	टीवी प्रसारण (m)	tīvī prasāran

163. La fotografía

| cámara (f) fotográfica | कैमरा (m) | kaimara |
| fotografía (f) (una foto) | फ़ोटो (m) | foto |

fotógrafo (m)	फ़ोटोग्राफ़र (m)	fotogrāfar
estudio (m) fotográfico	फ़ोटो स्टूडियो (m)	foto stūdiyo
álbum (m) de fotos	फ़ोटो अल्बम (f)	foto albam

objetivo (m)	कैमरे का लेंस (m)	kaimare ka lens
teleobjetivo (m)	टेलिफ़ोटो लेन्स (m)	telifoto lens
filtro (m)	फ़िल्टर (m)	filtar
lente (m)	लेंस (m)	lens

| óptica (f) | प्रकाशिकी (f) | prakāshikī |
| diafragma (m) | डायफ़राम (m) | dāyafarām |

tiempo (m) de exposición	शटर समय (m)	shatar samay
visor (m)	व्यू फाइंडर (m)	vyū faindar
cámara (f) digital	डिजिटल कैमरा (m)	dijital kaimara
trípode (m)	तिपाई (f)	tipaī
flash (m)	फ़्लैश (m)	flaish
fotografiar (vt)	फ़ोटो खींचना	foto khīnchana
hacer fotos	फ़ोटो लेना	foto lena
fotografiarse (vr)	अपनी फ़ोटो खींचवाना	apanī foto khīnchavāna
foco (m)	फ़ोकस (f)	fokas
enfocar (vt)	फ़ोकस करना	fokas karana
nítido (adj)	फ़ोकस में	fokas men
nitidez (f)	स्पष्टता (f)	spashtata
contraste (m)	विपर्यास व्यतिरेक	viparyās vyatirek
de alto contraste (adj)	विपर्यासी	viparyāsī
foto (f)	फ़ोटो (m)	foto
negativo (m)	नेगेटिव (m)	negetiv
película (f) fotográfica	कैमरा फ़िल्म (f)	kaimara film
fotograma (m)	फ़्रेम (m)	frem
imprimir (vt)	छापना	chhāpana

164. La playa. La natación

playa (f)	बालुतट (m)	bālutat
arena (f)	रेत (f)	ret
desierto (playa ~a)	वीरान	vīrān
bronceado (m)	धूप की कालिमा (f)	dhūp kī kālima
broncearse (vr)	धूप में स्नान करना	dhūp men snān karana
bronceado (adj)	टैन	tain
protector (m) solar	धूप की क्रीम (f)	dhūp kī krīm
bikini (m)	बिकीनी (f)	bikīnī
traje (m) de baño	स्विम सूट (m)	svim sūt
bañador (m)	स्विम ट्रंक (m)	svim trank
piscina (f)	तरण-ताल (m)	taran-tāl
nadar (vi)	तैरना	tairana
ducha (f)	शावर (m)	shāvar
cambiarse (vr)	बदलना	badalana
toalla (f)	तौलिया (m)	tauliya
barca (f)	नाव (f)	nāv
lancha (f) motora	मोटरबोट (m)	motarabot
esquís (m pl) acuáticos	वॉटर स्की (f)	votar skī
bicicleta (f) acuática	चप्पू से चलने वाली नाव (f)	chappū se chalane vālī nāv
surf (m)	सर्फ़िंग (m)	sarfing
surfista (m)	सर्फ़ करनेवाला (m)	sarf karanevāla
equipo (m) de buceo	स्कूबा सेट (m)	skūba set

aletas (f pl)	फ़्लिपर्स (m)	flipars
máscara (f) de buceo	डाइविंग के लिए मास्क (m)	daiving ke lie māsk
buceador (m)	गोताख़ोर (m)	gotākhor
bucear (vi)	डुबकी मारना	dubakī mārana
bajo el agua (adv)	पानी के नीचे	pānī ke nīche
sombrilla (f)	बालुतट की छतरी (f)	bālutat kī chhatarī
tumbona (f)	बालूतट की कुर्सी (f)	bālūtat kī kursī
gafas (f pl) de sol	धूप का चश्मा (m)	dhūp ka chashma
colchoneta (f) inflable	हवा वाला गद्दा (m)	hava vāla gadda
jugar (divertirse)	खेलना	khelana
bañarse (vr)	तैरने के लिए जाना	tairane ke lie jāna
pelota (f) de playa	बालूतट पर खेलने की गेंद (f)	bālūtat par khelane kī gend
inflar (vt)	हवा भराना	hava bharāna
inflable (colchoneta ~)	हवा से भरा	hava se bhara
ola (f)	तरंग (m)	tarang
boya (f)	बोया (m)	boya
ahogarse (vr)	डूब जाना	dūb jāna
salvar (vt)	बचाना	bachāna
chaleco (m) salvavidas	बचाव पेटी (f)	bachāv petī
observar (vt)	देखना	dekhana
socorrista (m)	जीवनरक्षक (m)	jīvanarakshak

EL EQUIPO TÉCNICO. EL TRANSPORTE

El equipo técnico

165. El computador

ordenador (m)	कंप्यूटर (m)	kampyūtar
ordenador (m) portátil	लैपटॉप (m)	laipatop
encender (vt)	चलाना	chalāna
apagar (vt)	बंद करना	band karana
teclado (m)	कीबोर्ड (m)	kībord
tecla (f)	कुंजी (m)	kunjī
ratón (m)	माउस (m)	maus
alfombrilla (f) para ratón	माउस पैड (m)	maus paid
botón (m)	बटन (m)	batan
cursor (m)	कर्सर (m)	karsar
monitor (m)	मॉनिटर (m)	monitar
pantalla (f)	स्क्रीन (m)	skrīn
disco (m) duro	हाई डिस्क (m)	hārd disk
volumen (m) de disco duro	हाई डिस्क क्षमता (f)	hārd disk kshamata
memoria (f)	मेमोरी (f)	memorī
memoria (f) operativa	रैंडम ऐक्सेस मेमोरी (f)	raindam aikses memorī
archivo, fichero (m)	फ़ाइल (f)	fail
carpeta (f)	फ़ोल्डर (m)	foldar
abrir (vt)	खोलना	kholana
cerrar (vt)	बंद करना	band karana
guardar (un archivo)	सहेजना	sahejana
borrar (vt)	हटाना	hatāna
copiar (vt)	कॉपी करना	kopī karana
ordenar (vt) (~ de A a Z, etc.)	व्यवस्थित करना	vyavasthit karana
transferir (vt)	स्थानांतरित करना	sthānāntarit karana
programa (m)	प्रोग्राम (m)	programm
software (m)	सोफ़्टवेयर (m)	softaveyar
programador (m)	प्रोग्रामर (m)	programmar
programar (vt)	प्रोग्राम करना	program karana
hacker (m)	हैकर (m)	haikar
contraseña (f)	पासवर्ड (m)	pāsavard
virus (m)	वाइरस (m)	vairas
detectar (vt)	तलाश करना	talāsh karana
octeto, byte (m)	बाइट (m)	bait

megaocteto (m)	मेगाबाइट (m)	megābait
datos (m pl)	डाटा (m pl)	dāta
base (f) de datos	डाटाबेस (m)	dātābes
cable (m)	तार (m)	tār
desconectar (vt)	अलग करना	alag karana
conectar (vt)	जोड़ना	jorana

166. El internet. El correo electrónico

internet (m), red (f)	इन्टरनेट (m)	intaranet
navegador (m)	ब्राउज़र (m)	brauzar
buscador (m)	सर्च इंजन (f)	sarch injan
proveedor (m)	प्रोवाइडर (m)	provaidar
webmaster (m)	वेब मास्टर (m)	veb māstar
sitio (m) web	वेब साइट (m)	veb sait
página (f) web	वेब पृष्ठ (m)	veb prshth
dirección (f)	पता (m)	pata
libro (m) de direcciones	संपर्क पुस्तक (f)	sampark pustak
buzón (m)	मेलबॉक्स (m)	melaboks
correo (m)	डाक (m)	dāk
mensaje (m)	संदेश (m)	sandesh
expedidor (m)	प्रेषक (m)	preshak
enviar (vt)	भेजना	bhejana
envío (m)	भेजना (m)	bhejana
destinatario (m)	प्रासकर्ता (m)	prāptakarta
recibir (vt)	प्रास करना	prāpt karana
correspondencia (f)	पत्राचार (m)	patrāchār
escribirse con ...	पत्राचार करना	patrāchār karana
archivo, fichero (m)	फ़ाइल (f)	fail
descargar (vt)	डाउनलोड करना	daunalod karana
crear (vt)	बनाना	banāna
borrar (vt)	हटाना	hatāna
borrado (adj)	हटा दिया गया	hata diya gaya
conexión (f) (ADSL, etc.)	कनेक्शन (m)	kanekshan
velocidad (f)	रफ़्तार (f)	rafatār
módem (m)	मोडेम (m)	modem
acceso (m)	पहुंच (m)	pahunch
puerto (m)	पोर्ट (m)	port
conexión (f) (establecer la ~)	कनेक्शन (m)	kanekshan
conectarse a ...	जुड़ना	jurana
seleccionar (vt)	चुनना	chunana
buscar (vt)	खोजना	khojana

167. La electricidad

electricidad (f)	बिजली (f)	bijalī
eléctrico (adj)	बिजली का	bijalī ka
central (f) eléctrica	बिजलीघर (m)	bijalīghar
energía (f)	ऊर्जा (f)	ūrja
energía (f) eléctrica	विद्युत शक्ति (f)	vidyut shakti
bombilla (f)	बल्ब (m)	balb
linterna (f)	फ्लैशलाइट (f)	flaishalait
farola (f)	सड़क की बत्ती (f)	sarak kī battī
luz (f)	बिजली (f)	bijalī
encender (vt)	चलाना	chalāna
apagar (vt)	बंद करना	band karana
apagar la luz	बिजली बंद करना	bijalī band karana
quemarse (vr)	फ्यूज़ होना	fyūz hona
circuito (m) corto	शार्ट सर्किट (m)	shārt sarkit
ruptura (f)	टूटा तार (m)	tūta tār
contacto (m)	सॉकेट (m)	soket
interruptor (m)	स्विच (m)	svich
enchufe (m)	सॉकेट (m)	soket
clavija (f)	प्लग (m)	plag
alargador (m)	एक्स्टेंशन कोर्ड (m)	ekstenshan kord
fusible (m)	फ्यूज़ (m)	fyūz
cable, hilo (m)	तार (m)	tār
instalación (f) eléctrica	तार (m)	tār
amperio (m)	ऐम्पेयर (m)	aimpeyar
amperaje (m)	विद्युत शक्ति (f)	vidyut shakti
voltio (m)	वोल्ट (m)	volt
voltaje (m)	वोल्टेज (f)	voltej
aparato (m) eléctrico	विद्युत यंत्र (m)	vidyut yantr
indicador (m)	सूचक (m)	sūchak
electricista (m)	विद्युत कारीगर (m)	vidyut kārīgar
soldar (vt)	धातु जोड़ना	dhātu jorana
soldador (m)	सोल्डरिंग आयरन (m)	soldaring āyaran
corriente (f)	विद्युत प्रवाह (f)	vidyut pravāh

168. Las herramientas

instrumento (m)	औज़ार (m)	auzār
instrumentos (m pl)	औज़ार (m pl)	auzār
maquinaria (f)	मशीन (f)	mashīn
martillo (m)	हथौड़ी (f)	hathaurī
destornillador (m)	पेंचकस (m)	penchakas
hacha (f)	कुल्हाड़ी (f)	kulhārī

sierra (f)	आरी (f)	ārī
serrar (vt)	आरी से काटना	ārī se kātana
cepillo (m)	रंदा (m)	randa
cepillar (vt)	छीलना	chhīlana
soldador (m)	सोल्डरिंग आयरन (m)	soldaring āyaran
soldar (vt)	धातु जोड़ना	dhātu jorana

lima (f)	रेती (f)	retī
tenazas (f pl)	संडसी (f pl)	sandasī
alicates (m pl)	प्लायर (m)	plāyar
escoplo (m)	छेनी (f)	chhenī

broca (f)	ड्रिल बिट (m)	dril bit
taladro (m)	विद्युतीय बरमा (m)	vidyutīy barama
taladrar (vi, vt)	ड्रिल करना	dril karana

| cuchillo (m) | छुरी (f) | chhurī |
| filo (m) | धार (f) | dhār |

agudo (adj)	कटीला	katīla
embotado (adj)	कुंद	kund
embotarse (vr)	कुंद करना	kund karana
afilar (vt)	धारदार बनाना	dhāradār banāna

perno (m)	बोल्ट (m)	bolt
tuerca (f)	नट (m)	nat
filete (m)	चूड़ी (f)	chūrī
tornillo (m)	पेंच (m)	pench

| clavo (m) | कील (f) | kīl |
| cabeza (f) del clavo | कील का सिरा (m) | kīl ka sira |

regla (f)	स्केल (m)	skel
cinta (f) métrica	इंची टेप (m)	inchī tep
nivel (m) de burbuja	स्पिरिट लेवल (m)	spirit leval
lupa (f)	आवर्धक लेंस (m)	āvardhak lens

aparato (m) de medida	मापक यंत्र (m)	māpak yantr
medir (vt)	मापना	māpana
escala (f) (~ métrica)	स्केल (f)	skel
lectura (f)	पाठ्यांक (m pl)	pāthyānk

| compresor (m) | कंप्रेसर (m) | kampresar |
| microscopio (m) | माइक्रोस्कोप (m) | maikroskop |

bomba (f) (~ de agua)	पंप (m)	pamp
robot (m)	रोबोट (m)	robot
láser (m)	लेज़र (m)	lezar

llave (f) de tuerca	रिंच (m)	rinch
cinta (f) adhesiva	फ़ीता (m)	fīta
cola (f), pegamento (m)	लेई (f)	leī

papel (m) de lija	रेगमाल (m)	regamāl
resorte (m)	कमानी (f)	kamānī
imán (m)	मैग्नेट (m)	maignet

guantes (m pl)	दस्ताने (m pl)	dastāne
cuerda (f)	रस्सी (f)	rassī
cordón (m)	डोरी (f)	dorī
hilo (m) (~ eléctrico)	तार (m)	tār
cable (m)	केबल (m)	kebal
almádana (f)	हथौड़ा (m)	hathaura
barra (f)	रंभा (m)	rambha
escalera (f) portátil	सीढ़ी (f)	sīrhī
escalera (f) de tijera	सीढ़ी (f)	sīrhī
atornillar (vt)	कसना	kasana
destornillar (vt)	घुमाकर खोलना	ghumākar kholana
apretar (vt)	कसना	kasana
pegar (vt)	चिपकाना	chipakāna
cortar (vt)	काटना	kātana
fallo (m)	ख़राबी (f)	kharābī
reparación (f)	मरम्मत (f)	marammat
reparar (vt)	मरम्मत करना	marammat karana
regular, ajustar (vt)	ठीक करना	thīk karana
verificar (vt)	जांचना	jānchana
control (m)	जांच (f)	jānch
lectura (f) (~ del contador)	पाठ्यांक (m)	pāthyānk
fiable (máquina)	मज़बूत	mazabūt
complicado (adj)	जटिल	jatil
oxidarse (vr)	ज़ंग लगना	zang lagana
oxidado (adj)	ज़ंग लगा हुआ	zang laga hua
óxido (m)	ज़ंग (m)	zang

El transporte

Español	हिन्दी	Transliteración
avión (m)	विमान (m)	vimān
billete (m) de avión	हवाई टिकट (m)	havaī tikat
compañía (f) aérea	हवाई कम्पनी (f)	havaī kampanī
aeropuerto (m)	हवाई अड्डा (m)	havaī adda
supersónico (adj)	पराध्वनिक	parādhvanik
comandante (m)	कसान (m)	kaptān
tripulación (f)	वैमानिक दल (m)	vaimānik dal
piloto (m)	विमान चालक (m)	vimān chālak
azafata (f)	एयर होस्टस (f)	eyar hostas
navegador (m)	नैवीगेटर (m)	naivīgetar
alas (f pl)	पंख (m pl)	pankh
cola (f)	पूँछ (f)	pūnchh
cabina (f)	कॉकपिट (m)	kokapit
motor (m)	इंजन (m)	injan
tren (m) de aterrizaje	हवाई जहाज़ पहिये (m)	havaī jahāz pahiye
turbina (f)	टरबाइन (f)	tarabain
hélice (f)	प्रोपेलर (m)	propelar
caja (f) negra	ब्लैक बॉक्स (m)	blaik boks
timón (m)	कंट्रोल कॉलम (m)	kantrol kolam
combustible (m)	ईंधन (m)	īndhan
instructivo (m) de seguridad	सुरक्षा-पत्र (m)	suraksha-patr
respirador (m) de oxígeno	ऑक्सीजन मास्क (m)	oksījan māsk
uniforme (m)	वर्दी (f)	vardī
chaleco (m) salvavidas	बचाव पेटी (f)	bachāv petī
paracaídas (m)	पैराशूट (m)	pairāshūt
despegue (m)	उड़ान (m)	urān
despegar (vi)	उड़ना	urana
pista (f) de despegue	उड़ान पट्टी (f)	urān pattī
visibilidad (f)	दृश्यता (f)	drshyata
vuelo (m)	उड़ान (m)	urān
altura (f)	ऊंचाई (f)	ūnchaī
pozo (m) de aire	वायु-पॉकेट (m)	vāyu-poket
asiento (m)	सीट (f)	sīt
auriculares (m pl)	हेडफ़ोन (m)	hedafon
mesita (f) plegable	ट्रे टेबल (f)	tre tebal
ventana (f)	हवाई जहाज़ की खिड़की (f)	havaī jahāz kī khirakī
pasillo (m)	गलियारा (m)	galiyāra

170. El tren

tren (m)	रेलगाड़ी, ट्रेन (f)	relagārī, tren
tren (m) de cercanías	लोकल ट्रेन (f)	lokal tren
tren (m) rápido	तेज़ रेलगाड़ी (f)	tez relagārī
locomotora (f) diésel	डीज़ल रेलगाड़ी (f)	dīzal relagārī
tren (m) de vapor	स्टीम इंजन (f)	stīm injan
coche (m)	कोच (f)	koch
coche (m) restaurante	डाइनर (f)	dainar
rieles (m pl)	पटरियाँ (f)	patariyān
ferrocarril (m)	रेलवे (f)	relave
traviesa (f)	पटरियाँ (f)	patariyān
plataforma (f)	प्लेटफॉर्म (m)	pletaform
vía (f)	प्लेटफॉर्म (m)	pletaform
semáforo (m)	सिग्नल (m)	signal
estación (f)	स्टेशन (m)	steshan
maquinista (m)	इंजन ड्राइवर (m)	injan draivar
maletero (m)	कुली (m)	kulī
mozo (m) del vagón	कोच एटेंडेंट (m)	koch etendent
pasajero (m)	मुसाफ़िर (m)	musāfir
revisor (m)	टीटी (m)	tītī
corredor (m)	गलियारा (m)	galiyāra
freno (m) de urgencia	आपात ब्रेक (m)	āpāt brek
compartimiento (m)	डिब्बा (m)	dibba
litera (f)	बर्थ (f)	barth
litera (f) de arriba	ऊपरी बर्थ (f)	ūparī barth
litera (f) de abajo	नीचली बर्थ (f)	nīchalī barth
ropa (f) de cama	बिस्तर (m)	bistar
billete (m)	टिकट (m)	tikat
horario (m)	टाइम टैबुल (m)	taim taibul
pantalla (f) de información	सूचना बोर्ड (m)	sūchana bord
partir (vi)	चले जाना	chale jāna
partida (f) (del tren)	रवानगी (f)	ravānagī
llegar (tren)	पहुंचना	pahunchana
llegada (f)	आगमन (m)	āgaman
llegar en tren	गाड़ी से पहुंचना	gārī se pahunchana
tomar el tren	गाड़ी पकड़ना	gādī pakarana
bajar del tren	गाड़ी से उतरना	gārī se utarana
descarrilamiento (m)	दुर्घटनाग्रस्त (f)	durghatanāgrast
tren (m) de vapor	स्टीम इंजन (m)	stīm injan
fogonero (m)	अग्निशामक (m)	agnishāmak
hogar (m)	भट्ठी (f)	bhatthī
carbón (m)	कोयला (m)	koyala

171. El barco

barco, buque (m)	जहाज़ (m)	jahāz
navío (m)	जहाज़ (m)	jahāz
buque (m) de vapor	जहाज़ (m)	jahāz
motonave (f)	मोटर बोट (m)	motar bot
trasatlántico (m)	लाइनर (m)	lainar
crucero (m)	क्रूज़र (m)	krūzar
yate (m)	याख़्ट (m)	yākht
remolcador (m)	कर्षक पोत (m)	karshak pot
barcaza (f)	बार्ज (f)	bārj
ferry (m)	फेरी बोट (f)	ferī bot
velero (m)	पाल नाव (f)	pāl nāv
bergantín (m)	बादबानी (f)	bādabānī
rompehielos (m)	हिमभंजक पोत (m)	himabhanjak pot
submarino (m)	पनडुब्बी (f)	panadubbī
bote (m) de remo	नाव (m)	nāv
bote (m)	किश्ती (f)	kishtī
bote (m) salvavidas	जीवन रक्षा किश्ती (f)	jīvan raksha kishtī
lancha (f) motora	मोटर बोट (m)	motar bot
capitán (m)	कसान (m)	kaptān
marinero (m)	मल्लाह (m)	mallāh
marino (m)	मल्लाह (m)	mallāh
tripulación (f)	वैमानिक दल (m)	vaimānik dal
contramaestre (m)	बोसुन (m)	bosun
grumete (m)	बोसुन (m)	bosun
cocinero (m) de abordo	रसोइया (m)	rasoiya
médico (m) del buque	पोत डाक्टर (m)	pot dāktar
cubierta (f)	डेक (m)	dek
mástil (m)	मस्तूल (m)	mastūl
vela (f)	पाल (m)	pāl
bodega (f)	कार्गी (m)	kārgo
proa (f)	जहाज़ का अगाड़ा हिस्सा (m)	jahāz ka agara hissa
popa (f)	जहाज़ का पिछला हिस्सा (m)	jahāz ka pichhala hissa
remo (m)	चप्पू (m)	chappū
hélice (f)	जहाज़ की पंखी चलाने का पेंच (m)	jahāz kī pankhī chalāne ka pench
camarote (m)	कैबिन (m)	kaibin
sala (f) de oficiales	मेस (m)	mes
sala (f) de máquinas	मशीन-कमरा (m)	mashīn-kamara
puente (m) de mando	ब्रिज (m)	brij
sala (f) de radio	रेडियो केबिन (m)	rediyo kebin
onda (f)	रेडियो तरंग (f)	rediyo tarang
cuaderno (m) de bitácora	जहाज़ी रजिस्टर (m)	jahāzī rajistar
anteojo (m)	टेलिस्कोप (m)	teliskop

campana (f)	घंटा (m)	ghanta
bandera (f)	झंडा (m)	jhanda
cabo (m) (maroma)	रस्सा (m)	rassa
nudo (m)	जहाज़ी गांठ (f)	jahāzī gānth
pasamano (m)	रेलिंग (f)	reling
pasarela (f)	सीढ़ी (f)	sīrhī
ancla (f)	लंगर (m)	langar
levar ancla	लंगर उठाना	langar uthāna
echar ancla	लंगर डालना	langar dālana
cadena (f) del ancla	लंगर की ज़जीर (f)	langar kī zajīr
puerto (m)	बंदरगाह (m)	bandaragāh
embarcadero (m)	घाट (m)	ghāt
amarrar (vt)	किनारे लगना	kināre lagana
desamarrar (vt)	रवाना होना	ravāna hona
viaje (m)	यात्रा (f)	yātra
crucero (m) (viaje)	जलयात्रा (f)	jalayātra
derrota (f) (rumbo)	दिशा (f)	disha
itinerario (m)	मार्ग (m)	mārg
canal (m) navegable	नाव्य जलपथ (m)	nāvy jalapath
bajío (m)	छिछला पानी (m)	chhichhala pānī
encallar (vi)	छिछले पानी	chhichhale pānī
	में धसना	men dhansana
tempestad (f)	तूफ़ान (m)	tufān
señal (f)	सिग्नल (m)	signal
hundirse (vr)	डूबना	dūbana
SOS	एसओएस	esoes
aro (m) salvavidas	लाइफ़ ब्वाय (m)	laif bvāy

172. El aeropuerto

aeropuerto (m)	हवाई अड्डा (m)	havaī adda
avión (m)	विमान (m)	vimān
compañía (f) aérea	हवाई कम्पनी (f)	havaī kampanī
controlador (m) aéreo	हवाई यातायात नियंत्रक (m)	havaī yātāyāt niyantrak
despegue (m)	प्रस्थान (m)	prasthān
llegada (f)	आगमन (m)	āgaman
llegar (en avión)	पहुंचना	pahunchana
hora (f) de salida	उड़ान का समय (m)	urān ka samay
hora (f) de llegada	आगमन का समय (m)	āgaman ka samay
retrasarse (vr)	देर से आना	der se āna
retraso (m) de vuelo	उड़ान देरी (f)	urān derī
pantalla (f) de información	सूचना बोर्ड (m)	sūchana bord
información (f)	सूचना (f)	sūchana

anunciar (vt)	घोषणा करना	ghoshana karana
vuelo (m)	फ़्लाइट (f)	flait
aduana (f)	सीमाशुल्क कार्यालय (m)	sīmāshulk kāryālay
aduanero (m)	सीमाशुल्क अधिकारी (m)	sīmāshulk adhikārī
declaración (f) de aduana	सीमाशुल्क घोषणा (f)	sīmāshulk ghoshana
rellenar la declaración	सीमाशुल्क घोषणा भरना	sīmāshulk ghoshana bharana
control (m) de pasaportes	पासपोर्ट जांच (f)	pāsport jānch
equipaje (m)	सामान (m)	sāmān
equipaje (m) de mano	दस्ती सामान (m)	dastī sāmān
carrito (m) de equipaje	सामान के लिये गाड़ी (f)	sāmān ke liye gārī
aterrizaje (m)	विमानारोहण (m)	vimānārohan
pista (f) de aterrizaje	विमानारोहण मार्ग (m)	vimānārohan mārg
aterrizar (vi)	उतरना	utarana
escaleras (f pl) (de avión)	सीढ़ी (f)	sīrhī
facturación (f) (check-in)	चेक-इन (m)	chek-in
mostrador (m) de facturación	चेक-इन डेस्क (m)	chek-in desk
hacer el check-in	चेक-इन करना	chek-in karana
tarjeta (f) de embarque	बोर्डिंग पास (m)	bording pās
puerta (f) de embarque	प्रस्थान गेट (m)	prasthān get
tránsito (m)	पारवहन (m)	pāravahan
esperar (aguardar)	इंतज़ार करना	intazār karana
zona (f) de preembarque	प्रतीक्षालय (m)	pratīkshālay
despedir (vt)	विदा करना	vida karana
despedirse (vr)	विदा कहना	vida kahana

173. La bicicleta. La motocicleta

bicicleta (f)	साइकिल (f)	saikil
scooter (m)	स्कूटर (m)	skūtar
motocicleta (f)	मोटरसाइकिल (f)	motarasaikil
ir en bicicleta	साइकिल से जाना	saikil se jāna
manillar (m)	हैंडल बार (m)	haindal bār
pedal (m)	पेडल (m)	pedal
frenos (m pl)	ब्रेक (m pl)	brek
sillín (m)	सीट (f)	sīt
bomba (f)	पंप (m)	pamp
portaequipajes (m)	साइकिल का रैक (m)	sāiikal ka raik
faro (m)	बत्ती (f)	battī
casco (m)	हेलमेट (f)	helamet
rueda (f)	पहिया (m)	pahiya
guardabarros (m)	कीचड़ रोकने की पंखी (f)	kīchar rokane kī pankhī
llanta (f)	साइकिल रिम (f)	saikil rim
rayo (m)	पहिये का आरा (m)	pahiye ka āra

Los coches

174. El coche

coche (m)	कार (f)	kār
coche (m) deportivo	स्पोर्ट्स कार (f)	sports kār
limusina (f)	लीमोज़ीन (m)	līmozīn
todoterreno (m)	जीप (m)	jīp
cabriolé (m)	कन्वर्टिबल (m)	kanvartibal
microbús (m)	मिनिबस (f)	minibas
ambulancia (f)	एम्बुलेंस (f)	embulens
quitanieves (m)	बर्फ़ हटाने की कार (f)	barf hatāne kī kār
camión (m)	ट्रक (m)	trak
camión (m) cisterna	टैंकर-लॉरी (f)	tainkar-lorī
camioneta (f)	वैन (m)	vain
cabeza (f) tractora	ट्रक-ट्रेक्टर (m)	trak-trektar
remolque (m)	ट्रेलर (m)	trelar
confortable (adj)	सुविधाजनक	suvidhājanak
de ocasión (adj)	पुरानी	purānī

175. El coche. El taller

capó (m)	बोनेट (f)	bonet
guardabarros (m)	कीचड़ रोकने की पंखी (f)	kīchar rokane kī pankhī
techo (m)	छत (f)	chhat
parabrisas (m)	विंडस्क्रीन (m)	vindaskrīn
espejo (m) retrovisor	रियरव्यू मिरर (m)	riyaravyū mirar
limpiador (m)	विंडशील्ड वॉशर (m)	vindashīld voshar
limpiaparabrisas (m)	वाइपर (m)	vaipar
ventana (f) lateral	साइड की खिड़की (f)	said kī khirakī
elevalunas (m)	विंडो-लिफ्ट (f)	vindo-lift
antena (f)	एरियल (m)	eriyal
techo (m) solar	सनरूफ़ (m)	sanarūf
parachoques (m)	बम्पर (m)	bampar
maletero (m)	ट्रंक (m)	trank
puerta (f)	दरवाज़ा (m)	daravāza
tirador (m) de puerta	दरवाज़े का हैंडल (m)	daravāze ka haindal
cerradura (f)	ताला (m)	tāla
matrícula (f)	कार का नम्बर (m)	kār ka nambar
silenciador (m)	साइलेंसर (m)	sailensar

tanque (m) de gasolina	पेट्रोल टैंक (m)	petrol taink
tubo (m) de escape	रेचक नलिका (f)	rechak nalika
acelerador (m)	गैस (m)	gais
pedal (m)	पेडल (m)	pedal
pedal (m) de acelerador	गैस पेडल (m)	gais pedal
freno (m)	ब्रैक (m)	braik
pedal (m) de freno	ब्रेक पेडल (m)	brek pedal
frenar (vi)	ब्रेक लगाना	brek lagāna
freno (m) de mano	पार्किंग पेडल (m)	pārking pedal
embrague (m)	क्लच (m)	klach
pedal (m) de embrague	क्लच पेडल (m)	klach pedal
disco (m) de embrague	क्लच प्लेट (m)	klach plet
amortiguador (m)	धक्का सह (m)	dhakka sah
rueda (f)	पहिया (m)	pahiya
rueda (f) de repuesto	स्पेयर टायर (m)	speyar tāyar
neumático (m)	टायर (m)	tāyar
tapacubo (m)	हबकैप (m)	habakaip
ruedas (f pl) motrices	प्रधान पहिया (m)	pradhān pahiya
de tracción delantera	आगे के पहियों से चलने वाली	āge ke pahiyon se chalane vālī
de tracción trasera	पीछे के पहियों से चलने वाली	pīchhe ke pahiyon se chalane vālī
de tracción integral	चार पहियों की कार	chār pahiyon kī kār
caja (f) de cambios	गीयर बॉक्स (m)	gīyar boks
automático (adj)	स्वचालित	svachālit
mecánico (adj)	मशीनी	mashīnī
palanca (f) de cambios	गीयर बॉक्स का साधन (m)	gīyar boks ka sādhan
faro (m) delantero	हेडलाइट (f)	hedalait
faros (m pl)	हेडलाइटें (f pl)	hedalaiten
luz (f) de cruce	लो बीम (m)	lo bīm
luz (f) de carretera	हाई बीम (m)	haī bīm
luz (f) de freno	ब्रेक लाइट (m)	brek lait
luz (f) de posición	पार्किंग लाइटें (f pl)	pārking laiten
luces (f pl) de emergencia	खतरे की बत्तियां (f pl)	khatare kī battiyān
luces (f pl) antiniebla	कोहरे की बत्तियाँ (f pl)	kohare kī battiyān
intermitente (m)	मुड़ने का सिग्नल (m)	murane ka signal
luz (f) de marcha atrás	पीछे जाने की लाइट (m)	pīchhe jāne kī lait

176. El coche. El compartimiento de pasajeros

habitáculo (m)	गाड़ी का भीतरी हिस्सा (m)	gārī ka bhītarī hissa
de cuero (adj)	चमड़े का बना	chamare ka bana
de felpa (adj)	मखमल का बना	makhamal ka bana
tapizado (m)	अपहोल्स्टरी (f)	apaholstarī
instrumento (m)	यंत्र (m)	yantr

salpicadero (m)	यंत्र का पैनल (m)	yantr ka painal
velocímetro (m)	चालमापी (m)	chālamāpī
aguja (f)	सूई (f)	sūī

cuentakilómetros (m)	ओडोमीटर (m)	odomītar
indicador (m)	इंडिकेटर (m)	indiketar
nivel (m)	स्तर (m)	star
testigo (m) (~ luminoso)	चेतावनी लाइट (m)	chetāvanī lait

volante (m)	स्टीयरिंग व्हील (m)	stīyaring vhīl
bocina (f)	हॉर्न (m)	horn
botón (m)	बटन (m)	batan
interruptor (m)	स्विच (m)	svich

asiento (m)	सीट (m)	sīt
respaldo (m)	पीठ (f)	pīth
reposacabezas (m)	हेडरेस्ट (m)	hedarest
cinturón (m) de seguridad	सीट बेल्ट (m)	sīt belt
abrocharse el cinturón	बेल्ट लगाना	belt lagāna
reglaje (m)	समायोजन (m)	samāyojan

| bolsa (f) de aire (airbag) | एयरबैग (m) | eyarabaig |
| climatizador (m) | एयर कंडीशनर (m) | eyar kandīshanar |

radio (m)	रेडियो (m)	rediyo
reproductor (m) de CD	सीडी प्लेयर (m)	sīdī pleyar
encender (vt)	चलाना	chalāna
antena (f)	एरियल (m)	eriyal
guantera (f)	दराज़ (m)	darāz
cenicero (m)	राखदानी (f)	rākhadānī

177. El coche. El motor

motor (m)	इंजन (m)	injan
motor (m)	मोटर (m)	motar
diésel (adj)	डीज़ल का	dīzal ka
a gasolina (adj)	तेल का	tel ka

volumen (m) del motor	इंजन का परिमाण (m)	injan ka parimān
potencia (f)	शक्ति (f)	shakti
caballo (m) de fuerza	अश्व शक्ति (f)	ashv shakti
pistón (m)	पिस्टन (m)	pistan
cilindro (m)	सिलिंडर (m)	silindar
válvula (f)	वाल्व (m)	vālv

inyector (m)	इंजेक्टर (m)	injektar
generador (m)	जनरेटर (m)	janaretar
carburador (m)	कार्बरेटर (m)	kārbaretar
aceite (m) de motor	मोटर तेल (m)	motar tel

radiador (m)	रेडिएटर (m)	redietar
liquido (m) refrigerante	शीतलक (m)	shītalak
ventilador (m)	पंखा (m)	pankha
estárter (m)	स्टार्टर (m)	stārtar

encendido (m)	इग्निशन (m)	ignishan
bujía (f)	स्पार्क प्लग (m)	spārk plag
fusible (m)	सेफ्टी प्यूज़ (m)	seftī fyūz

batería (f)	बैटरी (f)	baitarī
terminal (m)	बैटरी टर्मिनल (m)	baitarī tarminal
terminal (m) positivo	प्लस टर्मिनल (m)	plas tarminal
terminal (m) negativo	माइनस टर्मिनल (m)	mainas tarminal

filtro (m) de aire	वायु फ़िल्टर (m)	vāyu filtar
filtro (m) de aceite	तेल फ़िल्टर (m)	tel filtar
filtro (m) de combustible	ईंधन फ़िल्टर (m)	īndhan filtar

178. El coche. Accidente de tráfico. La reparación

accidente (m)	दुर्घटना (f)	durghatana
accidente (m) de tráfico	दुर्घटना (f)	durghatana
chocar contra …	टकराना	takarāna
tener un accidente	नष्ट हो जाना	nashth ho jāna
daño (m)	नुकसान (m)	nukasān
intacto (adj)	सुरक्षित	surakshit

| averiarse (vr) | ख़राब हो जाना | kharāb ho jāna |
| remolque (m) (cuerda) | रस्सा (m) | rassa |

pinchazo (m)	पंक्चर (m)	pankchar
desinflarse (vr)	पंक्चर होना	pankchar hona
inflar (vt)	हवा भरना	hava bharana
presión (f)	दबाव (m)	dabāv
verificar (vt)	जांचना	jānchana

reparación (f)	मरम्मत (f)	marammat
taller (m)	वाहन मरम्मत की दुकान (f)	vāhan marammat kī dukān
parte (f) de repuesto	स्पेयर पार्ट (m)	speyar pārt
parte (f)	पुर्ज़ा (m)	puraza

perno (m)	बोल्ट (m)	bolt
tornillo (m)	पेंच (m)	pench
tuerca (f)	नट (m)	nat
arandela (f)	वॉशर (m)	voshar
rodamiento (m)	बियरिंग (m)	biyaring

tubo (m)	ट्यूब (f)	tyūb
junta (f)	गास्केट (m)	gāsket
cable, hilo (m)	तार (m)	tār

gato (m)	जैक (m)	jaik
llave (f) de tuerca	स्पैनर (m)	spainar
martillo (m)	हथौड़ी (f)	hathaurī
bomba (f)	पंप (m)	pamp
destornillador (m)	पेंचकस (m)	penchakas

| extintor (m) | अग्निशामक (m) | agnishāmak |
| triángulo (m) de avería | चेतावनी त्रिकोण (m) | chetāvanī trikon |

pararse, calarse (vr)	बंद होना	band hona
parada (f) (del motor)	बंद (m)	band
estar averiado	टूटना	tūtana
recalentarse (vr)	गरम होना	garam hona
estar atascado	मैल जमना	mail jamana
congelarse (vr)	ठंडा हो जाना	thanda ho jāna
reventar (vi)	फटना	fatana
presión (f)	दबाव (m)	dabāv
nivel (m)	स्तर (m)	star
flojo (correa ~a)	कमज़ोर	kamazor
abolladura (f)	गड्ढा (m)	gadrha
ruido (m) (en el motor)	खटखट की आवाज़ (f)	khatakhat kī āvāz
grieta (f)	दरार (f)	darār
rozadura (f)	खरोंच (f)	kharonch

179. El coche. El camino

camino (m)	रास्ता (m)	rāsta
autovía (f)	राजमार्ग (m)	rājamārg
carretera (f)	राजमार्ग (m)	**rājamārg**
dirección (f)	दिशा (f)	disha
distancia (f)	दूरी (f)	dūrī
puente (m)	पुल (m)	pul
aparcamiento (m)	पार्किंग्ग (m)	pārking
plaza (f)	मैदान (m)	maidān
intercambiador (m)	फ्लाई ओवर (m)	flaī ovar
túnel (m)	सुरंग	surang
gasolinera (f)	पेट्रोल पम्प (f)	petrol pamp
aparcamiento (m)	पार्किंग (m)	pārking
surtidor (m)	गैस पम्प (f)	gais pamp
taller (m)	गराज (m)	garāj
cargar gasolina	पेट्रोल भरवाना	petrol bharavāna
combustible (m)	ईंधन (m)	īndhan
bidón (m) de gasolina	जेरिकेन (m)	jeriken
asfalto (m)	तारकोल (m)	tārakol
señalización (f) vial	मार्ग चिह्न (m)	mārg chihn
bordillo (m)	फुटपाथ (m)	futapāth
barrera (f) de seguridad	रेलिंग (m)	reling
cuneta (f)	नाली (f)	nālī
borde (m) de la carretera	छोर (m)	chhor
farola (f)	बिजली का खम्भा (m)	bijalī ka khambha
conducir (vi, vt)	चलाना	chalāna
girar (~ a la izquierda)	मोड़ना	morana
girar en U	मुड़ना	murana
marcha (f) atrás	रिवर्स (m)	rivars
tocar la bocina	हॉर्न बजाना	horn bajāna
bocinazo (m)	हॉर्न (m)	horn

atascarse (vr)	फंसना	fansana
patinar (vi)	पहिये को घुमाना	pahiye ko ghumāna
parar (el motor)	इंजन बंद करना	injan band karana
velocidad (f)	रफ़्तार (f)	rafatār
exceder la velocidad	गति सीमा पार करना	gati sīma pār karana
multar (vt)	जुर्माना लगाना	jurmāna lagāna
semáforo (m)	ट्रैफ़िक-लाइट (m)	traifik-lait
permiso (m) de conducir	ड्राइवर-लाइसेंस (m)	draivar-laisens
paso (m) a nivel	रेल क्रॉसिंग (m)	rel krosing
cruce (m)	चौराहा (m)	chaurāha
paso (m) de peatones	पार-पथ (m)	pār-path
zona (f) de peatones	पैदल सड़क (f)	paidal sarak

180. Las señales de tráfico

reglas (f pl) de tránsito	यातायात के नियम (m pl)	yātāyāt ke niyam
señal (m) de tráfico	ट्रैफ़िक साइन (m)	traifik sain
adelantamiento (m)	ओवरटेकिंग (f)	ovarateking
curva (f)	मोड़ (m)	mor
vuelta (f) en U	यू-टर्न (m)	yū-tarn
rotonda (f)	गोलचक्कर (m)	golachakkar
Prohibido el paso	अंदर जाना मना है	andar jāna mana hai
Circulación prohibida	वाहन जाना मना है	vāhan jāna mana hai
Prohibido adelantar	ओवरटैकिंग मना है	ovarataiking mana hai
Prohibido aparcar	पार्किंग मना है	pārking mana hai
Prohibido parar	रुकना मना है	rukana mana hai
curva (f) peligrosa	खतरनाक मोड़ (m)	khataranāk mor
bajada con fuerte pendiente	ढलवां उतार (m)	dhalavān utār
sentido (m) único	इकतरफ़ा यातायात (f)	ikatarafa yātāyāt
paso (m) de peatones	पार-पथ (m)	pār-path
pavimento (m) deslizante	फ़िसलाऊ रास्ता (m)	fisalaū rāsta
ceda el paso	निकलने देना	nikalane dena

LA GENTE. ACONTECIMIENTOS DE LA VIDA

181. Los días festivos. Los eventos

fiesta (f)	त्योहार (m)	tyohār
fiesta (f) nacional	राष्ट्रीय त्योहार (m)	rāshtrīy tyohār
día (m) de fiesta	त्योहार का दिन (m)	tyohār ka din
celebrar (vt)	पुण्यस्मरण करना	punyasmaran karana
evento (m)	घटना (f)	ghatana
medida (f)	आयोजन (m)	āyojan
banquete (m)	राजभोज (m)	rājabhoj
recepción (f)	दावत (f)	dāvat
festín (m)	दावत (f)	dāvat
aniversario (m)	वर्षगांठ (m)	varshagānth
jubileo (m)	वर्षगांठ (m)	varshagānth
Año (m) Nuevo	नव वर्ष (m)	nav varsh
¡Feliz Año Nuevo!	नव वर्ष की शुभकामना!	nav varsh kī shubhakāmana!
Papá Noel (m)	सांता क्लॉज़ (m)	sānta kloz
Navidad (f)	बड़ा दिन (m)	bara din
¡Feliz Navidad!	क्रिसमस की शुभकामनाएँ!	krisamas kī shubhakāmanaen!
árbol (m) de Navidad	क्रिस्मस ट्री (m)	krismas trī
fuegos (m pl) artificiales	अग्नि क्रीड़ा (f)	agni krīra
boda (f)	शादी (f)	shādī
novio (m)	दुल्हा (m)	dulha
novia (f)	दुल्हन (f)	dulhan
invitar (vt)	आमंत्रित करना	āmantrit karana
tarjeta (f) de invitación	निमंत्रण पत्र (m)	nimantran patr
invitado (m)	मेहमान (m)	mehamān
visitar (vt) (a los amigos)	मिलने जाना	milane jāna
recibir a los invitados	मेहमानों से मिलना	mehamānon se milana
regalo (m)	उपहार (m)	upahār
regalar (vt)	उपहार देना	upahār dena
recibir regalos	उपहार मिलना	upahār milana
ramo (m) de flores	गुलदस्ता (m)	guladasta
felicitación (f)	बधाई (f)	badhaī
felicitar (vt)	बधाई देना	badhaī dena
tarjeta (f) de felicitación	बधाई पोस्टकार्ड (m)	badhaī postakārd
enviar una tarjeta	पोस्टकार्ड भेजना	postakārd bhejana
recibir una tarjeta	पोस्टकार्ड पाना	postakārd pāna

brindis (m)	टोस्ट (m)	tost
ofrecer (~ una copa)	ऑफ़र करना	ofar karana
champaña (f)	शैम्पेन (f)	shaimpen
divertirse (vr)	मज़े करना	maze karana
diversión (f)	आमोद (m)	āmod
alegría (f) (emoción)	ख़ुशी (f)	khushī
baile (m)	नाच (m)	nāch
bailar (vi, vt)	नाचना	nāchana
vals (m)	वॉल्ट्ज़ (m)	voltz
tango (m)	टैंगो (m)	taingo

182. Los funerales. El entierro

cementerio (m)	कब्रिस्तान (m)	kabristān
tumba (f)	कब्र (m)	kabr
cruz (f)	क्रॉस (m)	kros
lápida (f)	सामाधि शिला (f)	sāmādhi shila
verja (f)	बाड़ (f)	bār
capilla (f)	चैपल (m)	chaipal
muerte (f)	मृत्यु (f)	mrtyu
morir (vi)	मरना	marana
difunto (m)	मृतक (m)	mrtak
luto (m)	शोक (m)	shok
enterrar (vt)	दफनाना	dafanāna
funeraria (f)	दफ़नालय (m)	dafanālay
entierro (m)	अंतिम संस्कार (m)	antim sanskār
corona (f) funeraria	फूलमाला (f)	fūlamāla
ataúd (m)	ताबूत (m)	tābūt
coche (m) fúnebre	शव मंच (m)	shav manch
mortaja (f)	कफन (m)	kafan
urna (f) funeraria	भस्मी कलश (m)	bhasmī kalash
crematorio (m)	दाहगृह (m)	dāhagrh
necrología (f)	निधन सूचना (f)	nidhan sūchana
llorar (vi)	रोना	rona
sollozar (vi)	रोना	rona

183. La guerra. Los soldados

sección (f)	दस्ता (m)	dasta
compañía (f)	कंपनी (f)	kampanī
regimiento (m)	रेजीमेंट (f)	rejīment
ejército (m)	सेना (f)	sena
división (f)	डिवीज़न (m)	divīzan
destacamento (m)	दल (m)	dal

hueste (f)	फौज (m)	fauj
soldado (m)	सिपाही (m)	sipāhī
oficial (m)	अफ़सर (m)	afsar
soldado (m) raso	सैनिक (m)	sainik
sargento (m)	सार्जेंट (m)	sārjent
teniente (m)	लेफ्टिनेंट (m)	leftinent
capitán (m)	कप्तान (m)	kaptān
mayor (m)	मेजर (m)	mejar
coronel (m)	कर्नल (m)	karnal
general (m)	जनरल (m)	janaral
marino (m)	मल्लाह (m)	mallāh
capitán (m)	कप्तान (m)	kaptān
contramaestre (m)	बोसुन (m)	bosun
artillero (m)	तोपची (m)	topachī
paracaidista (m)	पैराट्रूपर (m)	pairātrūpar
piloto (m)	पाइलट (m)	pailat
navegador (m)	नैवीगेटर (m)	naivīgetar
mecánico (m)	मैकेनिक (m)	maikenik
zapador (m)	सैपर (m)	saipar
paracaidista (m)	छतरीबाज़ (m)	chhatarībāz
explorador (m)	जासूस (m)	jāsūs
francotirador (m)	निशानची (m)	nishānachī
patrulla (f)	गश्त (m)	gasht
patrullar (vi, vt)	गश्त लगाना	gasht lagāna
centinela (m)	प्रहरी (m)	praharī
guerrero (m)	सैनिक (m)	sainik
patriota (m)	देशभक्त (m)	deshabhakt
héroe (m)	हिरो (m)	hiro
heroína (f)	हिरोइन (f)	hiroin
traidor (m)	गद्दार (m)	gaddār
desertor (m)	भगोड़ा (m)	bhagora
desertar (vi)	भाग जाना	bhāg jāna
mercenario (m)	भाड़े का सैनिक (m)	bhāre ka sainik
recluta (m)	रंगरूट (m)	rangarūt
voluntario (m)	स्वयंसेवी (m)	svayansevī
muerto (m)	मृतक (m)	mrtak
herido (m)	घायल (m)	ghāyal
prisionero (m)	युद्ध क़ैदी (m)	yuddh qaidī

184. La guerra. El ámbito militar. Unidad 1

guerra (f)	युद्ध (m)	yuddh
estar en guerra	युद्ध करना	yuddh karana
guerra (f) civil	गृहयुद्ध (m)	grhayuddh
pérfidamente (adv)	विश्वासघाती ढंग से	vishvāsaghātī dhang se

declaración (f) de guerra	युद्ध का एलान (m)	yuddh ka elān
declarar (~ la guerra)	एलान करना	elān karana
agresión (f)	हमला (m)	hamala
atacar (~ a un país)	हमला करना	hamala karana

invadir (vt)	हमला करना	hamala karana
invasor (m)	आक्रमणकारी (m)	ākramanakārī
conquistador (m)	विजेता (m)	vijeta

defensa (f)	हिफ़ाज़त (f)	hifāzat
defender (vt)	हिफ़ाज़त करना	hifāzat karana
defenderse (vr)	के विरुद्ध हिफ़ाज़त करना	ke virūddh hifāzat karana

enemigo (m)	दुश्मन (m)	dushman
adversario (m)	विपक्ष (m)	vipaksh
enemigo (adj)	दुश्मनों का	dushmanon ka

| estrategia (f) | रणनीति (f) | rananīti |
| táctica (f) | युक्ति (f) | yukti |

orden (f)	हुक्म (m)	hukm
comando (m)	आज्ञा (f)	āgya
ordenar (vt)	हुक्म देना	hukm dena
misión (f)	मिशन (m)	mishan
secreto (adj)	गुस	gupt

| batalla (f) | लड़ाई (f) | laraī |
| combate (m) | युद्ध (m) | yuddh |

ataque (m)	आक्रमण (m)	ākraman
asalto (m)	धावा (m)	dhāva
tomar por asalto	धावा करना	dhāva karana
asedio (m), sitio (m)	घेरा (m)	ghera

| ofensiva (f) | आक्रमण (m) | ākraman |
| tomar la ofensiva | आक्रमण करना | ākraman karana |

| retirada (f) | अपयान (m) | apayān |
| retirarse (vr) | अपयान करना | apayān karana |

| envolvimiento (m) | घेराई (f) | gheraī |
| cercar (vt) | घेरना | gherana |

bombardeo (m)	बमबारी (f)	bamabārī
lanzar una bomba	बम गिराना	bam girāna
bombear (vt)	बमबारी करना	bamabārī karana
explosión (f)	विस्फोट (m)	visfot

tiro (m), disparo (m)	गोली (m)	golī
disparar (vi)	गोली चलाना	golī chalāna
tiro (m) (de artillería)	गोलीबारी (f)	golībārī

apuntar a ...	निशाना लगाना	nishāna lagāna
encarar (apuntar)	निशाना बांधना	nishāna bāndhana
alcanzar (el objetivo)	गोली मारना	golī mārana
hundir (vt)	डुबाना	dubāna

brecha (f) (~ en el casco)	छेद (m)	chhed
hundirse (vr)	डूबना	dūbana
frente (m)	मोरचा (m)	moracha
evacuación (f)	निकास (m)	nikās
evacuar (vt)	निकास करना	nikās karana
alambre (m) de púas	कांटेदार तार (m)	kāntedār tār
barrera (f) (~ antitanque)	बाड़ (m)	bār
torre (f) de vigilancia	बुर्ज (m)	burj
hospital (m)	सैनिक अस्पताल (m)	sainik aspatāl
herir (vt)	घायल करना	ghāyal karana
herida (f)	घाव (m)	ghāv
herido (m)	घायल (m)	ghāyal
recibir una herida	घायल होना	ghāyal hona
grave (herida)	गम्भीर	gambhīr

185. La guerra. El ámbito militar. Unidad 2

cautiverio (m)	क़ैद (f)	qaid
capturar (vt)	क़ैद करना	qaid karana
estar en cautiverio	क़ैद में रखना	qaid men rakhana
caer prisionero	क़ैद में लेना	qaid men lena
campo (m) de concentración	कन्सेंट्रेशन कैंप (m)	kansentreshan kaimp
prisionero (m)	युद्ध-क़ैदी (m)	yuddh-qaidī
escapar (de cautiverio)	क़ैद से भाग जाना	qaid se bhāg jāna
traicionar (vt)	गद्दारी करना	gaddārī karana
traidor (m)	गद्दार (m)	gaddār
traición (f)	गद्दारी (f)	gaddārī
fusilar (vt)	फाँसी देना	fānsī dena
fusilamiento (m)	प्राणदण्ड (f)	prānadand
equipo (m) (uniforme, etc.)	फौजी पोशक (m)	faujī poshak
hombrera (f)	कंधे का फीता (m)	kandhe ka fīta
máscara (f) antigás	गैस मास्क (m)	gais māsk
radio transmisor (m)	ट्रांस-रिसिवर (m)	trāns-risivar
cifra (f) (código)	गुप्तलेख (m)	guptalekh
conspiración (f)	गुप्तता (f)	guptata
contraseña (f)	पासवर्ड (m)	pāsavard
mina (f) terrestre	बारूदी सुरंग (f)	bārūdī surang
minar (poner minas)	सुरंग खोदना	surang khodana
campo (m) minado	सुरंग-क्षेत्र (m)	surang-kshetr
alarma (f) aérea	हवाई हमले की चेतावनी (f)	havaī hamale kī chetāvanī
alarma (f)	चेतावनी (f)	chetāvanī
señal (f)	सिग्नल (m)	signal
cohete (m) de señales	सिग्नल रॉकेट (m)	signal roket
estado (m) mayor	सैनिक मुख्यालय (m)	sainik mukhyālay

reconocimiento (m)	जासूसी देख-भाल (m)	jāsūsī dekh-bhāl
situación (f)	हालत (f)	hālat
informe (m)	रिपोर्ट (f)	riport
emboscada (f)	घात (f)	ghāt
refuerzo (m)	बलवृद्धि (m)	balavrddhi
blanco (m)	निशाना (m)	nishāna
terreno (m) de prueba	प्रशिक्षण क्षेत्र (m)	prashikshan kshetr
maniobras (f pl)	युद्धाभ्यास (m pl)	yuddhābhyās
pánico (m)	भगदड़ (f)	bhagadar
devastación (f)	तबाही (f)	tabāhī
destrucciones (f pl)	विनाश (m pl)	vināsh
destruir (vt)	नष्ट करना	nasht karana
sobrevivir (vi, vt)	जीवित रहना	jīvit rahana
desarmar (vt)	निरस्त्र करना	nirastr karana
manejar (un arma)	हथियार चलाना	hathiyār chalāna
¡Firmes!	सावधान!	sāvadhān!
¡Descanso!	आराम!	ārām!
hazaña (f)	साहस का कार्य (m)	sāhas ka kāry
juramento (m)	शपथ (f)	shapath
jurar (vt)	शपथ लेना	shapath lena
condecoración (f)	पदक (m)	padak
condecorar (vt)	इनाम देना	inām dena
medalla (f)	मेडल (m)	medal
orden (m) (~ de Merito)	आर्डर (m)	ārdar
victoria (f)	विजय (m)	vijay
derrota (f)	हार (f)	hār
armisticio (m)	युद्धविराम (m)	yuddhavirām
bandera (f)	झंडा (m)	jhanda
gloria (f)	प्रताप (m)	pratāp
desfile (m) militar	परेड (m)	pared
marchar (desfilar)	मार्च करना	mārch karana

186. Las armas

arma (f)	हथियार (m)	hathiyār
arma (f) de fuego	हथियार (m)	hathiyār
arma (f) blanca	पैने हथियार (m)	paine hathiyār
arma (f) química	रसायनिक शस्त्र (m)	rasāyanik shastr
nuclear (adj)	आण्विक	ānvik
arma (f) nuclear	आण्विक-शस्त्र (m)	ānvik-shastr
bomba (f)	बम (m)	bam
bomba (f) atómica	परमाणु बम (m)	paramānu bam
pistola (f)	पिस्तौल (m)	pistaul
fusil (m)	बंदूक (m)	bandūk

metralleta (f)	टामी गन (f)	tāmī gan
ametralladora (f)	मशीन गन (f)	mashīn gan
boca (f)	नालमुख (m)	nālamukh
cañón (m) (del arma)	नाल (m)	nāl
calibre (m)	नली का व्यास (m)	nalī ka vyās
gatillo (m)	घोड़ा (m)	ghora
alza (f)	लक्षक (m)	lakshak
cargador (m)	मैगज़ीन (m)	maigazīn
culata (f)	कुंदा (m)	kunda
granada (f) de mano	ग्रेनेड (m)	grened
explosivo (m)	विस्फोटक (m)	visfotak
bala (f)	गोली (f)	golī
cartucho (m)	कारतूस (m)	kāratūs
carga (f)	गति (f)	gati
pertrechos (m pl)	गोला बारूद (m pl)	gola bārūd
bombardero (m)	बमबार (m)	bamabār
avión (m) de caza	लड़ाकू विमान (m)	larākū vimān
helicóptero (m)	हेलिकॉप्टर (m)	helikoptar
antiaéreo (m)	विमान-विध्वंस तोप (f)	vimān-vidhvans top
tanque (m)	टैंक (m)	taink
cañón (m) (de un tanque)	तोप (m)	top
artillería (f)	तोपें (m)	topen
dirigir (un misil, etc.)	निशाना बांधना	nishāna bāndhana
mortero (m)	मोटीर (m)	mortār
bomba (f) de mortero	मोटीर बम (m)	mortār bam
obús (m)	गोला (m)	gola
trozo (m) de obús	किरच (m)	kirach
submarino (m)	पनडुब्बी (f)	panadubbī
torpedo (m)	टोरपीडो (m)	torapīdo
misil (m)	रॉकेट (m)	roket
cargar (pistola)	बंदूक भरना	bandūk bharana
tirar (vi)	गोली चलाना	golī chalāna
apuntar a …	निशाना लगाना	nishāna lagāna
bayoneta (f)	किरिच (m)	kirich
espada (f) (duelo a ~)	खंजर (m)	khanjar
sable (m)	कृपाण (m)	krpān
lanza (f)	भाला (m)	bhāla
arco (m)	धनुष (m)	dhanush
flecha (f)	बाण (m)	bān
mosquete (m)	मसकट (m)	masakat
ballesta (f)	क्रॉसबो (m)	krosabo

187. Los pueblos antiguos

primitivo (adj)	आदिकालीन	ādikālīn
prehistórico (adj)	प्रागैतिहासिक	prāgaitihāsik
antiguo (adj)	प्राचीन	prāchīn
Edad (f) de Piedra	पाषाण युग (m)	pāshān yug
Edad (f) de Bronce	कांस्य युग (m)	kānsy yug
Edad (f) de Hielo	हिम युग (m)	him yug
tribu (f)	जनजाति (f)	janajāti
caníbal (m)	नरभक्षी (m)	narabhakshī
cazador (m)	शिकारी (m)	shikārī
cazar (vi, vt)	शिकार करना	shikār karana
mamut (m)	प्राचीन युग हाथी (m)	prāchīn yug hāthī
caverna (f)	गुफ़ा (f)	gufa
fuego (m)	अग्नि (m)	agni
hoguera (f)	अलाव (m)	alāv
pintura (f) rupestre	शिला चित्र (m)	shila chitr
herramienta (f), útil (m)	औज़ार (m)	auzār
lanza (f)	भाला (m)	bhāla
hacha (f) de piedra	पत्थर की कुल्हाड़ी (f)	patthar kī kulhārī
estar en guerra	युद्ध पर होना	yuddh par hona
domesticar (vt)	जानवरों को पालतू बनाना	jānavaron ko pālatū banāna
ídolo (m)	मूर्ति (f)	mūrti
adorar (vt)	पूजना	pūjana
superstición (f)	अंधविश्वास (m)	andhavishvās
rito (m)	अनुष्ठान (m)	anushthān
evolución (f)	उद्भव (m)	udbhav
desarrollo (m)	विकास (m)	vikās
desaparición (f)	गायब (m)	gāyab
adaptarse (vr)	अनुकूल बनाना	anukūl banāna
arqueología (f)	पुरातत्व (m)	purātatv
arqueólogo (m)	पुरातत्वविद (m)	purātatvavid
arqueológico (adj)	पुरातात्विक	purātātvik
sitio (m) de excavación	खुदाई क्षेत्र (m pl)	khudaī kshetr
excavaciones (f pl)	उत्खनन (f)	utkhanan
hallazgo (m)	खोज (f)	khoj
fragmento (m)	टुकड़ा (m)	tukara

188. La Edad Media

pueblo (m)	लोग (m)	log
pueblos (m pl)	लोग (m pl)	log
tribu (f)	जनजाति (f)	janajāti
tribus (f pl)	जनजातियाँ (f pl)	janajātiyān
bárbaros (m pl)	बर्बर (m pl)	barbar

galos (m pl)	गॉल्स (m pl)	gols
godos (m pl)	गोथ्स (m pl)	goths
eslavos (m pl)	स्लैव्स (m pl)	slaivs
vikingos (m pl)	वाइकिंग्स (m pl)	vaikings

| romanos (m pl) | रोमन (m pl) | roman |
| romano (adj) | रोमन | roman |

bizantinos (m pl)	बाइज़ेंटीनी (m pl)	baizentīnī
Bizancio (m)	बाइज़ेंटीयम (m)	baizentīyam
bizantino (adj)	बाइज़ेंटीन	baizentīn

emperador (m)	सम्राट् (m)	samrāt
jefe (m)	सरदार (m)	saradār
poderoso (adj)	प्रबल	prabal
rey (m)	बादशाह (m)	bādashāh
gobernador (m)	शासक (m)	shāsak

caballero (m)	योद्धा (m)	yoddha
señor (m) feudal	सामंत (m)	sāmant
feudal (adj)	सामंतिक	sāmantik
vasallo (m)	जागीरदार (m)	jāgīradār

duque (m)	ड्यूक (m)	dyūk
conde (m)	अर्ल (m)	arl
barón (m)	बैरन (m)	bairan
obispo (m)	बिशप (m)	bishap

armadura (f)	कवच (m)	kavach
escudo (m)	ढाल (m)	dhāl
espada (f) (danza de ~s)	तलवार (f)	talavār
visera (f)	मुखावरण (m)	mukhāvaran
cota (f) de malla	कवच (m)	kavach

| cruzada (f) | धर्मयुद्ध (m) | dharmayuddh |
| cruzado (m) | धर्मयोद्धा (m) | dharmayoddha |

territorio (m)	प्रदेश (m)	pradesh
atacar (~ a un país)	हमला करना	hamala karana
conquistar (vt)	जीतना	jītana
ocupar (invadir)	कब्ज़ा करना	kabza karana

asedio (m), sitio (m)	घेरा (m)	ghera
sitiado (adj)	घेरा हुआ	ghera hua
asediar, sitiar (vt)	घेरना	gherana

inquisición (f)	न्यायिक जांच (m)	nyāyik jānch
inquisidor (m)	न्यायिक जांचकर्ता (m)	nyāyik jānchakarta
tortura (f)	घोर शरीरिक यंत्रणा (f)	ghor sharīrik yantrana
cruel (adj)	निर्दयी	nirdayī
hereje (m)	विधर्मी (m)	vidharmī
herejía (f)	विधर्म (m)	vidharm

navegación (f) marítima	जहाज़रानी (f)	jahāzarānī
pirata (m)	समुद्री लूटेरा (m)	samudrī lūtera
piratería (f)	समुद्री डकैती (f)	samudrī dakaitī

abordaje (m)	बोर्डिंग (m)	bording
botín (m)	लूट का माल (m)	lūt ka māl
tesoros (m pl)	खज़ाना (m)	khazāna
descubrimiento (m)	खोज (f)	khoj
descubrir (tierras nuevas)	नई ज़मीन खोजना	naī zamīn khojana
expedición (f)	अभियान (m)	abhiyān
mosquetero (m)	बंदूक धारी सिपाही (m)	bandūk dhārī sipāhī
cardenal (m)	कार्डिनल (m)	kārdinal
heráldica (f)	शौर्यशास्त्र (f)	shauryashāstr
heráldico (adj)	हेरल्डिक	heraldik

189. El líder. El jefe. Las autoridades

rey (m)	बादशाह (m)	bādashāh
reina (f)	महारानी (f)	mahārānī
real (adj)	राजसी	rājasī
reino (m)	राज्य (m)	rājy
príncipe (m)	राजकुमार (m)	rājakumār
princesa (f)	राजकुमारी (f)	rājakumārī
presidente (m)	राष्ट्रपति (m)	rāshtrapati
vicepresidente (m)	उपराष्ट्रपति (m)	uparāshtrapati
senador (m)	सांसद (m)	sānsad
monarca (m)	सम्राट (m)	samrāt
gobernador (m)	शासक (m)	shāsak
dictador (m)	तानाशाह (m)	tānāshāh
tirano (m)	तानाशाह (m)	tānāshāh
magnate (m)	रईस (m)	raīs
director (m)	निदेशक (m)	nideshak
jefe (m)	मुखिया (m)	mukhiya
gerente (m)	मैनेजर (m)	mainejar
amo (m)	साहब (m)	sāhab
dueño (m)	मालिक (m)	mālik
jefe (m) (~ de delegación)	मुखिया (m)	mukhiya
autoridades (f pl)	अधिकारी वर्ग (m pl)	adhikārī varg
superiores (m pl)	अधिकारी (m)	adhikārī
gobernador (m)	राज्यपाल (m)	rājyapāl
cónsul (m)	वाणिज्य-दूत (m)	vānijy-dūt
diplomático (m)	राजनयिक (m)	rājanayik
alcalde (m)	महापालिकाध्यक्ष (m)	mahāpālikādhyaksh
sheriff (m)	प्रधान हाकिम (m)	pradhān hākim
emperador (m)	सम्राट (m)	samrāt
zar (m)	राजा (m)	rāja
faraón (m)	फिरौन (m)	firaun
jan (m), kan (m)	ख़ान (m)	khān

190. La calle. El camino. Las direcciones

camino (m)	रास्ता (m)	rāsta
vía (f)	मार्ग (m)	mārg
carretera (f)	राजमार्ग (m)	rājamārg
autovía (f)	राजमार्ग (m)	rājamārg
camino (m) nacional	अंतरराज्यीय (m)	antararājyīy
camino (m) principal	मुख्य मार्ग (m)	mukhy mārg
camino (m) de tierra	कच्ची सड़क (f)	kachchī sarak
sendero (m)	पगडंडी (f)	pagadandī
senda (f)	कच्चा रास्ता (m)	kachcha rāsta
¿Dónde?	कहाँ?	kahān?
¿A dónde?	किधर?	kidhar?
¿De dónde?	कहाँ से?	kahān se?
dirección (f)	तरफ़ (f)	taraf
mostrar (~ el camino)	दिखाना	dikhāna
a la izquierda (girar ~)	बाईं ओर	baīn or
a la derecha (girar)	दाईं ओर	daīn or
todo recto (adv)	सीधा	sīdha
atrás (adv)	पीछे	pīchhe
curva (f)	मोड़ (m)	mor
girar (~ a la izquierda)	मोड़ना	morana
girar en U	यू-टर्न लेना	yū-tarn lena
divisarse (vr)	दिखाई देना	dikhaī dena
aparecer (vi)	नज़र आना	nazar āna
alto (m)	ठहराव (m)	thaharāv
descansar (vi)	आराम करना	ārām karana
reposo (m)	विराम (m)	virām
perderse (vr)	रास्ता भूलना	rāsta bhūlana
llevar a ... (el camino)	ले जाना	le jāna
llegar a ...	निकलना	nikalana
tramo (m) (~ del camino)	रास्ते का हिस्सा (m)	rāste ka hissa
asfalto (m)	तारकोल (m)	tārakol
bordillo (m)	फुटपाथ (m)	futapāth
cuneta (f)	खाई (f)	khaī
pozo (m) de alcantarillado	मैनहोल (m)	mainahol
arcén (m)	सड़क का किनारा (m)	sarak ka kināra
bache (m)	खड्ढा (m)	khaddha
ir (a pie)	जाना	jāna
adelantar (vt)	आगे निकलना	āge nikalana
paso (m)	कदम (m)	kadam
a pie	पैदल	paidal

bloquear (vt)	रास्ता रोक देना	rāsta rok dena
barrera (f) (~ automática)	बैरियर (m)	bairiyar
callejón (m) sin salida	बंद गली (f)	band galī

191. Violar la ley. Los criminales. Unidad 1

bandido (m)	डाकू (m)	dākū
crimen (m)	जुर्म (m)	jurm
criminal (m)	अपराधी (m)	aparādhī
ladrón (m)	चोर (m)	chor
robo (m)	चोरी (f)	chorī
secuestrar (vt)	अपहरण करना	apaharan karana
secuestro (m)	अपहरण (m)	apaharan
secuestrador (m)	अपहरणकर्ता (m)	apaharanakartta
rescate (m)	फ़िरौती (f)	firautī
exigir un rescate	फ़िरौती मांगना	firautī māngana
robar (vt)	लूटना	lūtana
atracador (m)	लुटेरा (m)	lutera
extorsionar (vt)	ऐंठना	ainthana
extorsionista (m)	वसूलिकर्ता (m)	vasūlikarta
extorsión (f)	जबरन वसूली (m)	jabaran vasūlī
matar, asesinar (vt)	मारना	mārana
asesinato (m)	हत्या (f)	hatya
asesino (m)	हत्यारा (m)	hatyāra
tiro (m), disparo (m)	गोली (m)	golī
disparar (vi)	गोली चलाना	golī chalāna
matar (a tiros)	गोली मारकर हत्या करना	golī mārakar hatya karana
tirar (vi)	गोली चलाना	golī chalāna
tiroteo (m)	गोलीबारी (f)	golībārī
incidente (m)	घटना (f)	ghatana
pelea (f)	झगड़ा (m)	jhagara
¡Socorro!	बचाओ!	bachao!
víctima (f)	शिकार (m)	shikār
perjudicar (vt)	हानि पहुँचाना	hāni pahunchāna
daño (m)	नुक्सान (m)	nuksān
cadáver (m)	शव (m)	shav
grave (un delito ~)	गंभीर	gambhīr
atacar (vt)	आक्रमण करना	ākraman karana
pegar (golpear)	पीटना	pītana
apporear (vt)	पीट जाना	pīt jāna
quitar (robar)	लूटना	lūtana
acuchillar (vt)	चाकू से मार डालना	chākū se mār dālana
mutilar (vt)	अपाहिज करना	apāhij karana
herir (vt)	घाव करना	ghāv karana

chantaje (m)	ब्लैकमेल (m)	blaikamel
hacer chantaje	धमकी से रुपया ऐंठना	dhamakī se rupaya ainthana
chantajista (m)	ब्लैकमेलर (m)	blaikamelar
extorsión (f)	ठग व्यापार (m)	thag vyāpār
extorsionador (m)	ठग व्यापारी (m)	thag vyāpārī
gángster (m)	गैंगस्टर (m)	gaingastar
mafia (f)	माफ़िया (f)	māfiya
carterista (m)	जेबकतरा (m)	jebakatara
ladrón (m) de viviendas	सेंधमार (m)	sendhamār
contrabandismo (m)	तस्करी (m)	taskarī
contrabandista (m)	तस्कर (m)	taskar
falsificación (f)	जालसाज़ी (f)	jālasāzī
falsificar (vt)	जलसाज़ी करना	jalasāzī karana
falso (falsificado)	नक़ली	naqalī

192. Violar la ley. Los criminales. Unidad 2

violación (f)	बलात्कार (m)	balātkār
violar (vt)	बलात्कार करना	balātkār karana
violador (m)	बलात्कारी (m)	balātkārī
maniaco (m)	कामोन्मादी (m)	kāmonmādī
prostituta (f)	वैश्या (f)	vaishya
prostitución (f)	वेश्यावृत्ति (m)	veshyāvrtti
chulo (m), proxeneta (m)	भड़ुआ (m)	bharua
drogadicto (m)	नशेबाज़ (m)	nashebāz
narcotraficante (m)	नशीली दवा के विक्रेता (m)	nashīlī dava ke vikreta
hacer explotar	विस्फोट करना	visfot karana
explosión (f)	विस्फोट (m)	visfot
incendiar (vt)	आग जलाना	āg jalāna
incendiario (m)	आग जलानेवाला (m)	āg jalānevāla
terrorismo (m)	आतंकवाद (m)	ātankavād
terrorista (m)	आतंकवादी (m)	ātankavādī
rehén (m)	बंधक (m)	bandhak
estafar (vt)	धोखा देना	dhokha dena
estafa (f)	धोखा (m)	dhokha
estafador (m)	धोखेबाज़ (m)	dhokhebāz
sobornar (vt)	रिश्वत देना	rishvat dena
soborno (m) (delito)	रिश्वतखोरी (m)	rishvatakhorī
soborno (m) (dinero, etc.)	रिश्वत (m)	rishvat
veneno (m)	ज़हर (m)	zahar
envenenar (vt)	ज़हर खिलाना	zahar khilāna
envenenarse (vr)	ज़हर खाना	zahar khāna
suicidio (m)	आत्महत्या (f)	ātmahatya
suicida (m, f)	आत्महत्यारा (m)	ātmahatyāra

amenazar (vt)	धमकाना	dhamakāna
amenaza (f)	धमकी (f)	dhamakī
atentar (vi)	प्रयत्न करना	prayatn karana
atentado (m)	हत्या का प्रयत्न (m)	hatya ka prayatn
robar (un coche)	चुराना	churāna
secuestrar (un avión)	विमान का अपहरण करना	vimān ka apaharan karana
venganza (f)	बदला (m)	badala
vengar (vt)	बदला लेना	badala lena
torturar (vt)	घोर शरीरिक यंत्रणा पहुंचाना	ghor sharīrik yantrana pahunchāna
tortura (f)	घोर शरीरिक यंत्रणा (f)	ghor sharīrik yantrana
atormentar (vt)	सताना	satāna
pirata (m)	समुद्री लूटेरा (m)	samudrī lūtera
gamberro (m)	बदमाश (m)	badamāsh
armado (adj)	सशस्त्र	sashastr
violencia (f)	अत्याचार (m)	atyachār
espionaje (m)	जासूसी (f)	jāsūsī
espiar (vi, vt)	जासूसी करना	jāsūsī karana

193. La policía. La ley. Unidad 1

justicia (f)	मुक़दमा (m)	muqadama
tribunal (m)	न्यायालय (m)	nyāyālay
juez (m)	न्यायाधीश (m)	nyāyādhīsh
jurados (m pl)	जूरी सदस्य (m pl)	jūrī sadasy
tribunal (m) de jurados	जूरी (f)	jūrī
juzgar (vt)	मुक़दमा सुनना	muqadama sunana
abogado (m)	वकील (m)	vakīl
acusado (m)	मुलज़िम (m)	mulazim
banquillo (m) de los acusados	अदालत का कठघरा (m)	adālat ka kathaghara
inculpación (f)	आरोप (m)	ārop
inculpado (m)	मुलज़िम (m)	mulazim
sentencia (f)	निर्णय (m)	nirnay
sentenciar (vt)	निर्णय करना	nirnay karana
culpable (m)	दोषी (m)	doshī
castigar (vt)	सज़ा देना	saza dena
castigo (m)	सज़ा (f)	saza
multa (f)	जुर्माना (m)	jurmāna
cadena (f) perpetua	आजीवन करावास (m)	ājīvan karāvās
pena (f) de muerte	मृत्युदंड (m)	mrtyudand
silla (f) eléctrica	बिजली की कुर्सी (f)	bijalī kī kursī
horca (f)	फांसी का तख्ता (m)	fānsī ka takhta
ejecutar (vt)	फांसी देना	fānsī dena

ejecución (f)	मौत की सज़ा (f)	maut kī saza
prisión (f)	जेल (f)	jel
celda (f)	जेल का कमरा (m)	jel ka kamara
escolta (f)	अनुरक्षक दल (m)	anurakshak dal
guardia (m) de prisiones	जेल का पहरेदार (m)	jel ka paharedār
prisionero (m)	कैदी (m)	qaidī
esposas (f pl)	हथकड़ी (f)	hathakarī
esposar (vt)	हथकड़ी लगाना	hathakarī lagāna
escape (m)	काराभंग (m)	kārābhang
escaparse (vr)	जेल से फरार हो जाना	jel se farār ho jāna
desaparecer (vi)	ग़ायब हो जाना	gāyab ho jāna
liberar (vt)	जेल से आज़ाद होना	jel se āzād hona
amnistía (f)	राजक्षमा (f)	rājakshama
policía (f) (~ nacional)	पुलिस (m)	pulis
policía (m)	पुलिसवाला (m)	pulisavāla
comisaría (f) de policía	थाना (m)	thāna
porra (f)	रबड़ की लाठी (f)	rabar kī lāthī
megáfono (m)	मेगाफ़ोन (m)	megāfon
coche (m) patrulla	गश्त कार (f)	gasht kār
sirena (f)	साइरन (f)	sairan
poner la sirena	साइरन बजाना	sairan bajāna
sonido (m) de sirena	साइरन की चिल्लाहट (m)	sairan kī chillāhat
escena (f) del delito	घटना स्थल (m)	ghatana sthal
testigo (m)	गवाह (m)	gavāh
libertad (f)	आज़ादी (f)	āzādī
cómplice (m)	सह अपराधी (m)	sah aparādhī
escapar de ...	भाग जाना	bhāg jāna
rastro (m)	निशान (m)	nishān

194. La policía. La ley. Unidad 2

búsqueda (f)	तफ़तीश (f)	tafatīsh
buscar (~ el criminal)	तफ़तीश करना	tafatīsh karana
sospecha (f)	शक (m)	shak
sospechoso (adj)	शक करना	shak karana
parar (~ en la calle)	रोकना	rokana
retener (vt)	रोक के रखना	rok ke rakhana
causa (f) (~ penal)	मुकदमा (m)	mukadama
investigación (f)	जाँच (f)	jānch
detective (m)	जासूस (m)	jāsūs
investigador (m)	जाँचकर्ता (m)	jānchakartta
versión (f)	अंदाज़ा (m)	andāza
motivo (m)	वजह (f)	vajah
interrogatorio (m)	पूछताछ (f)	pūchhatāchh
interrogar (vt)	पूछताछ करना	pūchhatāchh karana
interrogar (al testigo)	पूछताछ करना	puchhatāchh karana

control (m) (de vehículos, etc.)	जांच (f)	jānch
redada (f)	घेराव (m)	gherāv
registro (m) (~ de la casa)	तलाशी (f)	talāshī
persecución (f)	पीछा (m)	pīchha
perseguir (vt)	पीछा करना	pīchha karana
rastrear (~ al criminal)	खोज निकालना	khoj nikālana
arresto (m)	गिरफ्तारी (f)	giraftārī
arrestar (vt)	गिरफ्तार करना	giraftār karana
capturar (vt)	पकड़ना	pakarana
captura (f)	पकड़ (m)	pakar
documento (m)	दस्तावेज़ (m)	dastāvez
prueba (f)	सबूत (m)	sabūt
probar (vt)	साबित करना	sābit karana
huella (f) (pisada)	पैरों के निशान (m)	pairon ke nishān
huellas (f pl) digitales	उंगलियों के निशान (m)	ungaliyon ke nishān
elemento (m) de prueba	सबूत (m)	sabūt
coartada (f)	अन्यत्रता (m)	anyatrata
inocente (no culpable)	बेगुनाह	begunāh
injusticia (f)	अन्याय (m)	anyāy
injusto (adj)	अन्यायपूर्ण	anyāyapūrn
criminal (adj)	आपराधिक	āparādhik
confiscar (vt)	कुर्क करना	kurk karana
narcótico (m)	अवैध पदार्थ (m)	avaidh padārth
arma (f)	हथियार (m)	hathiyār
desarmar (vt)	निरस्त्र करना	nirastr karana
ordenar (vt)	हुक्म देना	hukm dena
desaparecer (vi)	गायब होना	gāyab hona
ley (f)	कानून (m)	kānūn
legal (adj)	कानूनी	kānūnī
ilegal (adj)	अवैध	avaidh
responsabilidad (f)	ज़िम्मेदारी (f)	zimmedārī
responsable (adj)	ज़िम्मेदार	zimmedār

LA NATURALEZA

La tierra. Unidad 1

cosmos (m)	अंतरिक्ष (m)	antariksh
espacial, cósmico (adj)	अंतरिक्षीय	antarikshīy
espacio (m) cósmico	अंतरिक्ष (m)	antariksh
mundo (m), universo (m)	ब्रह्माण्ड (m)	brahmānd
galaxia (f)	आकाशगंगा (f)	ākāshaganga
estrella (f)	सितारा (m)	sitāra
constelación (f)	नक्षत्र (m)	nakshatr
planeta (m)	ग्रह (m)	grah
satélite (m)	उपग्रह (m)	upagrah
meteorito (m)	उल्का पिंड (m)	ulka pind
cometa (m)	पुच्छल तारा (m)	puchchhal tāra
asteroide (m)	ग्रहिका (f)	grahika
órbita (f)	ग्रहपथ (m)	grahapath
girar (vi)	चक्कर लगना	chakkar lagana
atmósfera (f)	वातावरण (m)	vātāvaran
Sol (m)	सूरज (m)	sūraj
sistema (m) solar	सौर प्रणाली (f)	saur pranālī
eclipse (m) de Sol	सूर्य ग्रहण (m)	sūry grahan
Tierra (f)	पृथ्वी (f)	prthvī
Luna (f)	चांद (m)	chānd
Marte (m)	मंगल (m)	mangal
Venus (f)	शुक्र (m)	shukr
Júpiter (m)	बृहस्पति (m)	brhaspati
Saturno (m)	शनि (m)	shani
Mercurio (m)	बुध (m)	budh
Urano (m)	अरुण (m)	arun
Neptuno (m)	वरुण (m)	varūn
Plutón (m)	प्लूटो (m)	plūto
la Vía Láctea	आकाश गंगा (f)	ākāsh ganga
la Osa Mayor	सप्तर्षिमंडल (m)	saptarshimandal
la Estrella Polar	ध्रुव तारा (m)	dhruv tāra
marciano (m)	मंगल ग्रह का निवासी (m)	mangal grah ka nivāsī
extraterrestre (m)	अन्य नक्षत्र का निवासी (m)	any nakshatr ka nivāsī
planetícola (m)	अन्य नक्षत्र का निवासी (m)	any nakshatr ka nivāsī

platillo (m) volante	उड़न तश्तरी (f)	uran tashtarī
nave (f) espacial	अंतरिक्ष विमान (m)	antariksh vimān
estación (f) orbital	अंतरिक्ष अड्डा (m)	antariksh adda
despegue (m)	चालू करना (m)	chālū karana
motor (m)	इंजन (m)	injan
tobera (f)	नोज़ल (m)	nozal
combustible (m)	ईंधन (m)	īndhan
carlinga (f)	केबिन (m)	kebin
antena (f)	एरियल (m)	eriyal
ventana (f)	विमान गवाक्ष (m)	vimān gavāksh
batería (f) solar	सौर पेनल (m)	saur penal
escafandra (f)	अंतरिक्ष पोशाक (m)	antariksh poshāk
ingravidez (f)	भारहीनता (m)	bhārahīnata
oxígeno (m)	आक्सीजन (m)	āksījan
atraque (m)	डॉकिंग (f)	doking
realizar el atraque	डॉकिंग करना	doking karana
observatorio (m)	वेधशाला (m)	vedhashāla
telescopio (m)	दूरबीन (f)	dūrabīn
observar (vt)	देखना	dekhana
explorar (~ el universo)	जाँचना	jānchana

196. La tierra

Tierra (f)	पृथ्वी (f)	prthvī
globo (m) terrestre	गोला (m)	gola
planeta (m)	ग्रह (m)	grah
atmósfera (f)	वातावरण (m)	vātāvaran
geografía (f)	भूगोल (m)	bhūgol
naturaleza (f)	प्रकृति (f)	prakrti
globo (m) terráqueo	गोलक (m)	golak
mapa (m)	नक्शा (m)	naksha
atlas (m)	मानचित्रावली (f)	mānachitrāvalī
Europa (f)	यूरोप (m)	yūrop
Asia (f)	एशिया (f)	eshiya
África (f)	अफ्रीका (m)	afrīka
Australia (f)	ऑस्ट्रेलिया (m)	ostreliya
América (f)	अमेरिका (f)	amerika
América (f) del Norte	उत्तरी अमेरिका (f)	uttarī amerika
América (f) del Sur	दक्षिणी अमेरिका (f)	dakshinī amerika
Antártida (f)	अंटार्कटिक (m)	antārkatik
Ártico (m)	आर्कटिक (m)	ārkatik

197. Los puntos cardinales

norte (m)	उत्तर (m)	uttar
al norte	उत्तर की ओर	uttar kī or
en el norte	उत्तर में	uttar men
del norte (adj)	उत्तरी	uttarī
sur (m)	दक्षिण (m)	dakshin
al sur	दक्षिण की ओर	dakshin kī or
en el sur	दक्षिण में	dakshin men
del sur (adj)	दक्षिणी	dakshinī
oeste (m)	पश्चिम (m)	pashchim
al oeste	पश्चिम की ओर	pashchim kī or
en el oeste	पश्चिम में	pashchim men
del oeste (adj)	पश्चिमी	pashchimī
este (m)	पूर्व (m)	pūrv
al este	पूर्व की ओर	pūrv kī or
en el este	पूर्व में	pūrv men
del este (adj)	पूर्वी	pūrvī

198. El mar. El océano

mar (m)	सागर (m)	sāgar
océano (m)	महासागर (m)	mahāsāgar
golfo (m)	खाड़ी (f)	khārī
estrecho (m)	जलग्रीवा (m)	jalagrīva
continente (m)	महाद्वीप (m)	mahādvīp
isla (f)	द्वीप (m)	dvīp
península (f)	प्रायद्वीप (m)	prāyadvīp
archipiélago (m)	द्वीप समूह (m)	dvīp samūh
bahía (f)	तट-खाड़ी (f)	tat-khārī
ensenada, bahía (f)	बंदरगाह (m)	bandaragāh
laguna (f)	लैगून (m)	laigūn
cabo (m)	अंतरीप (m)	antarīp
atolón (m)	एटोल (m)	etol
arrecife (m)	रीफ़ (m)	rīf
coral (m)	प्रवाल (m)	pravāl
arrecife (m) de coral	प्रवाल रीफ़ (m)	pravāl rīf
profundo (adj)	गहरा	gahara
profundidad (f)	गहराई (f)	gaharaī
abismo (m)	रसातल (m)	rasātal
fosa (f) oceánica	गढ़ा (m)	garha
corriente (f)	धारा (f)	dhāra
bañar (rodear)	घिरा होना	ghira hona
orilla (f)	किनारा (m)	kināra
costa (f)	तटबंध (m)	tatabandh

flujo (m)	ज्वार (m)	jvār
reflujo (m)	भाटा (m)	bhāta
banco (m) de arena	रेती (m)	retī
fondo (m)	तला (m)	tala
ola (f)	तरंग (f)	tarang
cresta (f) de la ola	तरंग शिखर (f)	tarang shikhar
espuma (f)	झाग (m)	jhāg
huracán (m)	तूफ़ान (m)	tufān
tsunami (m)	सुनामी (f)	sunāmī
bonanza (f)	शांत (m)	shānt
calmo, tranquilo	शांत	shānt
polo (m)	ध्रुव (m)	dhruv
polar (adj)	ध्रुवीय	dhruvīy
latitud (f)	अक्षांश (m)	akshānsh
longitud (f)	देशान्तर (m)	deshāntar
paralelo (m)	समांतर-रेखा (f)	samāntar-rekha
ecuador (m)	भूमध्य रेखा (f)	bhūmadhy rekha
cielo (m)	आकाश (f)	ākāsh
horizonte (m)	क्षितिज (m)	kshitij
aire (m)	हवा (f)	hava
faro (m)	प्रकाशस्तंभ (m)	prakāshastambh
bucear (vi)	गोता मारना	gota mārana
hundirse (vr)	डूब जाना	dūb jāna
tesoros (m pl)	खज़ाना (m)	khazāna

199. Los nombres de los mares y los océanos

océano (m) Atlántico	अटलांटिक महासागर (m)	atalāntik mahāsāgar
océano (m) Índico	हिन्द महासागर (m)	hind mahāsāgar
océano (m) Pacífico	प्रशांत महासागर (m)	prashānt mahāsāgar
océano (m) Glacial Ártico	उत्तरी ध्रुव महासागर (m)	uttarī dhuv mahāsāgar
mar (m) Negro	काला सागर (m)	kāla sāgar
mar (m) Rojo	लाल सागर (m)	lāl sāgar
mar (m) Amarillo	पीला सागर (m)	pīla sāgar
mar (m) Blanco	सफ़ेद सागर (m)	safed sāgar
mar (m) Caspio	कैस्पियन सागर (m)	kaispiyan sāgar
mar (m) Muerto	मृत सागर (m)	mrt sāgar
mar (m) Mediterráneo	भूमध्य सागर (m)	bhūmadhy sāgar
mar (m) Egeo	ईजियन सागर (m)	ījiyan sāgar
mar (m) Adriático	एड्रिएटिक सागर (m)	edrietik sāgar
mar (m) Arábigo	अरब सागर (m)	arab sāgar
mar (m) del Japón	जापान सागर (m)	jāpān sāgar
mar (m) de Bering	बेरिंग सागर (m)	bering sāgar
mar (m) de la China Meridional	दक्षिण चीन सागर (m)	dakshin chīn sāgar

mar (m) del Coral	कोरल सागर (m)	koral sāgar
mar (m) de Tasmania	तस्मान सागर (m)	tasmān sāgar
mar (m) Caribe	करिबियन सागर (m)	karibiyan sāgar
mar (m) de Barents	बैरेंट्स सागर (m)	bairents sāgar
mar (m) de Kara	काड़ा सागर (m)	kāra sāgar
mar (m) del Norte	उत्तर सागर (m)	uttar sāgar
mar (m) Báltico	बाल्टिक सागर (m)	bāltik sāgar
mar (m) de Noruega	नार्वे सागर (m)	nārve sāgar

200. Las montañas

montaña (f)	पहाड़ (m)	pahār
cadena (f) de montañas	पर्वत माला (f)	parvat māla
cresta (f) de montañas	पहाड़ों का सिलसिला (m)	pahāron ka silasila
cima (f)	चोटी (f)	chotī
pico (m)	शिखर (m)	shikhar
pie (m)	तलहटी (f)	talahatī
cuesta (f)	ढलान (f)	dhalān
volcán (m)	ज्वालामुखी (m)	jvālāmukhī
volcán (m) activo	सक्रिय ज्वालामुखी (m)	sakriy jvālāmukhī
volcán (m) apagado	निष्क्रिय ज्वालामुखी (m)	nishkriy jvālāmukhī
erupción (f)	विस्फोटन (m)	visfotan
cráter (m)	ज्वालामुखी का मुख (m)	jvālāmukhī ka mukh
magma (m)	मैग्मा (m)	maigma
lava (f)	लावा (m)	lāva
fundido (lava ~a)	पिघला हुआ	pighala hua
cañón (m)	घाटी (m)	ghātī
desfiladero (m)	तंग घाटी (f)	tang ghātī
grieta (f)	दरार (m)	darār
puerto (m) (paso)	मार्ग (m)	mārg
meseta (f)	पठार (m)	pathār
roca (f)	शिला (f)	shila
colina (f)	टीला (m)	ṭīla
glaciar (m)	हिमनद (m)	himanad
cascada (f)	झरना (m)	jharana
geiser (m)	उष्ण जल स्रोत (m)	ushn jal srot
lago (m)	तालाब (m)	tālāb
llanura (f)	समतल प्रदेश (m)	samatal pradesh
paisaje (m)	परिदृश्य (m)	paridrshy
eco (m)	गूँज (f)	gūnj
alpinista (m)	पर्वतारोही (m)	parvatārohī
escalador (m)	पर्वतारोही (m)	parvatārohī
conquistar (vt)	चोटी पर पहुँचना	chotī par pahunchana
ascensión (f)	चढ़ाव (m)	charhāv

201. Los nombres de las montañas

Alpes (m pl)	आल्पस (m)	ālpas
Montblanc (m)	मोन्ट ब्लैंक (m)	mont blaink
Pirineos (m pl)	पाइरीनीज़ (f pl)	pairīnīz
Cárpatos (m pl)	कार्पाथियेन्स (m)	kārpāthiyens
Urales (m pl)	यूरल (m)	yūral
Cáucaso (m)	कोकेशिया के पहाड़ (m)	kokeshiya ke pahār
Elbrus (m)	एल्ब्रस पर्वत (m)	elbras parvat
Altai (m)	अल्टाई पर्वत (m)	altaī parvat
Tian-Shan (m)	तियान शान (m)	tiyān shān
Pamir (m)	पामीर पर्वत (m)	pāmīr parvat
Himalayos (m pl)	हिमालय (m)	himālay
Everest (m)	माउंट एवरेस्ट (m)	maunt evarest
Andes (m pl)	एंडीज़ (f pl)	endīz
Kilimanjaro (m)	किलीमन्जारो (m)	kilīmanjāro

202. Los ríos

río (m)	नदी (f)	nadī
manantial (m)	झरना (m)	jharana
lecho (m) (curso de agua)	नदी तल (m)	nadī tal
cuenca (f) fluvial	बेसिन (m)	besin
desembocar en ...	गिरना	girana
afluente (m)	उपनदी (f)	upanadī
ribera (f)	तट (m)	tat
corriente (f)	धारा (f)	dhāra
río abajo (adv)	बहाव के साथ	bahāv ke sāth
río arriba (adv)	बहाव के विरुद्ध	bahāv ke virūddh
inundación (f)	बाढ़ (f)	bārh
riada (f)	बाढ़ (f)	bārh
desbordarse (vr)	उमड़ना	umarana
inundar (vt)	पानी से भरना	pānī se bharana
bajo (m) arenoso	छिछला पानी (m)	chhichhala pānī
rápido (m)	तेज़ उतार (m)	tez utār
presa (f)	बांध (m)	bāndh
canal (m)	नहर (f)	nahar
lago (m) artificiale	जलाशय (m)	jalāshay
esclusa (f)	स्लूस (m)	slūs
cuerpo (m) de agua	जल स्रोत (m)	jal srot
pantano (m)	दलदल (f)	daladal
ciénaga (f)	दलदल (f)	daladal
remolino (m)	भंवर (m)	bhanvar
arroyo (m)	झरना (m)	jharana

| potable (adj) | पीने का | pīne ka |
| dulce (agua ~) | ताज़ा | tāza |

| hielo (m) | बर्फ़ (m) | barf |
| helarse (el lago, etc.) | जम जाना | jam jāna |

203. Los nombres de los ríos

| Sena (m) | सीन (f) | sīn |
| Loira (m) | लॉयर (f) | loyar |

Támesis (m)	थेम्स (f)	thems
Rin (m)	राइन (f)	rain
Danubio (m)	डेन्यूब (f)	denyūb

Volga (m)	वोल्गा (f)	volga
Don (m)	डॉन (f)	don
Lena (m)	लेना (f)	lena

Río (m) Amarillo	ह्वांग हे (f)	hvāng he
Río (m) Azul	यांग्त्ज़ी (f)	yāngtzī
Mekong (m)	मेकांग (f)	mekāng
Ganges (m)	गंगा (f)	ganga

Nilo (m)	नील (f)	nīl
Congo (m)	कांगो (f)	kāngo
Okavango (m)	ओकावान्गो (f)	okāvāngo
Zambeze (m)	ज़म्बेज़ी (f)	zambezī
Limpopo (m)	लिम्पोपो (f)	limpopo
Misisipi (m)	मिसिसिपी (f)	misisipī

204. El bosque

| bosque (m) | जंगल (m) | jangal |
| de bosque (adj) | जंगली | jangalī |

espesura (f)	घना जंगल (m)	ghana jangal
bosquecillo (m)	उपवान (m)	upavān
claro (m)	खुला छोटा मैदान (m)	khula chhota maidān

| maleza (f) | झाड़ियाँ (f pl) | jhāriyān |
| matorral (m) | झाड़ियों भरा मैदान (m) | jhāriyon bhara maidān |

| senda (f) | फुटपाथ (m) | futapāth |
| barranco (m) | नाली (f) | nālī |

árbol (m)	पेड़ (m)	per
hoja (f)	पत्ता (m)	patta
follaje (m)	पत्तियां (f)	pattiyān

| caída (f) de hojas | पतझड़ (m) | patajhar |
| caer (las hojas) | गिरना | girana |

cima (f)	शिखर (m)	shikhar
rama (f)	टहनी (f)	tahanī
rama (f) (gruesa)	शाखा (f)	shākha
brote (m)	कलिका (f)	kalika
aguja (f)	सुई (f)	suī
piña (f)	शंकुफल (m)	shankufal
agujero (m)	खोखला (m)	khokhala
nido (m)	घोंसला (m)	ghonsala
tronco (m)	तना (m)	tana
raíz (f)	जड़ (f)	jar
corteza (f)	छाल (f)	chhāl
musgo (m)	काई (f)	kaī
extirpar (vt)	उखाड़ना	ukhārana
talar (vt)	काटना	kātana
deforestar (vt)	जंगल काटना	jangal kātana
tocón (m)	ठूंठ (m)	thūnth
hoguera (f)	अलाव (m)	alāv
incendio (m) forestal	जंगल की आग (f)	jangal kī āg
apagar (~ el incendio)	आग बुझाना	āg bujhāna
guarda (m) forestal	वनरक्षक (m)	vanarakshak
protección (f)	रक्षा (f)	raksha
proteger (vt)	रक्षा करना	raksha karana
cazador (m) furtivo	चोर शिकारी (m)	chor shikārī
cepo (m)	फंदा (m)	fanda
recoger (setas, bayas)	बटोरना	batorana
perderse (vr)	रास्ता भूलना	rāsta bhūlana

205. Los recursos naturales

recursos (m pl) naturales	प्राकृतिक संसाधन (m pl)	prākrtik sansādhan
recursos (m pl) subterráneos	खनिज पदार्थ (m pl)	khanij padārth
depósitos (m pl)	तह (f pl)	tah
yacimiento (m)	क्षेत्र (m)	kshetr
extraer (vt)	खोदना	khodana
extracción (f)	खनिकर्म (m)	khanikarm
mena (f)	अयस्क (m)	ayask
mina (f)	खान (f)	khān
pozo (m) de mina	शौफ़ट (m)	shaifat
minero (m)	खनिक (m)	khanik
gas (m)	गैस (m)	gais
gasoducto (m)	गैस पाइप लाइन (m)	gais paip lain
petróleo (m)	पेट्रोल (m)	petrol
oleoducto (m)	तेल पाइप लाइन (m)	tel paip lain
pozo (m) de petróleo	तेल का कुँआ (m)	tel ka kuna
torre (f) de sondeo	डेरिक (m)	derik

petrolero (m)	टैंकर (m)	tainkar
arena (f)	रेत (m)	ret
caliza (f)	चूना पत्थर (m)	chūna patthar
grava (f)	बजरी (f)	bajarī
turba (f)	पीट (m)	pīt
arcilla (f)	मिट्टी (f)	mittī
carbón (m)	कोयला (m)	koyala

hierro (m)	लोहा (m)	loha
oro (m)	सोना (m)	sona
plata (f)	चाँदी (f)	chāndī
níquel (m)	गिलट (m)	gilat
cobre (m)	ताँबा (m)	tānba

zinc (m)	जस्ता (m)	jasta
manganeso (m)	अयस (m)	ayas
mercurio (m)	पारा (f)	pāra
plomo (m)	सीसा (f)	sīsa

mineral (m)	खनिज (m)	khanij
cristal (m)	क्रिस्टल (m)	kristal
mármol (m)	संगमरमर (m)	sangamaramar
uranio (m)	यूरेनियम (m)	yūreniyam

La tierra. Unidad 2

206. El tiempo

tiempo (m)	मौसम (m)	mausam
previsión (f) del tiempo	मौसम का पूर्वानुमान (m)	mausam ka pūrvānumān
temperatura (f)	तापमान (m)	tāpamān
termómetro (m)	थर्मामीटर (m)	tharmāmītar
barómetro (m)	बैरोमीटर (m)	bairomītar
humedad (f)	नमी (f)	namī
bochorno (m)	गरमी (f)	garamī
tórrido (adj)	गरम	garam
hace mucho calor	गरमी है	garamī hai
hace calor (templado)	गरम है	garam hai
templado (adj)	गरम	garam
hace frío	ठंडक है	thandak hai
frío (adj)	ठंडा	thanda
sol (m)	सूरज (m)	sūraj
brillar (vi)	चमकना	chamakana
soleado (un día ~)	धूपदार	dhūpadār
elevarse (el sol)	उगना	ugana
ponerse (vr)	डूबना	dūbana
nube (f)	बादल (m)	bādal
nuboso (adj)	मेघाच्छादित	meghāchchhādit
nubarrón (m)	घना बादल (m)	ghana bādal
nublado (adj)	बदली	badalī
lluvia (f)	बारिश (f)	bārish
está lloviendo	बारिश हो रही है	bārish ho rahī hai
lluvioso (adj)	बरसाती	barasātī
lloviznar (vi)	बूंदाबांदी होना	būndābāndī hona
aguacero (m)	मूसलधार बारिश (f)	mūsaladhār bārish
chaparrón (m)	मूसलधार बारिश (f)	mūsaladhār bārish
fuerte (la lluvia ~)	भारी	bhārī
charco (m)	पोखर (m)	pokhar
mojarse (vr)	भीगना	bhīgana
niebla (f)	कुहरा (m)	kuhara
nebuloso (adj)	कुहरेदार	kuharedār
nieve (f)	बर्फ़ (f)	barf
está nevando	बर्फ़ पड़ रही है	barf par rahī hai

207. Los eventos climáticos severos. Los desastres naturales

tormenta (f)	गरजवाला तुफान (m)	garajavāla tufān
relámpago (m)	बिजली (m)	bijalī
relampaguear (vi)	चमकना	chamakana
trueno (m)	गरज (m)	garaj
tronar (vi)	बादल गरजना	bādal garajana
está tronando	बादल गरज रहा है	bādal garaj raha hai
granizo (m)	ओला (m)	ola
está granizando	ओले पड़ रहे हैं	ole par rahe hain
inundar (vt)	बाढ़ आ जाना	bārh ā jāna
inundación (f)	बाढ़ (f)	bārh
terremoto (m)	भूकंप (m)	bhūkamp
sacudida (f)	झटका (m)	jhataka
epicentro (m)	अधिकेंद्र (m)	adhikendr
erupción (f)	उद्गार (m)	udgār
lava (f)	लावा (m)	lāva
torbellino (m)	बवंडर (m)	bavandar
tornado (m)	टोर्नेडो (m)	tornedo
tifón (m)	रतूफ़ान (m)	ratūfān
huracán (m)	समुद्री तूफ़ान (m)	samudrī tūfān
tempestad (f)	तूफ़ान (m)	tufān
tsunami (m)	सुनामी (f)	sunāmī
ciclón (m)	चक्रवात (m)	chakravāt
mal tiempo (m)	ख़राब मौसम (m)	kharāb mausam
incendio (m)	आग (f)	āg
catástrofe (f)	प्रलय (m)	pralay
meteorito (m)	उल्का पिंड (m)	ulka pind
avalancha (f)	हिमस्खलन (m)	himaskhalan
alud (m) de nieve	हिमस्खलन (m)	himaskhalan
ventisca (f)	बर्फ़ का तुफ़ान (m)	barf ka tufān
nevasca (f)	बर्फ़ीला तुफ़ान (m)	barfila tufān

208. Los ruidos. Los sonidos

silencio (m)	सन्नाटा (m)	sannāta
sonido (m)	ध्वनि (m)	dhvani
ruido (m)	शोर (m)	shor
hacer ruido	शोर मचाना	shor machāna
ruidoso (adj)	कोलाहलमय	kolāhalamay
alto (adv)	ऊँचा	ūncha
fuerte (~ voz)	ऊंचा	ūncha
constante (ruido, etc.)	लगातार	lagātār

grito (m)	चिल्लाहट (f)	chillāhat
gritar (vi)	चिल्लाना	chillāna
susurro (m)	फुसफुस (m)	fusafus
susurrar (vi, vt)	फुसफुसाना	fusafusāna
ladrido (m)	भौं-भौं (f)	bhaun-bhaun
ladrar (vi)	भौंकना	bhaunkana
gemido (m)	कराह (m)	karāh
gemir (vi)	कराहना	karāhana
tos (f)	खाँस (f)	khāns
toser (vi)	खाँसना	khānsana
silbido (m)	सीटी (f)	sīṭī
silbar (vi)	सीटी बजाना	sīṭī bajāna
toque (m) en la puerta	खटखट (f)	khatakhat
golpear (la puerta)	खटखटाना	khatakhatāna
crepitar (vi)	चीर पड़ना	chīr parana
crepitación (f)	कड़क (m)	karak
sirena (f)	साइरन (f)	sairan
pito (m) (de la fábrica)	साइरन (m)	sairan
pitar (un tren, etc.)	सीटी बजना	sīṭī bajana
bocinazo (m)	होर्न (m)	horn
tocar la bocina	होर्न बजाना	horn bajāna

209. El invierno

invierno (m)	सर्दी (f)	sardī
de invierno (adj)	सर्दी का	sardī ka
en invierno	सर्दियों में	sardiyon men
nieve (f)	बर्फ़ (f)	barf
está nevando	बर्फ़ पड़ रही है	barf par rahī hai
nevada (f)	बर्फ़बारी (f)	barfabārī
montón (m) de nieve	बर्फ़ का ढेर (m)	barf ka rher
copo (m) de nieve	हिमकण (m)	himakan
bola (f) de nieve	बर्फ़ का गोला (m)	barf ka gola
monigote (m) de nieve	हिम मानव (m)	him mānav
carámbano (m)	हिमलंब (m)	himalamb
diciembre (m)	दिसम्बर (m)	disambar
enero (m)	जनवरी (f)	janavarī
febrero (m)	फ़रवरी (m)	faravarī
helada (f)	पाला (m)	pāla
helado (~a noche)	शीत	shīt
bajo cero (adv)	शून्य से नीचे	shūny se nīche
primeras heladas (f pl)	पहली ठंड (f)	pahalī thand
escarcha (f)	पाला (m)	pāla
frío (m)	ठंडक (m)	thandak

hace frío	ठंडक है	thandak hai
abrigo (m) de piel	फरकोट (m)	farakot
manoplas (f pl)	दस्ताने (m pl)	dastāne

enfermarse (vr)	बीमार पड़ जाना	bīmār par jāna
resfriado (m)	ज़ुकाम (m)	zukām
resfriarse (vr)	ज़ुकाम होना	zukām hona

hielo (m)	बर्फ़ (m)	barf
hielo (m) negro	बर्फ़ की परत (f)	barf kī parat
helarse (el lago, etc.)	जम जाना	jam jāna
bloque (m) de hielo	हिमखंड (m)	himakhand

esquís (m pl)	स्की (m pl)	skī
esquiador (m)	स्कीयर (m)	skīyar
esquiar (vi)	स्कीइंग करना	skīing karana
patinar (vi)	स्केटिंग करना	sketing karana

La fauna

carnívoro (m)	परभक्षी (m)	parabhakshī
tigre (m)	बाघ (m)	bāgh
león (m)	शेर (m)	sher
lobo (m)	भेड़िया (m)	bheriya
zorro (m)	लोमड़ी (f)	lomri
jaguar (m)	जागुआर (m)	jāguār
leopardo (m)	तेंदुआ (m)	tendua
guepardo (m)	चीता (m)	chīta
pantera (f)	काला तेंदुआ (m)	kāla tendua
puma (f)	पहाड़ी बिलाव (m)	pahāḍī bilāv
leopardo (m) de las nieves	हिम तेंदुआ (m)	him tendua
lince (m)	वन बिलाव (m)	van bilāv
coyote (m)	कोयोट (m)	koyot
chacal (m)	गीदड़ (m)	gīdar
hiena (f)	लकड़बग्घा (m)	lakarabaggha

animal (m)	जानवर (m)	jānavar
bestia (f)	जानवर (m)	jānavar
ardilla (f)	गिलहरी (f)	gilaharī
erizo (m)	कांटा-चूहा (m)	kānta-chūha
liebre (f)	खरगोश (m)	kharagosh
conejo (m)	खरगोश (m)	kharagosh
tejón (m)	बिज्जू (m)	bijjū
mapache (m)	रैकून (m)	raikūn
hámster (m)	हैम्स्टर (m)	haimstar
marmota (f)	मारमोट (m)	māramot
topo (m)	छछूंदर (m)	chhachhūndar
ratón (m)	चूहा (m)	chūha
rata (f)	घूस (m)	ghūs
murciélago (m)	चमगादड़ (m)	chamagādar
armiño (m)	नेवला (m)	nevala
cebellina (f)	सेबल (m)	sebal
marta (f)	मारटेन (m)	māraten
comadreja (f)	नेवला (m)	nevala
visón (m)	मिंक (m)	mink

| castor (m) | ऊदबिलाव (m) | ūdabilāv |
| nutria (f) | ऊदबिलाव (m) | ūdabilāv |

caballo (m)	घोड़ा (m)	ghora
alce (m)	मूस (m)	mūs
ciervo (m)	हिरण (m)	hiran
camello (m)	ऊंट (m)	ūnt

bisonte (m)	बाइसन (m)	baisan
uro (m)	जंगली बैल (m)	jangalī bail
búfalo (m)	भैंस (m)	bhains

cebra (f)	ज़ेबरा (m)	zebara
antílope (m)	मृग (f)	mrg
corzo (m)	मृग्नी (f)	mrgnī
gamo (m)	चीतल (m)	chītal
gamuza (f)	शैमी (f)	shaimī
jabalí (m)	जंगली सुअर (m)	jangalī suār

ballena (f)	ह्वेल (f)	hvel
foca (f)	सील (m)	sīl
morsa (f)	वॉलरस (m)	volaras
oso (m) marino	फर सील (f)	far sīl
delfín (m)	डॉल्फ़िन (f)	dolafin

oso (m)	रीछ (m)	rīchh
oso (m) blanco	सफ़ेद रीछ (m)	safed rīchh
panda (f)	पांडा (m)	pānda

mono (m)	बंदर (m)	bandar
chimpancé (m)	वनमानुष (m)	vanamānush
orangután (m)	वनमानुष (m)	vanamānush
gorila (m)	गोरिला (m)	gorila
macaco (m)	अफ़्रिकन लंगूर (m)	afrikan langūr
gibón (m)	गिब्बन (m)	gibban

elefante (m)	हाथी (m)	hāthī
rinoceronte (m)	गैंडा (m)	gainda
jirafa (f)	जिराफ़ (m)	jirāf
hipopótamo (m)	दरियाई घोड़ा (m)	dariyaī ghora

| canguro (m) | कंगारू (m) | kangārū |
| koala (f) | कोआला (m) | koāla |

mangosta (f)	नेवला (m)	nevala
chinchilla (f)	चिनचीला (f)	chinachīla
mofeta (f)	स्कंक (m)	skank
espín (m)	शल्यक (f)	shalyak

212. Los animales domésticos

gata (f)	बिल्ली (f)	billī
gato (m)	बिल्ला (m)	billa
perro (m)	कुत्ता (m)	kutta

caballo (m)	घोड़ा (m)	ghora
garañón (m)	घोड़ा (m)	ghora
yegua (f)	घोड़ी (f)	ghorī

vaca (f)	गाय (f)	gāy
toro (m)	बैल (m)	bail
buey (m)	बैल (m)	bail

oveja (f)	भेड़ (f)	bher
carnero (m)	भेड़ा (m)	bhera
cabra (f)	बकरी (f)	bakarī
cabrón (m)	बकरा (m)	bakara

| asno (m) | गधा (m) | gadha |
| mulo (m) | खच्चर (m) | khachchar |

cerdo (m)	सुअर (m)	suar
cerdito (m)	घेंटा (m)	ghenta
conejo (m)	खरगोश (m)	kharagosh

| gallina (f) | मुर्गी (f) | murgī |
| gallo (m) | मुर्गी (m) | murga |

pato (m)	बतख़ (f)	battakh
ánade (m)	नर बतख़ (m)	nar battakh
ganso (m)	हंस (m)	hans

| pavo (m) | नर टर्की (m) | nar tarkī |
| pava (f) | टर्की (f) | tarkī |

animales (m pl) domésticos	घरेलू पशु (m pl)	gharelū pashu
domesticado (adj)	पालतू	pālatū
domesticar (vt)	पालतू बनाना	pālatū banāna
criar (vt)	पालना	pālana

granja (f)	खेत (m)	khet
aves (f pl) de corral	मुर्गी पालन (f)	murgī pālan
ganado (m)	मवेशी (m)	maveshī
rebaño (m)	पशु समूह (m)	pashu samūh

caballeriza (f)	अस्तबल (m)	astabal
porqueriza (f)	सूअरखाना (m)	sūarakhāna
vaquería (f)	गौशाला (f)	goshāla
conejal (m)	खरगोश का दरबा (m)	kharagosh ka daraba
gallinero (m)	मुर्गीखाना (m)	murgīkhāna

213. Los perros. Las razas de perros

perro (m)	कुत्ता (m)	kutta
perro (m) pastor	गड़रिये का कुत्ता (m)	garariye ka kutta
caniche (m)	पूडल (m)	pūdal
teckel (m)	डॉक्सहूण्ड (m)	dāksahūnd
bulldog (m)	बुलडॉग (m)	buladog
bóxer (m)	बॉक्सर (m)	boksar

mastín (m) inglés	मास्टिफ़ (m)	māstif
rottweiler (m)	रॉटवायलर (m)	rotavāyalar
doberman (m)	डोबरमैन (m)	dobaramain

basset hound (m)	बास्सेट (m)	bāsset
bobtail (m)	बोब्टेल (m)	bobtel
dálmata (m)	डालमेशियन (m)	dālameshiyan
cocker spaniel (m)	कॉकर स्पैनियल (m)	kokar spainiyal

| terranova (m) | न्यूफाउंडलंड (m) | nyūfaundaland |
| san bernardo (m) | सेंट बनार्ड (m) | sent barnārd |

husky (m)	हस्की (m)	haskī
chow chow (m)	चाउ-चाउ (m)	chau-chau
pomerania (m)	स्पीट्ज़ (m)	spītz
pug (m), carlino (m)	पग (m)	pag

214. Los sonidos de los animales

ladrido (m)	भौं-भौं (f)	bhaun-bhaun
ladrar (vi)	भौंकना	bhaunkana
maullar (vi)	म्याऊं-म्याऊं करना	myaūn-myaun karana
ronronear (vi)	घुरघुराना	ghuraghurāna

mugir (vi)	रँभाना	ranbhāna
bramar (toro)	गर्जना	garjana
rugir (vi)	गुर्राना	gurrāna

aullido (m)	गुर्राहट (f)	gurrāhat
aullar (vi)	चिल्लाना (m)	chillāna
gañir (vi)	रिरियाना	ririyāna

balar (vi)	मिमियाना	mimiyāna
gruñir (cerdo)	घुरघुराना	ghuraghurāna
chillar (vi)	किकियाना	kikiyāna

croar (vi)	टर्र-टर्र करना	tarr-tarr karana
zumbar (vi)	भनभनाना	bhanabhanāna
chirriar (vi)	चरचराना	characharāna

215. Los animales jóvenes

cría (f)	पशुशावक (m)	pashushāvak
gatito (m)	बिल्लौटा (m)	billauta
ratoncillo (m)	चुहिया (f)	chuhiya
cachorro (m)	पिल्ला (m)	pilla

lebrato (m)	खरगोश का बच्चा (m)	kharagosh ka bachcha
gazapo (m)	खरगोश का बच्चा (m)	kharagosh ka bachcha
lobato (m)	भेड़िये का शावक (m)	bheriye ka shāvak
cachorro (m) de zorro	लोमड़ी का शावक (m)	lomri ka shāvak
osito (m)	भालू का बच्चा (m)	bhālū ka bachcha

cachorro (m) de león	शेर का बच्चा (m)	sher ka bachcha
cachorro (m) de tigre	बाघ का बच्चा (m)	bāgh ka bachcha
elefante bebé (m)	हाथी का बच्चा (m)	hāthī ka bachcha
cerdito (m)	घेंटा (m)	ghenta
ternero (m)	बछड़ा (m)	bachhara
cabrito (m)	बकरी का बच्चा (m)	bakarī ka bachcha
cordero (m)	भेड़ का बच्चा (m)	bher ka bachcha
cervato (m)	मृग का बच्चा (m)	mrg ka bachcha
cría (f) de camello	ऊंट का बच्चा (m)	ūnt ka bachcha
serpiente (f) joven	सर्प का बच्चा (m)	sarp ka bachcha
rana (f) juvenil	मेंढक का बच्चा (m)	mendhak ka bachcha
polluelo (m)	चिड़िया का बच्चा (m)	chiriya ka bachcha
pollito (m)	मुर्गी का बच्चा (m)	murgī ka bachcha
patito (m)	बत्तख़ का बच्चा (m)	battakh ka bachcha

216. Los pájaros

pájaro (m)	चिड़िया (f)	chiriya
paloma (f)	कबूतर (m)	kabūtar
gorrión (m)	गौरैया (f)	gauraiya
carbonero (m)	टिटरी (f)	titarī
urraca (f)	नीलकण्ठ पक्षी (f)	nīlakanth pakshī
cuervo (m)	काला कौआ (m)	kāla kaua
corneja (f)	कौआ (m)	kaua
chova (f)	कौआ (m)	kaua
grajo (m)	कौआ (m)	kaua
pato (m)	बत्तख़ (f)	battakh
ganso (m)	हंस (m)	hans
faisán (m)	तीतर (m)	tītar
águila (f)	चील (f)	chīl
azor (m)	बाज़ (m)	bāz
halcón (m)	बाज़ (m)	bāz
buitre (m)	गिद्ध (m)	giddh
cóndor (m)	कॉन्डोर (m)	kondor
cisne (m)	राजहंस (m)	rājahans
grulla (f)	सारस (m)	sāras
cigüeña (f)	लकलक (m)	lakalak
loro (m), papagayo (m)	तोता (m)	tota
colibrí (m)	हमिंग बर्ड (f)	haming bard
pavo (m) real	मोर (m)	mor
avestruz (m)	शुतुरमुर्ग (m)	shuturamurg
garza (f)	बगुला (m)	bagula
flamenco (m)	फ़्लेमिन्गो (m)	flemingo
pelícano (m)	हवासिल (m)	havāsil
ruiseñor (m)	बुलबुल (m)	bulabul

golondrina (f)	अबाबील (f)	abābīl
tordo (m)	मुखप्रण (f)	mukhavran
zorzal (m)	मुखप्रण (f)	mukhavran
mirlo (m)	ब्लैकबर्ड (m)	blaikabard

vencejo (m)	बतासी (f)	batāsī
alondra (f)	भरत (m)	bharat
codorniz (f)	वर्तक (m)	varttak

pájaro carpintero (m)	कठफोड़ा (m)	kathafora
cuco (m)	कोयल (f)	koyal
lechuza (f)	उल्लू (m)	ullū
búho (m)	गरूड़ उल्लू (m)	garūr ullū
urogallo (m)	तीतर (m)	tītar
gallo lira (m)	काला तीतर (m)	kāla tītar
perdiz (f)	चकोर (m)	chakor

estornino (m)	तिलिया (f)	tiliya
canario (m)	कनारी (f)	kanārī
ortega (f)	पिंगल तीतर (m)	pingal tītar
pinzón (m)	फ़िंच (m)	finch
camachuelo (m)	बुलफ़िंच (m)	bulafinch

gaviota (f)	गंगा-चिल्ली (f)	ganga-chillī
albatros (m)	अल्बात्रोस (m)	albātros
pingüino (m)	पेंगुइन (m)	penguin

217. Los pájaros. El canto y los sonidos

cantar (vi)	गाना	gāna
gritar, llamar (vi)	बुलाना	bulāna
cantar (el gallo)	बांग देना	bāng dena
quiquiriquí (m)	कुकड़ूकू	kukarūnkū

cloquear (vi)	कुड़कुड़ाना	kurakurāna
graznar (vi)	कांय कांय करना	kāny kāny karana
graznar, parpar (vi)	कुवैक कुवैक करना	kuvaik kuvaik karana
piar (vi)	चीं चीं करना	chīn chīn karana
gorjear (vi)	चहकना	chahakana

218. Los peces. Los animales marinos

brema (f)	ब्रीम (f)	brīm
carpa (f)	कार्प (f)	kārp
perca (f)	पर्च (f)	parch
siluro (m)	कैटफ़िश (f)	kaitafish
lucio (m)	पाइक (f)	paik

salmón (m)	सैल्मन (f)	sailman
esturión (m)	स्टर्जन (f)	starjan
arenque (m)	हेरिंग (f)	hering
salmón (m) del Atlántico	अटलांटिक सैल्मन (f)	atalāntik sailman

caballa (f)	माक्रैल (f)	mākrail
lenguado (m)	फ़्लैटफ़िश (f)	flaitafish
lucioperca (f)	पाइक पर्च (f)	paik parch
bacalao (m)	कॉड (f)	kod
atún (m)	टूना (f)	tūna
trucha (f)	ट्राउट (f)	traut
anguila (f)	सर्पमीन (f)	sarpamīn
raya (f) eléctrica	विद्युत शंकुश (f)	vidyut shankush
morena (f)	मोरे सर्पमीन (f)	more sarpamīn
piraña (f)	पिरान्हा (f)	pirānha
tiburón (m)	शार्क (f)	shārk
delfín (m)	डॉलफ़िन (f)	dolafin
ballena (f)	ह्वेल (f)	hvel
centolla (f)	केकड़ा (m)	kekara
medusa (f)	जेली फ़िश (f)	jelī fish
pulpo (m)	आक्टोपस (m)	āktopas
estrella (f) de mar	स्टार फ़िश (f)	stār fish
erizo (m) de mar	जलसाही (f)	jalasāhī
caballito (m) de mar	समुद्री घोड़ा (m)	samudrī ghora
ostra (f)	कस्तूरा (m)	kastūra
camarón (m)	झींगा (f)	jhīnga
bogavante (m)	लॉब्सटर (m)	lobsatar
langosta (f)	स्पाइनी लॉब्सटर (m)	spainī lobsatar

219. Los anfibios. Los reptiles

serpiente (f)	सर्प (m)	sarp
venenoso (adj)	विषैला	vishaila
víbora (f)	वाइपर (m)	vaipar
cobra (f)	नाग (m)	nāg
pitón (m)	अजगर (m)	ajagar
boa (f)	अजगर (m)	ajagar
culebra (f)	साँप (f)	sānp
serpiente (m) de cascabel	रैटल सर्प (m)	raital sarp
anaconda (f)	एनाकोन्डा (f)	enākonda
lagarto (m)	छिपकली (f)	chhipakalī
iguana (f)	इग्यूएना (m)	igyūena
varano (m)	मॉनिटर छिपकली (f)	monitar chhipakalī
salamandra (f)	सैलामैंडर (m)	sailāmaindar
camaleón (m)	गिरगिट (m)	giragit
escorpión (m)	वृश्चिक (m)	vrshchik
tortuga (f)	कछुआ (m)	kachhua
rana (f)	मेंढक (m)	mendhak
sapo (m)	भेक (m)	bhek
cocodrilo (m)	मगर (m)	magar

220. Los insectos

insecto (m)	कीट (m)	kīt
mariposa (f)	तितली (f)	titalī
hormiga (f)	चींटी (f)	chīntī
mosca (f)	मक्खी (f)	makkhī
mosquito (m) (picadura de ~)	मच्छर (m)	machchhar
escarabajo (m)	भृंग (m)	bhrng
avispa (f)	हड्डा (m)	hadda
abeja (f)	मधुमक्खी (f)	madhumakkhī
abejorro (m)	भंवरा (m)	bhanvara
moscardón (m)	गोमक्खी (f)	gomakkhī
araña (f)	मकड़ी (f)	makarī
telaraña (f)	मकड़ी का जाल (m)	makarī ka jāl
libélula (f)	व्याध-पतंग (m)	vyādh-patang
saltamontes (m)	टिड्डा (m)	tidda
mariposa (f) nocturna	पतंगा (m)	patanga
cucaracha (f)	तिलचट्टा (m)	tilachatta
garrapata (f)	जुँआ (m)	juna
pulga (f)	पिस्सू (m)	pissū
mosca (f) negra	भुनगा (m)	bhunaga
langosta (f)	टिड्डी (f)	tiddī
caracol (m)	घोंघा (m)	ghongha
grillo (m)	झींगुर (m)	jhīngur
luciérnaga (f)	जुगनू (m)	juganū
mariquita (f)	सोनपंखी (f)	sonapankhī
sanjuanero (m)	कोकचाफ़ (m)	kokachāf
sanguijuela (f)	जोंक (m)	jok
oruga (f)	इल्ली (f)	illī
lombriz (m) de tierra	केंचुआ (m)	kenchua
larva (f)	कीटडिंभ (m)	kītadimbh

221. Los animales. Las partes del cuerpo

pico (m)	चोंच (f)	chonch
alas (f pl)	पंख (m pl)	pankh
pata (f)	पंजा (m)	panja
plumaje (m)	पक्षी के पर (m)	pakshī ke par
pluma (f)	पर (m)	par
penacho (m)	कलगी (f)	kalagī
branquias (f pl)	गलफड़ा (m)	galafara
huevas (f pl)	अंडा (m)	anda
larva (f)	लार्वा (f)	lārva
aleta (f)	मछली का पंख (m)	machhalī ka pankh
escamas (f pl)	स्केल (f)	skel
colmillo (m)	खांग (m)	khāng

garra (f), pata (f)	पंजा (m)	panja
hocico (m)	थूथन (m)	thūthan
boca (f)	मुंह (m)	munh
cola (f)	पूँछ (f)	pūnchh
bigotes (m pl)	मूँछें (f pl)	mūnchhen

| casco (m) (pezuña) | खुर (m) | khur |
| cuerno (m) | शृंग (m) | shrng |

caparazón (m)	कवच (m)	kavach
concha (f) (de moluscos)	कौड़ी (f)	kaurī
cáscara (f) (de huevo)	अंडे का छिलका (m)	ande ka chhilaka

| pelo (m) (de perro) | जानवर के बाल (m) | jānavar ke bāl |
| piel (f) (de vaca, etc.) | पशुचर्म (m) | pashucharm |

222. Los animales. Acciones. Conducta.

volar (vi)	उड़ना	urana
dar vueltas	चक्कर लगाना	chakkar lagāna
echar a volar	उड़ जाना	ur jāna
batir las alas	पंख फड़फड़ाना	pankh farafarāna

picotear (vt)	चुगना	chugana
empollar (vt)	अंडे सेना	ande sena
salir del cascarón	अंडे से बाहर निकलना	ande se bāhar nikalana
hacer el nido	घोंसला बनाना	ghonsala banāna

reptar (serpiente)	रेंगना	rengana
picar (vt)	डसना	dasana
morder (animal)	काटना	kātana

olfatear (vt)	सूंघना	sūnghana
ladrar (vi)	भौंकना	bhaunkana
sisear (culebra)	फुफकारना	fufakārana
asustar (vt)	डराना	darāna
atacar (vt)	हमला करना	hamala karana

roer (vt)	कुतरना	kutarana
arañar (vt)	कुरेदना	kuredana
esconderse (vr)	छिपाना	chhipāna

jugar (gatitos, etc.)	खेलना	khelana
cazar (vi, vt)	शिकार करना	shikār karana
hibernar (vi)	सीतनिद्रा में होना	sītanidra men hona
extinguirse (vr)	समाप्त हो जाना	samāpt ho jāna

223. Los animales. El hábitat

hábitat (m)	निवास-स्थान (m)	nivās-sthān
migración (f)	देशांतरण (m)	deshāntaran
montaña (f)	पहाड़ (m)	pahār

| arrecife (m) | रीफ़ (m) | rīf |
| roca (f) | शिला (f) | shila |

bosque (m)	वन (m)	van
jungla (f)	जंगल (m)	jangal
sabana (f)	सवान्ना (m)	savānna
tundra (f)	तुंद्रा (m)	tundra

estepa (f)	घास का मैदान (m)	ghās ka maidān
desierto (m)	रेगिस्तान (m)	registān
oasis (m)	नख़लिस्तान (m)	nakhalistān

mar (m)	सागर (m)	sāgar
lago (m)	तालाब (m)	tālāb
océano (m)	महासागर (m)	mahāsāgar

pantano (m)	दलदल (m)	daladal
de agua dulce (adj)	मीठे पानी का	mīthe pānī ka
estanque (m)	ताल (m)	tāl
río (m)	नदी (f)	nadī

cubil (m)	गुफ़ा (f)	gufa
nido (m)	घोंसला (m)	ghonsala
agujero (m)	खोखला (m)	khokhala
madriguera (f)	बिल (m)	bil
hormiguero (m)	बांबी (f)	bāmbī

224. El cuidado de los animales

| zoológico (m) | चिड़ियाघर (m) | chiriyāghar |
| reserva (f) natural | पशुविहार (m) | pashuvihār |

criadero (m)	पशुफ़ार्म (m)	pashufārm
jaula (f) al aire libre	अहाता (m)	ahāta
jaula (f)	पिंजरा (m)	pinjara
perrera (f)	कुत्ताघर (m)	kuttāghar

palomar (m)	कबूतरखाना (m)	kabūtarakhāna
acuario (m)	मछलीघर (m)	machhalīghar
delfinario (m)	डॉल्फ़िनघर (m)	dolafinaghar

criar (~ animales)	पालन करना	pālan karana
crías (f pl)	बच्चे (m)	bachche
domesticar (vt)	पालतू बनाना	pālatū banāna
adiestrar (~ animales)	सधाना	sadhāna

| pienso (m), comida (f) | चारा (m) | chāra |
| dar de comer | खिलाना | khilāna |

tienda (f) de animales	पालतू जानवरों की दुकान (f)	pālatū jānavaron kī dukān
bozal (m) de perro	थूथन (f)	thūthan
collar (m)	पट्टा (m)	patta
nombre (m) (de perro, etc.)	नाम (m)	nām
pedigrí (m)	वंशावली (f)	vanshāvalī

225. Los animales. Miscelánea

manada (f) (de lobos)	झुंड (m)	jhund
bandada (f) (de pájaros)	झुंड (m)	jhund
banco (m) de peces	झुंड (m)	jhund
caballada (f)	झुंड (m)	jhund
macho (m)	नर (m)	nar
hembra (f)	मादा (f)	māda
hambriento (adj)	भूखा	bhūkha
salvaje (adj)	जंगली	jangalī
peligroso (adj)	खतरनाक	khataranāk

226. Los caballos

caballo (m)	घोड़ा (m)	ghora
raza (f)	नस्ल (f)	nasl
potro (m)	बछड़ा (m)	bachhara
yegua (f)	घोड़ी (f)	ghorī
mustang (m)	मुस्तांग (m)	mustāng
poni (m)	टट्टू (m)	tattū
caballo (m) de tiro	भारवाही घोड़ा (m)	bhāravāhī ghora
crin (f)	अयाल (m)	ayāl
cola (f)	पूँछ (f)	pūnchh
casco (m) (pezuña)	खुर (m)	khur
herradura (f)	अश्वनाल (f)	ashvanāl
herrar (vt)	नाल जड़ना	nāl jarana
herrero (m)	लोहार (m)	lohār
silla (f)	काठी (f)	kāthī
estribo (m)	रक़ाब (m)	raqāb
bridón (m)	लगाम (f)	lagām
riendas (f pl)	लगाम (f)	lagām
fusta (f)	चाबूक (m)	chābūk
jinete (m)	सवार (m)	savār
ensillar (vt)	काठी कसना	kāthī kasana
montar al caballo	काठी पर बैठना	kāthī par baithana
galope (m)	सरपट (f)	sarapat
ir al galope	सरपट दौड़ना	sarapat daurana
trote (m)	दुलकी चाल (m)	dulakī chāl
al trote (adv)	दुलकी चाल चलना	dulakī chāl chalana
caballo (m) de carreras	दौड़ का घोड़ा (m)	daur ka ghora
carreras (f pl)	घुड़दौड़ (m pl)	ghuradaur
caballeriza (f)	अस्तबल (m)	astabal
dar de comer	खिलाना	khilāna

heno (m)	सूखी घास (f)	sūkhī ghās
dar de beber	पिलाना	pilāna
limpiar (el caballo)	नहलाना	nahalāna
pastar (vi)	चरना	charana
relinchar (vi)	हिनहिनाना	hinahināna
cocear (vi)	लात मारना	lāt mārana

La flora

árbol (m)	पेड़ (m)	per
foliáceo (adj)	पर्णपाती	parnapātī
conífero (adj)	शंकुधर	shankudhar
de hoja perenne	सदाबहार	sadābahār

manzano (m)	सेब वृक्ष (m)	seb vrksh
peral (m)	नाशपाती का पेड़ (m)	nāshpātī ka per
cerezo (m), guindo (m)	चेरी का पेड़ (f)	cherī ka per
ciruelo (m)	आलूबुख़ारे का पेड़ (m)	ālūbukhāre ka per

abedul (m)	सनोबर का पेड़ (m)	sanobar ka per
roble (m)	बलूत (m)	balūt
tilo (m)	लिनडेन वृक्ष (m)	linaden vrksh
pobo (m)	आस्पेन वृक्ष (m)	āspen vrksh
arce (m)	मेपल (m)	mepal

pícea (f)	फर का पेड़ (m)	far ka per
pino (m)	देवदार (m)	devadār
alerce (m)	लार्च (m)	lārch
abeto (m)	फर (m)	far
cedro (m)	देवदर (m)	devadar
álamo (m)	पोप्लर वृक्ष (m)	poplar vrksh
serbal (m)	रोवाण (m)	rovān
sauce (m)	विलो (f)	vilo
aliso (m)	आल्डर वृक्ष (m)	āldar vrksh

haya (f)	बीच (m)	bīch
olmo (m)	एल्म वृक्ष (m)	elm vrksh
fresno (m)	एश-वृक्ष (m)	esh-vrksh
castaño (m)	चेस्टनट (m)	chestanat

magnolia (f)	मैगनोलिया (f)	maiganoliya
palmera (f)	ताड़ का पेड़ (m)	tār ka per
ciprés (m)	सरो (m)	saro

mangle (m)	मैनग्रोव (m)	mainagrov
baobab (m)	गोरक्षी (m)	gorakshī
eucalipto (m)	यूकेलिप्टस (m)	yūkeliptas
secoya (f)	सेकोइया (f)	sekoiya

mata (f)	झाड़ी (f)	jhārī
arbusto (m)	झाड़ी (f)	jhārī

| vid (f) | अंगूर की बेल (f) | angūr kī bel |
| viñedo (m) | अंगूर का बाग़ (m) | angūr ka bāg |

frambueso (m)	रास्पबेरी की झाड़ी (f)	rāspaberī kī jhārī
grosellero (m) rojo	लाल करंट की झाड़ी (f)	lāl karent kī jhārī
grosellero (m) espinoso	गूज़बेरी की झाड़ी (f)	gūzaberī kī jhārī

acacia (f)	ऐकेशिय (m)	aikeshiy
berberís (m)	बारबेरी झाड़ी (f)	bāraberī jhārī
jazmín (m)	चमेली (f)	chamelī

enebro (m)	जूनिपर (m)	jūnipar
rosal (m)	गुलाब की झाड़ी (f)	gulāb kī jhārī
escaramujo (m)	जंगली गुलाब (m)	jangalī gulāb

229. Los hongos

seta (f)	गगन-धूलि (f)	gagan-dhūli
seta (f) comestible	खाने योग्य गगन-धूलि (f)	khāne yogy gagan-dhūli
seta (f) venenosa	ज़हरीली गगन-धूलि (f)	zaharīlī gagan-dhūli
sombrerete (m)	छतरी (f)	chhatarī
estipe (m)	डंठल (f)	danthal

seta calabaza (f)	सफ़ेद गगन-धूलि (f)	safed gagan-dhūli
boleto (m) castaño	नारंगी छतरी वाली गगन-धूलि (f)	nārangī chhatarī vālī gagan-dhūli
boleto (m) áspero	बर्च बोलेट (f)	barch bolet
rebozuelo (m)	शेंटरेल (f)	shentarel
rúsula (f)	रसुला (f)	rasula

colmenilla (f)	मोरेल (f)	morel
matamoscas (m)	फ्लाई ऐगेरिक (f)	flaī aigerik
oronja (f) verde	डेथ कैप (f)	deth kaip

230. Las frutas. Las bayas

fruto (m)	फल (m)	fal
frutos (m pl)	फल (m pl)	fal
manzana (f)	सेब (m)	seb
pera (f)	नाशपाती (f)	nāshpātī
ciruela (f)	आलूबुखारा (m)	ālūbukhāra

fresa (f)	स्ट्रॉबेरी (f)	stroberī
guinda (f), cereza (f)	चेरी (f)	cherī
uva (f)	अंगूर (m)	angūr

frambuesa (f)	रास्पबेरी (f)	rāspaberī
grosella (f) negra	काली करंट (f)	kālī karent
grosella (f) roja	लाल करंट (f)	lāl karent
grosella (f) espinosa	गूज़बेरी (f)	gūzaberī
arándano (m) agrio	क्रेनबेरी (f)	krenaberī
naranja (f)	संतरा (m)	santara

mandarina (f)	नारंगी (f)	nārangī
piña (f)	अनानास (m)	anānās
banana (f)	केला (m)	kela
dátil (m)	खजूर (m)	khajūr
limón (m)	नींबू (m)	nīmbū
albaricoque (m)	खुबानी (f)	khūbānī
melocotón (m)	आड़ू (m)	ārū
kiwi (m)	चीकू (m)	chīkū
toronja (f)	ग्रेपफ्रूट (m)	grepafrūt
baya (f)	बेरी (f)	berī
bayas (f pl)	बेरियां (f pl)	beriyān
arándano (m) rojo	काओबेरी (f)	kaoberī
fresa (f) silvestre	जंगली स्ट्रॉबेरी (f)	jangalī stroberī
arándano (m)	बिलबेरी (f)	bilaberī

231. Las flores. Las plantas

flor (f)	फूल (m)	fūl
ramo (m) de flores	गुलदस्ता (m)	guladasta
rosa (f)	गुलाब (f)	gulāb
tulipán (m)	ट्यूलिप (m)	tyūlip
clavel (m)	गुलनार (m)	gulanār
gladiolo (m)	ग्लेडियोलस (m)	glediyolas
aciano (m)	नीलकूपी (m)	nīlakūpī
campanilla (f)	ब्लूबेल (m)	blūbel
diente (m) de león	कुकरौंधा (m)	kukaraundha
manzanilla (f)	कैमोमाइल (m)	kaimomail
áloe (m)	मुसब्बर (m)	musabbar
cacto (m)	कैक्टस (m)	kaiktas
ficus (m)	रबड़ का पौधा (m)	rabar ka paudha
azucena (f)	कुमुदिनी (f)	kumudinī
geranio (m)	जेरेनियम (m)	jeraniyam
jacinto (m)	हायसिंथ (m)	hāyasinth
mimosa (f)	मिमोसा (m)	mimosa
narciso (m)	नरगिस (f)	naragis
capuchina (f)	नस्टाशयम (m)	nastāshayam
orquídea (f)	आर्किड (m)	ārkid
peonía (f)	पियोनी (m)	piyonī
violeta (f)	वॉयलेट (m)	voyalet
trinitaria (f)	पैंज़ी (m pl)	painzī
nomeolvides (f)	फर्गेट मी नाट (m)	fargent mī nāt
margarita (f)	गुलबहार (f)	gulabahār
amapola (f)	खशखाश (m)	khashakhāsh
cáñamo (m)	भांग (f)	bhāng

menta (f)	पुदीना (m)	pudīna
muguete (m)	कामुदिनी (f)	kāmudinī
campanilla (f) de las nieves	सफ़ेद फूल (m)	safed fūl
ortiga (f)	बिच्छू बूटी (f)	bichchhū būtī
acedera (f)	सोरेल (m)	sorel
nenúfar (m)	कुमुदिनी (f)	kumudinī
helecho (m)	फर्न (m)	farn
liquen (m)	शैवाक (m)	shaivāk
invernadero (m) tropical	शीशाघर (m)	shīshāghar
césped (m)	घास का मैदान (m)	ghās ka maidān
macizo (m) de flores	फुलवारी (f)	fulavārī
planta (f)	पौधा (m)	paudha
hierba (f)	घास (f)	ghās
hoja (f) de hierba	तिनका (m)	tinaka
hoja (f)	पत्ती (f)	pattī
pétalo (m)	पंखड़ी (f)	pankharī
tallo (m)	डंडी (f)	dandī
tubérculo (m)	कंद (m)	kand
retoño (m)	अंकुर (m)	ankur
espina (f)	कांटा (m)	kānta
florecer (vi)	खिलना	khilana
marchitarse (vr)	मुरझाना	murajhāna
olor (m)	बू (m)	bū
cortar (vt)	काटना	kātana
coger (una flor)	तोड़ना	torana

232. Los cereales, los granos

grano (m)	दाना (m)	dāna
cereales (m pl) (plantas)	अनाज की फ़सलें (m pl)	anāj kī fasalen
espiga (f)	बाल (f)	bāl
trigo (m)	गेहूं (m)	gehūn
centeno (m)	रई (f)	raī
avena (f)	जई (f)	jaī
mijo (m)	बाजरा (m)	bājara
cebada (f)	जौ (m)	jau
maíz (m)	मक्का (m)	makka
arroz (m)	चावल (m)	chāval
alforfón (m)	मोथी (m)	mothī
guisante (m)	मटर (m)	matar
fréjol (m)	राजमा (f)	rājama
soya (f)	सोया (m)	soya
lenteja (f)	दाल (m)	dāl
habas (f pl)	फली (f pl)	falī

233. Los vegetales. Las verduras

legumbres (f pl)	सब्ज़ियाँ (f pl)	sabziyān
verduras (f pl)	हरी सब्ज़ियाँ (f)	harī sabjiyān
tomate (m)	टमाटर (m)	tamātar
pepino (m)	खीरा (m)	khīra
zanahoria (f)	गाजर (f)	gājar
patata (f)	आलू (m)	ālū
cebolla (f)	प्याज़ (f)	pyāz
ajo (m)	लहसुन (m)	lahasun
col (f)	बंदगोभी (f)	bandagobhī
coliflor (f)	फूल गोभी (f)	fūl gobhī
col (f) de Bruselas	ब्रसेल्स स्प्राउट्स (m)	brasels sprauts
remolacha (f)	चुकन्दर (m)	chukandar
berenjena (f)	बैंगन (m)	baingan
calabacín (m)	लौकी (f)	laukī
calabaza (f)	कद्दू (m)	kaddū
nabo (m)	शलजम (f)	shalajam
perejil (m)	अजमोद (f)	ajamod
eneldo (m)	सोआ (m)	soa
lechuga (f)	सलाद पत्ता (m)	salād patta
apio (m)	सेलरी (m)	selarī
espárrago (m)	एस्परैगस (m)	esparaigas
espinaca (f)	पालक (m)	pālak
guisante (m)	मटर (m)	matar
habas (f pl)	फली (f pl)	falī
maíz (m)	मकई (f)	makī
fréjol (m)	राजमा (f)	rājama
pimentón (m)	मिर्च (f)	mirch
rábano (m)	मूली (f)	mūlī
alcachofa (f)	अतिशोक (m)	artishok

GEOGRAFÍA REGIONAL

234. Europa occidental

Europa (f)	यूरोप (m)	yūrop
Unión (f) Europea	यूरोपीय संघ (m)	yūropīy sangh
europeo (m)	यरोपीय (m)	yaropīy
europeo (adj)	यरोपीय	yaropīy
Austria (f)	ऑस्ट्रिया (m)	ostriya
austriaco (m)	ऑस्ट्रियाई (m)	ostriyaī
austriaca (f)	ऑस्ट्रीयाई (f)	ostrīyaī
austriaco (adj)	ऑस्ट्रीयाई	ostrīyaī
Gran Bretaña (f)	ग्रेट ब्रिटेन (m)	gret briten
Inglaterra (f)	इग्लैंड (m)	inglaind
inglés (m)	ब्रिटिश (m)	british
inglesa (f)	ब्रिटिश (f)	british
inglés (adj)	अंग्रेज़	angrez
Bélgica (f)	बेल्जियम (m)	beljiyam
belga (m)	बेल्जियाई (m)	beljiyaī
belga (f)	बेल्जियाई (f)	beljiyaī
belga (adj)	बेल्जियाई	beljiyaī
Alemania (f)	जर्मन (m)	jarman
alemán (m)	जर्मन (m)	jarman
alemana (f)	जर्मन (f)	jarman
alemán (adj)	जर्मन	jarman
Países Bajos (m pl)	नीदरलैंड्स (m)	nīdaralainds
Holanda (f)	हॉलैंड (m)	holaind
holandés (m)	डच (m)	dach
holandesa (f)	डच (f)	dach
holandés (adj)	डच	dach
Grecia (f)	ग्रीस (m)	grīs
griego (m)	ग्रीक (m)	grīk
griega (f)	ग्रीक (f)	grīk
griego (adj)	ग्रीक	grīk
Dinamarca (f)	डेन्मार्क (m)	denmārk
danés (m)	डेनिश (m)	denish
danesa (f)	डेनिश (f)	denish
danés (adj)	डेनिश	denish
Irlanda (f)	आयरलैंड (m)	āyaralaind
irlandés (m)	आयरिश (m)	āyarish
irlandesa (f)	आयरिश (f)	āyarish
irlandés (adj)	आयरिश	āyarish

Islandia (f)	आयसलैंड (m)	āyasalaind
islandés (m)	आयसलैंडर (m)	āyasalaindar
islandesa (f)	आयसलैंडर (f)	āyasalaindar
islandés (adj)	आयसलैंडर	āyasalaindar
España (f)	स्पेन (m)	spen
español (m)	स्पेनी (m)	spenī
española (f)	स्पेनी (f)	spenī
español (adj)	स्पेनी	spenī
Italia (f)	इटली (m)	italī
italiano (m)	इतालवी (m)	itālavī
italiana (f)	इतालवी (f)	itālavī
italiano (adj)	इतालवी	itālavī
Chipre (m)	साइप्रस (m)	saipras
chipriota (m)	साइप्रस वासी (m)	saipras vāsī
chipriota (f)	साइप्रस वासी (f)	saipras vāsī
chipriota (adj)	साइप्रसी	saiprasī
Malta (f)	माल्टा (m)	mālta
maltés (m)	मोलतिज़ (m)	molatiz
maltesa (f)	मोलतिज़ (f)	molatiz
maltés (adj)	मोलतिज़	molatiz
Noruega (f)	नार्वे (m)	nārve
noruego (m)	नार्वेजियन (m)	nārvejiyan
noruega (f)	नार्वेजियन (f)	nārvejiyan
noruego (adj)	नार्वेजियन	nārvejiyan
Portugal (m)	पुर्तगाल (m)	purtagāl
portugués (m)	पुर्तगाली (m)	purtagālī
portuguesa (f)	पुर्तगाली (f)	purtagālī
portugués (adj)	पुर्तगाली	purtagālī
Finlandia (f)	फ़िनलैंड (m)	finalaind
finlandés (m)	फ़िनिश (m)	finish
finlandesa (f)	फ़िनिश (f)	finish
finlandés (adj)	फ़िनिश	finish
Francia (f)	फ़्रांस (m)	frāns
francés (m)	फ़्रांसीसी (m)	frānsīsī
francesa (f)	फ़्रांसीसी (f)	frānsīsī
francés (adj)	फ़्रांसीसी	frānsīsī
Suecia (f)	स्वीडन (m)	svīdan
sueco (m)	स्वीड (m)	svīd
sueca (f)	स्वीड (f)	svīd
sueco (adj)	स्वीडिश	svīdish
Suiza (f)	स्विट्ज़रलैंड (m)	svitzaralaind
suizo (m)	स्विस (m)	svis
suiza (f)	स्विस (f)	svis
suizo (adj)	स्विस	svis
Escocia (f)	स्कॉटलैंड (m)	skotalaind
escocés (m)	स्कॉटिश (m)	skotish

| escocesa (f) | स्कॉटिश (f) | skotish |
| escocés (adj) | स्कॉटिश | skotish |

Vaticano (m)	वेटिकन (m)	vetikan
Liechtenstein (m)	लिक्टेंस्टीन (m)	likatenstīn
Luxemburgo (m)	लक्ज़मबर्ग (m)	lakzamabarg
Mónaco (m)	मोनाको (m)	monāko

235. Europa central y oriental

Albania (f)	अल्बानिया (m)	albāniya
albanés (m)	अल्बानियाई (m)	albāniyaī
albanesa (f)	अल्बानियाई (f)	albāniyaī
albanés (adj)	अल्बानियाई	albāniyaī

Bulgaria (f)	बुल्गारिया (m)	bulgāriya
búlgaro (m)	बल्गेरियाई (m)	balgeriyaī
búlgara (f)	बल्गेरियाई (f)	balgeriyaī
búlgaro (adj)	बल्गेरियाई	balgeriyaī

Hungría (f)	हंगरी (m)	hangarī
húngaro (m)	हंगेरियाई (m)	hangeriyaī
húngara (f)	हंगेरियाई (f)	hangeriyaī
húngaro (adj)	हंगेरियाई	hangeriyaī

Letonia (f)	लाटविया (m)	lātaviya
letón (m)	लाटवियाई (m)	lātaviyaī
letona (f)	हंगेरियाई (f)	hangeriyaī
letón (adj)	लाटवियाई	lātaviyaī

Lituania (f)	लिथुआनिया (m)	lithuāniya
lituano (m)	लिथुआनियन (m)	lithuāniyan
lituana (f)	लिथुआनियन (f)	lithuāniyan
lituano (adj)	लिथुआनियन	lithuāniyan

Polonia (f)	पोलैंड (m)	polaind
polaco (m)	पोलिश (m)	polish
polaca (f)	पोलिश (f)	polish
polaco (adj)	पोलिश	polish

Rumania (f)	रोमानिया (m)	romāniya
rumano (m)	रोमानियाई (m)	romāniyaī
rumana (f)	रोमानियाई (f)	romāniyaī
rumano (adj)	रोमानियाई	romāniyaī

Serbia (f)	सर्बिया (m)	sarbiya
serbio (m)	सर्बियाई (m)	sarbiyaī
serbia (f)	सर्बियाई (f)	sarbiyaī
serbio (adj)	सर्बियाई	sarbiyaī

Eslovaquia (f)	स्लोवाकिया (m)	slovākiya
eslovaco (m)	स्लोवाकियन (m)	slovākiyan
eslovaca (f)	स्लोवाकियन (f)	slovākiyan
eslovaco (adj)	स्लोवाकियन	slovākiyan

Croacia (f)	क्रोएशिया (m)	kroeshiya
croata (m)	क्रोएशियन (m)	kroeshiyan
croata (f)	क्रोएशियन (f)	kroeshiyan
croata (adj)	क्रोएशियन	kroeshiyan

Chequia (f)	चेक गणतंत्र (m)	chek ganatantr
checo (m)	चेक (m)	chek
checa (f)	चेक (f)	chek
checo (adj)	चेक	chek

Estonia (f)	एस्तोनिया (m)	estoniya
estonio (m)	एस्तोनियन (m)	estoniyan
estonia (f)	एस्तोनियन (f)	estoniyan
estonio (adj)	एस्तोनियन	estoniyan

Bosnia y Herzegovina	बोस्निया और हर्ज़ेगोविना	bosniya aur harzegovina
Macedonia	मेसेडोनिया (m)	mesedoniya
Eslovenia	स्लोवेनिया (m)	sloveniya
Montenegro (m)	मोंटेनेग्रो (m)	montenegro

236. Los países de la antes Unión Soviética

Azerbaiyán (m)	आज़रबाइजान (m)	āzarabaijān
azerbaiyano (m)	आज़रबाइजानी (m)	āzarabaijānī
azerbaiyana (f)	आज़रबाइजानी (f)	āzarabaijānī
azerbaiyano (adj)	आज़रबाइजानी	āzarabaijānī

Armenia (f)	आर्मीनिया (m)	ārmīniya
armenio (m)	आर्मीनियन (m)	ārmīniyan
armenia (f)	आर्मीनियन (f)	ārmīniyan
armenio (adj)	आर्मीनियाई	ārmīniyaī

Bielorrusia (f)	बेलारूस (m)	belārūs
bielorruso (m)	बेलारूसी (m)	belārūsī
bielorrusa (f)	बेलारूसी (f)	belārūsī
bielorruso (adj)	बेलारूसी	belārūsī

Georgia (f)	जॉर्जिया (m)	jorjiya
georgiano (m)	जॉर्जियन (m)	jorjiyan
georgiana (f)	जॉर्जियन (f)	jorjiyan
georgiano (adj)	जॉर्जिया	jorjiya

Kazajstán (m)	कज़ाकस्तान (m)	kazākastān
kazajo (m)	कज़ाकी (m)	kazākī
kazaja (f)	कज़ाकी (f)	kazākī
kazajo (adj)	कज़ाकी	kazākī

Kirguizistán (m)	किर्गीज़िया (m)	kirgīziya
kirguís (m)	किर्गीज़ (m)	kirgīz
kirguisa (f)	किर्गीज़ (f)	kirgīz
kirguís (adj)	किर्गीज़	kirgīz

| Moldavia (f) | मोलदोवा (m) | moladova |
| moldavo (m) | मोलदोवियन (m) | moladoviyan |

moldava (f)	मोलदोवियन (f)	moladoviyan
moldavo (adj)	मोलदोवियन	moladoviyan
Rusia (f)	रूस (m)	rūs
ruso (m)	रूसी (m)	rūsī
rusa (f)	रूसी (f)	rūsī
ruso (adj)	रूसी	rūsī
Tayikistán (m)	ताजिकिस्तान (m)	tājikistān
tayiko (m)	ताजिक (m)	tājik
tayika (f)	ताजिक (f)	tājik
tayiko (adj)	ताजिक	tājik
Turkmenistán (m)	तुर्कमानिस्तान (m)	turkamānistān
turkmeno (m)	तुर्कमानी (m)	turkamānī
turkmena (f)	तुर्कमानी (f)	turkamānī
turkmeno (adj)	तुर्कमानी	turkamānī
Uzbekistán (m)	उज़्बेकिस्तान (m)	uzbekistān
uzbeko (m)	उज़्बेकी (m)	uzbekī
uzbeka (f)	उज़्बेकी (f)	uzbekī
uzbeko (adj)	उज़्बेकि	uzbeki
Ucrania (f)	यूक्रेन (m)	yūkren
ucraniano (m)	यूक्रेनी (m)	yūkrenī
ucraniana (f)	यूक्रेनी (f)	yūkrenī
ucraniano (adj)	यूक्रेनी	yūkrenī

237. Asia

Asia (f)	एशिया (f)	eshiya
asiático (adj)	एशियई	eshiyī
Vietnam (m)	वियतनाम (m)	viyatanām
vietnamita (m)	वियतनामी (m)	viyatanāmī
vietnamita (f)	वियतनामी (f)	viyatanāmī
vietnamita (adj)	वियतनामी	viyatanāmī
India (f)	भारत (m)	bhārat
indio (m)	भारतीय (m)	bhāratīy
india (f)	भारतीय (f)	bhāratīy
indio (adj)	भारतीय	bhāratīy
Israel (m)	इसायल (m)	isrāyal
israelí (m)	इसाइली (m)	israilī
israelí (f)	इसाइली (f)	israilī
israelí (adj)	इसाइली	israilī
hebreo (m)	यहूदी (m)	yahūdī
hebrea (f)	यहूदी (f)	yahūdī
hebreo (adj)	यहूदी	yahūdī
China (f)	चीन (m)	chīn
chino (m)	चीनी (m)	chīnī

| china (f) | चीनी (f) | chīnī |
| chino (adj) | चीनी | chīnī |

Corea (f) del Sur	दक्षिण कोरिया (m)	dakshin koriya
Corea (f) del Norte	उतर कोरिया (m)	uttar koriya
coreano (m)	कोरियन (m)	koriyan
coreana (f)	कोरियन (f)	koriyan
coreano (adj)	कोरियन	koriyan

Líbano (m)	लेबनान (m)	lebanān
libanés (m)	लेबनानी (m)	lebanānī
libanesa (f)	लेबनानी (f)	lebanānī
libanés (adj)	लेबनानी	lebanānī

Mongolia (f)	मंगोलिया (m)	mangoliya
mongol (m)	मंगोलियन (m)	mangoliyan
mongola (f)	मंगोलियन (f)	mangoliyan
mongol (adj)	मंगोलियन	mangoliyan

Malasia (f)	मलेशिया (m)	maleshiya
malayo (m)	मलेशियाई (m)	maleshiyaī
malaya (f)	मलेशियाई (f)	maleshiyaī
malayo (adj)	मलेशियाई	maleshiyaī

Pakistán (m)	पाकिस्तान (m)	pākistān
pakistaní (m)	पाकिस्तानी (m)	pākistānī
pakistaní (f)	पाकिस्तानी (f)	pākistānī
pakistaní (adj)	पाकिस्तानी	pākistānī

Arabia (f) Saudita	सऊदी अरब (m)	saūdī arab
árabe (m)	अरब (m)	arab
árabe (f)	अरबी (f)	arabī
árabe (adj)	अरबी	arabī

Tailandia (f)	थाईलैंड (m)	thaīlaind
tailandés (m)	थाई (m)	thaī
tailandesa (f)	थाई (f)	thaī
tailandés (adj)	थाई	thaī

Taiwán (m)	ताइवान (m)	taivān
taiwanés (m)	ताइवानी (m)	taivānī
taiwanesa (f)	ताइवानी (f)	taivānī
taiwanés (adj)	ताइवानी	taivānī

Turquía (f)	तुर्की (m)	turkī
turco (m)	तुर्क (m)	turk
turca (f)	तुर्क (m)	turk
turco (adj)	तुर्किश	turkish

Japón (m)	जापान (m)	jāpān
japonés (m)	जापानी (m)	jāpānī
japonesa (f)	जापानी (f)	jāpānī
japonés (adj)	जापानी	jāpānī

| Afganistán (m) | अफ़ग़ानिस्तान (m) | afagānistān |
| Bangladesh (m) | बांग्लादेश (m) | bānglādesh |

| Indonesia (f) | इण्डोनेशिया (m) | indoneshiya |
| Jordania (f) | जॉर्डन (m) | jordan |

Irak (m)	इराक़ (m)	irāq
Irán (m)	इरान (m)	irān
Camboya (f)	कम्बोडिया (m)	kambodiya
Kuwait (m)	कुवैत (m)	kuvait

Laos (m)	लाओस (m)	laos
Myanmar (m)	म्यांमर (m)	myāmmar
Nepal (m)	नेपाल (m)	nepāl
Emiratos (m pl) Árabes Unidos	संयुक्त अरब अमीरात (m)	sanyukt arab amīrāt

| Siria (f) | सीरिया (m) | sīriya |
| Palestina (f) | फिलिस्तीन (m) | filistīn |

238. América del Norte

Estados Unidos de América (m pl)	संयुक्त राज्य अमरीका (m)	sanyukt rājy amarīka
americano (m)	अमरीकी (m)	amarīkī
americana (f)	अमरीकी (f)	amarīkī
americano (adj)	अमरीकी	amarīkī

Canadá (f)	कनाडा (m)	kanāda
canadiense (m)	कैनेडियन (m)	kainediyan
canadiense (f)	कैनेडियन (f)	kainediyan
canadiense (adj)	कैनेडियन	kainediyan

Méjico (m)	मेक्सिको (m)	meksiko
mejicano (m)	मेक्सिकन (m)	meksikan
mejicana (f)	मेक्सिकन (f)	meksikan
mejicano (adj)	मेक्सिकन	meksikan

239. Centroamérica y Sudamérica

Argentina (f)	अर्जेंटीना (m)	arjentīna
argentino (m)	अर्जेंटीनी (m)	arjentīnī
argentina (f)	अर्जेंटीनी (f)	arjentīnī
argentino (adj)	अर्जेंटीनी	arjentīnī

Brasil (m)	ब्राज़ील (m)	brāzīl
brasileño (m)	ब्राज़ीली (m)	brāzīlī
brasileña (f)	ब्राज़ीली (f)	brāzīlī
brasileño (adj)	ब्राज़ीली	brāzīlī

Colombia (f)	कोलम्बिया (m)	kolambiya
colombiano (m)	कोलम्बियन (m)	kolambiyan
colombiana (f)	कोलम्बियन (f)	kolambiyan
colombiano (adj)	कोलम्बियन	kolambiyan
Cuba (f)	क्यूबा (m)	kyūba
cubano (m)	क्यूबन (m)	kyūban

cubana (f)	क्यूबन (f)	kyūban
cubano (adj)	क्यूबाई	kyūbaī
Chile (m)	चिली (m)	chilī
chileno (m)	चीलीयन (m)	chīlīyan
chilena (f)	चीलीयन (f)	chīlīyan
chileno (adj)	चीलीयन	chīlīyan
Bolivia (f)	बोलीविया (m)	bolīviya
Venezuela (f)	वेनेज़ुएला (m)	venezuela
Paraguay (m)	परागुआ (m)	parāgua
Perú (m)	पेरू (m)	perū
Surinam (m)	सूरीनाम (m)	sūrīnām
Uruguay (m)	उरुग्वे (m)	urugve
Ecuador (m)	इक्वेडोर (m)	ikvedor
Islas (f pl) Bahamas	बहामा (m)	bahāma
Haití (m)	हाइटी (m)	haitī
República (f) Dominicana	डोमिनिकन रिपब्लिक (m)	dominikan ripablik
Panamá (f)	पनामा (m)	panāma
Jamaica (f)	जमैका (m)	jamaika

240. África

Egipto (m)	मिस्र (m)	misr
egipcio (m)	मिस्री (m)	misrī
egipcia (f)	मिस्री (f)	misrī
egipcio (adj)	मिस्री	misrī
Marruecos (m)	मोरक्को (m)	morakko
marroquí (m)	मोरकन (m)	morakan
marroquí (f)	मोरकन (f)	morakan
marroquí (adj)	मोरकन	morakan
Túnez (m)	ट्युनीसिया (m)	tyunīsiya
tunecino (m)	ट्युनीसियन (m)	tyunīsiyan
tunecina (f)	ट्युनीसियन (f)	tyunīsiyan
tunecino (adj)	ट्युनीसियन	tyunīsiyan
Ghana (f)	घाना (m)	ghāna
Zanzíbar (m)	ज़ैंज़िबार (m)	zainzibār
Kenia (f)	केन्या (m)	kenya
Libia (f)	लीबिया (m)	lībiya
Madagascar (m)	मडागास्कार (m)	madāgāskār
Namibia (f)	नामीबिया (m)	nāmībiya
Senegal (m)	सेनेगाल (m)	senegāl
Tanzania (f)	तंज़ानिया (m)	tanzāniya
República (f) Sudafricana	दक्षिण अफ्रीका (m)	dakshin afrīka
africano (m)	अफ्रीकी (m)	afrīkī
africana (f)	अफ्रीकी (f)	afrīkī
africano (adj)	अफ्रीकी	afrīkī

241. Australia. Oceanía

Australia (f)	आस्ट्रेलिया (m)	āstreliya
australiano (m)	आस्ट्रेलियन (m)	āstreliyan
australiana (f)	आस्ट्रेलियन (f)	āstreliyan
australiano (adj)	आस्ट्रेलियन	āstreliyan
Nueva Zelanda (f)	न्यू ज़ीलैंड (m)	nyū zīlaind
neocelandés (m)	न्यू ज़ीलैंडियन (m)	nyū zīlaindiyan
neocelandesa (f)	न्यू ज़ीलैंडियन (f)	nyū zīlaindiyan
neocelandés (adj)	न्यू ज़ीलैंडियन	nyū zīlaindiyan
Tasmania (f)	तास्मानिया (m)	tāsmāniya
Polinesia (f) Francesa	फ्रेंच पॉलीनेशिया (m)	french polīneshiya

242. Las ciudades

Ámsterdam	एम्स्टर्डम (m)	emstardam
Ankara	अंकारा (m)	ankāra
Atenas	एथेन्स (m)	ethens
Bagdad	बगदाद (m)	bagadād
Bangkok	बैंकॉक (m)	bainkok
Barcelona	बार्सिलोना (m)	bārsilona
Beirut	बेरूत (m)	berūt
Berlín	बर्लिन (m)	barlin
Mumbai	मुम्बई (m)	mumbī
Bonn	बॉन (m)	bon
Bratislava	ब्राटीस्लावा (m)	brātīslāva
Bruselas	ब्रसेल्स (m)	brasels
Bucarest	बुखारेस्ट (m)	bukhārest
Budapest	बुडापेस्ट (m)	budāpest
Burdeos	बोर्दी (m)	bordo
El Cairo	काहिरा (m)	kāhira
Calcuta	कोलकाता (m)	kolakāta
Chicago	शिकागो (m)	shikāgo
Copenhague	कोपनहेगन (m)	kopanahegan
Dar-es-Salam	दार-एस-सलाम (m)	dār-es-salām
Delhi	दिल्ली (f)	dillī
Dubai	दुबई (m)	dubī
Dublín	डब्लिन (m)	dablin
Dusseldorf	डसेलडोर्फ़ (m)	daseladorf
Estambul	इस्तांबुल (m)	istāmbul
Estocolmo	स्टॉकहोम (m)	stokahom
Florencia	फ़्लोरेंस (m)	florens
Fráncfort del Meno	फ़्रैंकफ़र्ट (m)	frainkfart
Ginebra	जेनेवा (m)	jeneva
La Habana	हवाना (m)	havāna
Hamburgo	हैम्बर्ग (m)	haimbarg

Hanói	हनोई (m)	hanoī
La Haya	हेग (m)	heg
Helsinki	हेलसिंकी (m)	helasinkī
Hiroshima	हिरोशीमा (m)	hiroshīma
Hong Kong	हांगकांग (m)	hāngakāng
Jerusalén	यरूशलम (m)	yarūshalam
Kiev	कीव (m)	kīv
Kuala Lumpur	कुआला लुम्पुर (m)	kuāla lumpur
Lisboa	लिस्बन (m)	lisban
Londres	लंदन (m)	landan
Los Ángeles	लॉस एंजेलेस (m)	los enjeles
Lyon	लिओन (m)	lion
Madrid	मेड्रिड (m)	medrid
Marsella	मार्सेल (m)	mārsel
Ciudad de México	मेक्सिको सिटी (f)	meksiko sitī
Miami	मियामी (m)	miyāmī
Montreal	मांट्रियल (m)	māntriyal
Moscú	मॉस्को (m)	mosko
Múnich	म्यूनिख (m)	myūnikh
Nairobi	नैरोबी (m)	nairobī
Nápoles	नेपल्स (m)	nepals
Niza	नीस (m)	nīs
Nueva York	न्यू यॉर्क (m)	nyū york
Oslo	ओस्लो (m)	oslo
Ottawa	ओटावा (m)	otāva
París	पेरिस (m)	peris
Pekín	बीजिंग (m)	bījing
Praga	प्राग (m)	prāg
Río de Janeiro	रिओ डे जैनेरो (m)	rio de jainero
Roma	रोम (m)	rom
San Petersburgo	सेंट पीटरस्बर्ग (m)	sent pītarasbarg
Seúl	सियोल (m)	siyol
Shanghái	शंघाई (m)	shanghaī
Singapur	सिंगापुर (m)	singāpur
Sydney	सिडनी (m)	sidanī
Taipei	ताइपे (m)	taipe
Tokio	टोकियो (m)	tokiyo
Toronto	टोरोन्टो (m)	toronto
Varsovia	वॉरसॉ (m)	voraso
Venecia	वीनिस (m)	vīnis
Viena	विएना (m)	viena
Washington	वॉशिंग्टन (m)	voshingtan

243. La política. El gobierno. Unidad 1

política (f)	राजनीति (f)	rājanīti
político (adj)	राजनीतिक	rājanītik

político (m)	राजनीतिज्ञ (m)	rājanītigy
estado (m)	राज्य (m)	rājy
ciudadano (m)	नागरिक (m)	nāgarik
ciudadanía (f)	नागरिकता (f)	nāgarikata

| escudo (m) nacional | राष्ट्रीय प्रतीक (m) | rāshtrīy pratīk |
| himno (m) nacional | राष्ट्रीय धुन (f) | rāshtrīy dhun |

gobierno (m)	सरकार (m)	sarakār
jefe (m) de estado	देश का नेता (m)	desh ka neta
parlamento (m)	संसद (m)	sansad
partido (m)	दल (m)	dal

| capitalismo (m) | पुंजीवाद (m) | punjīvād |
| capitalista (adj) | पुंजीवादी | punjīvādī |

| socialismo (m) | समाजवाद (m) | samājavād |
| socialista (adj) | समाजवादी | samājavādī |

comunismo (m)	साम्यवाद (m)	sāmyavād
comunista (adj)	साम्यवादी	sāmyavādī
comunista (m)	साम्यवादी (m)	sāmyavādī

democracia (f)	प्रजातंत्र (m)	prajātantr
demócrata (m)	प्रजातंत्रवादी (m)	prajātantravādī
democrático (adj)	प्रजातंत्रवादी	prajātantravādī
Partido (m) Democrático	प्रजातंत्रवादी पार्टी (m)	prajātantravādī pārtī

liberal (m)	उदारवादी (m)	udāravādī
liberal (adj)	उदारवादी	udāravādī
conservador (m)	रूढ़िवादी (m)	rūrhivādī
conservador (adj)	रूढ़िवादी	rūrhivādī

república (f)	गणतंत्र (m)	ganatantr
republicano (m)	गणतंत्रवादी (m)	ganatantravādī
Partido (m) Republicano	गणतंत्रवादी पार्टी (m)	ganatantravādī pārtī

elecciones (f pl)	चुनाव (m pl)	chunāv
elegir (vi)	चुनना	chunana
elector (m)	मतदाता (m)	matadāta
campaña (f) electoral	चुनाव प्रचार (m)	chunāv prachār

votación (f)	मतदान (m)	matadān
votar (vi)	मत डालना	mat dālana
derecho (m) a voto	मताधिकार (m)	matādhikār

candidato (m)	उम्मीदवार (m)	ummīdavār
presentarse como candidato	चुनाव लड़ना	chunāv larana
campaña (f)	अभियान (m)	abhiyān

| de oposición (adj) | विरोधी | virodhī |
| oposición (f) | विरोध (m) | virodh |

visita (f)	यात्रा (f)	yātra
visita (f) oficial	सरकारी यात्रा (f)	sarakārī yātra
internacional (adj)	अंतर्राष्ट्रीय	antarrāshtrīy

| negociaciones (f pl) | वार्ता (f pl) | vārtta |
| negociar (vi) | वार्ता करना | vārtta karana |

244. La política. El gobierno. Unidad 2

sociedad (f)	समाज (m)	samāj
constitución (f)	संविधान (m)	sanvidhān
poder (m)	शासन (m)	shāsan
corrupción (f)	भ्रष्टाचार (m)	bhrashtāchār

| ley (f) | कानून (m) | kānūn |
| legal (adj) | कानूनी | kānūnī |

| justicia (f) | न्याय (m) | nyāy |
| justo (adj) | न्यायी | nyāyī |

comité (m)	समिति (f)	samiti
proyecto (m) de ley	विधेयक (m)	vidheyak
presupuesto (m)	बजट (m)	bajat
política (f)	नीति (f)	nīti
reforma (f)	सुधार (m)	sudhār
radical (adj)	आमूल	āmūl

potencia (f) (~ militar, etc.)	ताकत (f)	tākat
poderoso (adj)	प्रबल	prabal
partidario (m)	समर्थक (m)	samarthak
influencia (f)	असर (m)	asar

régimen (m)	शासन (m)	shāsan
conflicto (m)	टकराव (m)	takarāv
complot (m)	साज़िश (f)	sāzish
provocación (f)	उकसाव (m)	ukasāv

derrocar (al régimen)	तख़्ता पलटना	takhta palatana
derrocamiento (m)	तख़्ता पलट (m)	takhta palat
revolución (f)	क्रांति (f)	krānti

| golpe (m) de estado | तख़्ता पलट (m) | takhta palat |
| golpe (m) militar | फ़ौजी बग़ावत (f) | faujī bagāvat |

crisis (f)	संकट (m)	sankat
recesión (f) económica	आर्थिक मंदी (f)	ārthik mandī
manifestante (m)	प्रदर्शक (m)	pradarshak
manifestación (f)	प्रदर्शन (m)	pradarshan
ley (f) marcial	फ़ौजी कानून (m)	faujī kānūn
base (f) militar	सैन्य अड्डा (m)	sainy adda

| estabilidad (f) | स्थिरता (f) | sthirata |
| estable (adj) | स्थिर | sthir |

explotación (f)	शोषण (m)	shoshan
explotar (vt)	शोषण करना	shoshan karana
racismo (m)	जातिवाद (m)	jātivād
racista (m)	जातिवादी (m)	jātivādī

fascismo (m)	फ़ासिवादी (m)	fāsivādī
fascista (m)	फ़ासिस्ट (m)	fāsist

245. Los países. Miscelánea

extranjero (m)	विदेशी (m)	videshī
extranjero (adj)	विदेश	videsh
en el extranjero	परदेश में	paradesh men
emigrante (m)	प्रवासी (m)	pravāsī
emigración (f)	प्रवासन (m)	pravāsan
emigrar (vi)	प्रवास करना	pravās karana
Oeste (m)	पश्चिम (m)	pashchim
Oriente (m)	पूर्व (m)	pūrv
Extremo Oriente (m)	सुदूर पूर्व (m)	sudūr pūrv
civilización (f)	सभ्यता (f)	sabhyata
humanidad (f)	मानवजाति (f)	mānavajāti
mundo (m)	संसार (m)	sansār
paz (f)	शांति (f)	shānti
mundial (adj)	विश्वव्यापी	vishvavyāpī
patria (f)	मातृभूमि (f)	mātrbhūmi
pueblo (m)	जनता (m)	janata
población (f)	जनता (m)	janata
gente (f)	लोग (m)	log
nación (f)	जाति (f)	jāti
generación (f)	पीढ़ी (f)	pīrhī
territorio (m)	प्रदेश (m)	pradesh
región (f)	क्षेत्र (m)	kshetr
estado (m) (parte de un país)	राज्य (m)	rājy
tradición (f)	रिवाज़ (m)	rivāz
costumbre (f)	परम्परा (m)	parampara
ecología (f)	परिस्थितिकी (f)	paristhitikī
indio (m)	रेड इंडियन (m)	red indiyan
gitano (m)	जिप्सी (f)	jipsī
gitana (f)	जिप्सी (f)	jipsī
gitano (adj)	जिप्सी	jipsī
imperio (m)	साम्राज्य (m)	sāmrājy
colonia (f)	उपनिवेश (m)	upanivesh
esclavitud (f)	दासता (f)	dāsata
invasión (f)	हमला (m)	hamala
hambruna (f)	भूखमरी (f)	bhūkhamarī

246. Grupos religiosos principales. Las confesiones

religión (f)	धर्म (m)	dharm
religioso (adj)	धार्मिक	dhārmik

creencia (f)	धर्म (m)	dharm
creer (en Dios)	आस्था रखना	āstha rakhana
creyente (m)	आस्तिक (m)	āstik
ateísmo (m)	नास्तिकवाद (m)	nāstikavād
ateo (m)	नास्तिक (m)	nāstik
cristianismo (m)	ईसाई धर्म (m)	īsaī dharm
cristiano (m)	ईसाई (m)	īsaī
cristiano (adj)	ईसाई	īsaī
catolicismo (m)	कैथोलिक धर्म (m)	kaitholik dharm
católico (m)	कैथोलिक (m)	kaitholik
católico (adj)	कैथोलिक	kaitholik
protestantismo (m)	प्रोटेस्टेंट धर्म (m)	protestent dharm
Iglesia (f) protestante	प्रोटेस्टेंट चर्च (m)	protestent charch
protestante (m)	प्रोटेस्टेंट (m)	protestent
ortodoxia (f)	ऑथीडॉक्सी (m)	orthodoksī
Iglesia (f) ortodoxa	ऑथीडॉक्स चर्च (m)	orthodoks charch
ortodoxo (m)	ऑथीडॉक्सी (m)	orthodoksī
presbiterianismo (m)	प्रेस्बिटेरियनवाद (m)	presbiteriyanavād
Iglesia (f) presbiteriana	प्रेस्बिटेरियन चर्च (m)	presbiteriyan charch
presbiteriano (m)	प्रेस्बिटेरियन (m)	presbiteriyan
Iglesia (f) luterana	लुथर धर्म (m)	luthar dharm
luterano (m)	लुथर (m)	luthar
Iglesia (f) bautista	बैप्टिस्ट चर्च (m)	baiptist charch
bautista (m)	बैप्टिस्ट (m)	baiptist
Iglesia (f) anglicana	अंग्रेज़ी चर्च (m)	angrezī charch
anglicano (m)	अंग्रेज़ी (m)	angrezī
mormonismo (m)	मोर्मनवाद (m)	mormanavād
mormón (m)	मोर्मन (m)	morman
judaísmo (m)	यहूदी धर्म (m)	yahūdī dharm
judío (m)	यहूदी (m)	yahūdī
budismo (m)	बौद्ध धर्म (m)	bauddh dharm
budista (m)	बौद्ध (m)	bauddh
hinduismo (m)	हिन्दू धर्म (m)	hindū dharm
hinduista (m)	हिन्दू (m)	hindū
Islam (m)	इस्लाम (m)	islām
musulmán (m)	मुस्लिम (m)	muslim
musulmán (adj)	मुस्लिम	muslim
chiísmo (m)	शिया इस्लाम (m)	shiya islām
chiita (m)	शिया (m)	shiya
sunismo (m)	सुन्नी इस्लाम (m)	sunnī islām
suní (m, f)	सुन्नी (m)	sunnī

247. Las religiones. Los sacerdotes

sacerdote (m)	पादरी (m)	pādarī
Papa (m)	पोप (m)	pop
monje (m)	मठवासी (m)	mathavāsī
monja (f)	नन (f)	nan
pastor (m)	पादरी (m)	pādarī
abad (m)	एब्बट (m)	ebbat
vicario (m)	विकार (m)	vikār
obispo (m)	बिशप (m)	bishap
cardenal (m)	कार्डिनल (m)	kārdinal
predicador (m)	प्रीचर (m)	prīchar
prédica (f)	धर्मोपदेश (m)	dharmopadesh
parroquianos (pl)	ग्रामवासी (m)	grāmavāsī
creyente (m)	आस्तिक (m)	āstik
ateo (m)	नास्तिक (m)	nāstik

248. La fe. El cristianismo. El islamismo

Adán	आदम (m)	ādam
Eva	हव्वा (f)	havva
Dios (m)	भगवान (m)	bhagavān
Señor (m)	ईश्वर (m)	īshvar
el Todopoderoso	सर्वशक्तिशाली (m)	sarvashaktishālī
pecado (m)	पाप (m)	pāp
pecar (vi)	पाप करना	pāp karana
pecador (m)	पापी (m)	pāpī
pecadora (f)	पापी (f)	pāpī
infierno (m)	नरक (m)	narak
paraíso (m)	जन्नत (m)	jannat
Jesús	ईसा (m)	īsa
Jesucristo (m)	ईसा मसीह (m)	īsa masīh
el Espíritu Santo	पवित्र आत्मा (m)	pavitr ātma
el Salvador	मुक्तिदाता (m)	muktidāta
la Virgen María	वर्जिन मैरी (f)	varjin mairī
el Diablo	शैतान (m)	shaitān
diabólico (adj)	शैतानी	shaitānī
Satán (m)	शैतान (m)	shaitān
satánico (adj)	शैतानी	shaitānī
ángel (m)	फरिश्ता (m)	farishta
ángel (m) custodio	देवदूत (m)	devadūt
angelical (adj)	देवदूतीय	devadūtīy

apóstol (m)	धर्मदूत (m)	dharmadūt
arcángel (m)	महादेवदूत (m)	mahādevadūt
anticristo (m)	ईसा मसीह का शत्रु (m)	īsa masīh ka shatru
Iglesia (f)	गिरजाघर (m)	girajāghar
Biblia (f)	बाइबिल (m)	baibil
bíblico (adj)	बाइबिल का	baibil ka
Antiguo Testamento (m)	ओल्ड टेस्टामेंट (m)	old testāment
Nuevo Testamento (m)	न्यू टेस्टामेंट (m)	nyū testāment
Evangelio (m)	धर्मसिद्धान्त (m)	dharmasiddhānt
Sagrada Escritura (f)	धर्म ग्रंथ (m)	dharm granth
cielo (m)	स्वर्ग (m)	svarg
mandamiento (m)	धर्मादेश (m)	dharmādesh
profeta (m)	पैगंबर (m)	paigambar
profecía (f)	आगामवाणी (f)	āgāmavānī
Alá	अल्लाह (m)	allāh
Mahoma	मुहम्मद (m)	muhammad
Corán, Korán (m)	क़ुरान (m)	qurān
mezquita (f)	मस्जिद (m)	masjid
mulá (m), mullah (m)	मुल्ला (m)	mulla
oración (f)	दुआ (f)	dua
orar, rezar (vi)	दुआ करना	dua karana
peregrinación (f)	तीर्थ यात्रा (m)	tīrth yātra
peregrino (m)	तीर्थ यात्री (m)	tīrth yātrī
La Meca	मक्का (m)	makka
iglesia (f)	गिरजाघर (m)	girajāghar
templo (m)	मंदिर (m)	mandir
catedral (f)	गिरजाघर (m)	girajāghar
gótico (adj)	गोथिक	gothik
sinagoga (f)	सीनागोग (m)	sīnāgog
mezquita (f)	मस्जिद (m)	masjid
capilla (f)	चैपल (m)	chaipal
abadía (f)	ईसाई मठ (m)	īsaī math
convento (m)	मठ (m)	math
monasterio (m)	मठ (m)	math
campana (f)	घंटा (m)	ghanta
campanario (m)	घंटाघर (m)	ghantāghar
sonar (vi)	बजाना	bajāna
cruz (f)	क्रॉस (m)	kros
cúpula (f)	गुंबद (m)	gumbad
icono (m)	देव प्रतिमा (f)	dev pratima
alma (f)	आत्मा (f)	ātma
destino (m)	भाग्य (f)	bhāgy
maldad (f)	बुराई (f)	buraī
bien (m)	भलाई (f)	bhalaī
vampiro (m)	पिशाच (m)	pishāch

bruja (f)	डायन (f)	dāyan
demonio (m)	असुर (m)	asur
espíritu (m)	आत्मा (f)	ātma
redención (f)	प्रयाश्चित (m)	prayāshchit
redimir (vt)	प्रयाश्चित करना	prayāshchit karana
culto (m), misa (f)	धार्मिक सेवा (m)	dhārmik seva
decir misa	उपासना करना	upāsana karana
confesión (f)	पापस्वीकरण (m)	pāpasvīkaran
confesarse (vr)	पापस्वीकरण करना	pāpasvīkaran karana
santo (m)	संत (m)	sant
sagrado (adj)	पवित्र	pavitr
agua (f) santa	पवित्र पानी (m)	pavitr pānī
rito (m)	अनुष्ठान (m)	anushthān
ritual (adj)	सांस्कारिक	sānskārik
sacrificio (m)	कुरबानी (f)	kurabānī
superstición (f)	अंधविश्वास (m)	andhavishvās
supersticioso (adj)	अंधविश्वासी	andhavishvāsī
vida (f) de ultratumba	परलोक (m)	paralok
vida (f) eterna	अमर जीवन (m)	amar jīvan

MISCELÁNEA

249. Varias palabras útiles

alto (m) (parada temporal)	विराम (m)	virām
ayuda (f)	सहायता (f)	sahāyata
balance (m)	संतुलन (m)	santulan
barrera (f)	बाधा (f)	bādha
base (f) (~ científica)	आधार (m)	ādhār
categoría (f)	श्रेणी (f)	shrenī
causa (f)	कारण (m)	kāran
coincidencia (f)	समकालीनता (f)	samakālīnata
comienzo (m) (principio)	शुरू (m)	shurū
comparación (f)	तुलना (f)	tulana
compensación (f)	क्षतिपूर्ति (f)	kshatipurti
confortable (adj)	आरामदेह	ārāmadeh
cosa (f) (objeto)	वस्तु (f)	vastu
crecimiento (m)	वृद्धि (f)	vrddhi
desarrollo (m)	विकास (m)	vikās
diferencia (f)	फ़र्क (m)	fark
efecto (m)	प्रभाव (m)	prabhāv
ejemplo (m)	उदाहरण (m)	udāharan
variedad (f) (selección)	चुनाव (m)	chunāv
elemento (m)	तत्व (m)	tatv
error (m)	ग़लती (f)	galatī
esfuerzo (m)	प्रयत्न (m)	prayatn
estándar (adj)	मानक	mānak
estándar (m)	मानक (m)	mānak
estilo (m)	शैली (f)	shailī
fin (m)	ख़त्म (m)	khatm
fondo (m) (color de ~)	पृष्ठिका (f)	prshtika
forma (f) (contorno)	रूप (m)	rūp
frecuente (adj)	बारंबार	bārambār
grado (m) (en mayor ~)	मात्रा (f)	mātra
hecho (m)	तथ्य (m)	tathy
ideal (m)	आदर्श (m)	ādarsh
laberinto (m)	भूलभुलैया (f)	bhūlabhulaiya
modo (m) (de otro ~)	तरीका (m)	tarīka
momento (m)	पल (m)	pal
objeto (m)	चीज़ें (f)	chīzen
obstáculo (m)	अवरोध (m)	avarodh
original (m)	मूल (m)	mūl
parte (f)	भाग (m)	bhāg

partícula (f)	टुकड़ा (m)	tukara
pausa (f)	विराम (m)	virām
posición (f)	स्थिति (f)	sthiti
principio (m) (tener por ~)	उसूल (m)	usūl
problema (m)	समस्या (f)	samasya
proceso (m)	प्रक्रिया (f)	prakriya
progreso (m)	उन्नति (f)	unnati
propiedad (f) (cualidad)	गुण (m)	gun
reacción (f)	प्रतिक्रिया (f)	pratikriya
riesgo (m)	जोखिम (m)	jokhim
secreto (m)	रहस्य (m)	rahasy
serie (f)	श्रृंखला (f)	shrrnkhala
sistema (m)	प्रणाली (f)	pranālī
situación (f)	स्थिति (f)	sthiti
solución (f)	हल (m)	hal
tabla (f) (~ de multiplicar)	सारणी (f)	sāranī
tempo (m) (ritmo)	गति (f)	gati
término (m)	पारिभाषिक शब्द (m)	pāribhāshik shabd
tipo (m) (p.ej. ~ de deportes)	प्रकार (m)	prakār
tipo (m) (no es mi ~)	ढंग (m)	dhang
turno (m) (esperar su ~)	बारी (f)	bārī
urgente (adj)	अत्यावश्यक	atyāvashyak
urgentemente	तत्काल	tatkāl
utilidad (f)	उपयोग (m)	upayog
variante (f)	विकल्प (m)	vikalp
verdad (f)	सच (m)	sach
zona (f)	क्षेत्र (m)	kshetr

250. Los adjetivos. Unidad 1

abierto (adj)	खुला	khula
adicional (adj)	अतिरिक्त	atirikt
agradable (~ voz)	अच्छा	achchha
agradecido (adj)	आभारी	ābhārī
agrio (sabor ~)	खट्टा	khatta
agudo (adj)	तेज़	tez
alegre (adj)	हँसमुख	hansamukh
amargo (adj)	कड़वा	karava
amplio (~a habitación)	विस्तृत	vistrt
ancho (camino ~)	चौड़ा	chaura
antiguo (adj)	प्राचीन	prāchīn
arriesgado (adj)	खतरनाक	khataranāk
artificial (adj)	कृत्रिम	krtrim
azucarado, dulce (adj)	मीठा	mītha
bajo (voz ~a)	धीमा	dhīma
barato (adj)	सस्ता	sasta

bello (hermoso)	सुंदर	sundar
blando (adj)	नरम	naram
bronceado (adj)	सांवला	sānvala
bueno (de buen corazón)	नेक	nek
bueno (un libro, etc.)	अच्छा	achchha
caliente (adj)	गरम	garam
calmo, tranquilo	शांत	shānt
cansado (adj)	थका	thaka
cariñoso (un padre ~)	विचारशील	vichārashīl
caro (adj)	महंगा	mahanga
central (adj)	केंद्रीय	kendrīy
cerrado (adj)	बंद	band
ciego (adj)	अंधा	andha
civil (derecho ~)	नागरिक	nāgarik
clandestino (adj)	गुप्त	gupt
claro (color)	हल्का	halka
claro (explicación, etc.)	साफ़	sāf
compatible (adj)	अनुकूल	anukūl
congelado (pescado ~)	जमा	jama
conjunto (decisión ~a)	संयुक्त	sanyukt
considerable (adj)	महत्वपूर्ण	mahatvapūrn
contento (adj)	संतुष्ट	santusht
continuo (adj)	दीर्घकालिक	dīrghakālik
continuo (incesante)	निरंतर	nirantar
conveniente (apto)	उचित	uchit
correcto (adj)	ठीक	thīk
cortés (adj)	विनम्र	vinamr
corto (adj)	छोटा	chhota
crudo (huevos ~s)	कच्चा	kachcha
de atrás (adj)	पिछा	pichha
de corta duración (adj)	अल्पकालिक	alpakālik
de segunda mano	इस्तेमाल किया हुआ	istemāl kiya hua
delgado (adj)	दुबला	dubala
flaco, delgado (adj)	पतला	patala
denso (~a niebla)	घना	ghana
derecho (adj)	दायां	dāyān
diferente (adj)	भिन्न	bhinn
difícil (decisión)	मुश्किल	mushkil
difícil (problema ~)	कठिन	kathin
distante (adj)	सुदूर	sudūr
dulce (agua ~)	ताज़ा	tāza
duro (material, etc.)	कड़ा	kara
el más alto	उच्चतम	uchchatam
el más importante	सबसे महत्वपूर्ण	sabase mahatvapūrn
el más próximo	निकटतम	nikatatam
enfermo (adj)	बीमार	bīmār
enorme (adj)	विशाल	vishāl

entero (adj)	पूरा	pūra
especial (adj)	ख़ास	khās
espeso (niebla ~a)	घना	ghana
estrecho (calle, etc.)	तंग	tang
exacto (adj)	ठीक	thīk
excelente (adj)	उत्कृष्ट	utkrsht
excesivo (adj)	अत्यधिक	atyadhik
exterior (adj)	बाहरी	bāharī
extranjero (adj)	विदेश	videsh
fácil (adj)	आसान	āsān
fatigoso (adj)	थकाऊ	thakaū
feliz (adj)	प्रसन्न	prasann
fértil (la tierra ~)	उपजाऊ	upajaū
frágil (florero, etc.)	नाज़ुक	nāzuk
fresco (está ~ hoy)	ठंडा	thanda
fresco (pan, etc.)	ताज़ा	tāza
frío (bebida ~a, etc.)	ठंडा	thanda
fuerte (~ voz)	ऊंचा	ūncha
fuerte (adj)	शक्तिशाली	shaktishālī
grande (en dimensiones)	बड़ा	bara
graso (alimento ~)	चरबीला	charabīla
gratis (adj)	मुफ़्त	muft
grueso (muro, etc.)	मोटा	mota
hambriento (adj)	भूखा	bhūkha
hermoso (~ palacio)	सुंदर	sundar
hostil (adj)	शत्रुतापूर्ण	shatrutāpūrn
húmedo (adj)	नमी	namī
igual, idéntico (adj)	समान	samān
importante (adj)	महत्वपूर्ण	mahatvapūrn
imposible (adj)	असंभव	asambhav
imprescindible (adj)	ज़रूरी	zarūrī
indescifrable (adj)	समझ से बाहर	samajh se bāhar
infantil (adj)	बच्चों का	bachchon ka
inmóvil (adj)	अचल	achal
insignificante (adj)	महत्वहीन	mahatvahīn
inteligente (adj)	बुद्धिमान	buddhimān
interior (adj)	आंतरिक	āntarik
izquierdo (adj)	बायाँ	bāyān
joven (adj)	जवान	javān

251. Los adjetivos. Unidad 2

largo (camino)	लंबा	lamba
legal (adj)	कानूनी	kānūnī
lejano (adj)	दूर	dūr
libre (acceso ~)	मुक्त	mukt

ligero (un metal ~)	हल्का	halka
limitado (adj)	सीमित	sīmit
limpio (camisa ~)	साफ़	sāf
líquido (adj)	तरल	taral
liso (piel, pelo, etc.)	समतल	samatal
lleno (adj)	भरा	bhara
maduro (fruto, etc.)	पक्का	pakka
malo (adj)	बुरा	bura
mas próximo	निकट	nikat
mate (sin brillo)	मैट	mait
meticuloso (adj)	सुव्यवस्थित	suvvavasthit
miope (adj)	निकटदर्शी	nikatadarshī
misterioso (adj)	रहस्यपूर्ण	rahasyapūrn
mojado (adj)	भीगा	bhīga
moreno (adj)	काले मुँख का	kāle munkh ka
muerto (adj)	मृत	mrt
natal (país ~)	देसी	desī
necesario (adj)	ज़रूरी	zarūrī
negativo (adj)	नकारात्मक	nakārātmak
negligente (adj)	लापरवाह	lāparavāh
nervioso (adj)	बेचैन	bechain
no difícil (adj)	आसान	āsān
no muy grande (adj)	बड़ा नहीं	bara nahin
normal (adj)	साधारण	sādhāran
nuevo (adj)	नया	naya
obligatorio (adj)	अनिवार्य	anivāry
opuesto (adj)	उल्टा	ulta
ordinario (adj)	आम	ām
original (inusual)	मूल	mūl
oscuro (cuarto ~)	अंधेरा	andhera
pasado (tiempo ~)	बीता हुआ	bīta hua
peligroso (adj)	खतरनाक	khataranāk
pequeño (adj)	छोटा	chhota
perfecto (adj)	उत्तम	uttam
permanente (adj)	स्थायी	sthāyī
personal (adj)	व्यक्तिगत	vyaktigat
pesado (adj)	भारी	bhārī
plano (pantalla ~a)	सपाट	sapāt
plano (superficie ~a)	समतल	samatal
pobre (adj)	गरीब	garīb
indigente (adj)	गरीब	garīb
poco claro (adj)	धुंधला	dhundhala
poco profundo (adj)	उथला	uthala
posible (adj)	संभव	sambhav
presente (momento ~)	वर्तमान	vartamān
principal (~ idea)	मूल	mūl
principal (la entrada ~)	मुख्य	mukhy

privado (avión ~)	निजी	nijī
probable (adj)	मुमकिन	mumakin
próximo (cercano)	समीप	samīp
público (adj)	सार्वजनिक	sārvajanik
puntual (adj)	ठीक	thīk
rápido (adj)	तेज़	tez
raro (adj)	असाधारण	asādhāran
recto (línea ~a)	सीधा	sīdha
sabroso (adj)	मज़ेदार	mazedār
salado (adj)	नमकीन	namakīn
satisfecho (cliente)	संतुष्ट	santusht
seco (adj)	सूखा	sūkha
seguro (no peligroso)	सुरक्षित	surakshit
siguiente (avión, etc.)	अगला	agala
similar (adj)	मिलता-जुलता	milata-julata
simpático, amable (adj)	दयालु	dayālu
simple (adj)	सरल	saral
sin experiencia (adj)	अनुभवहीन	anubhavahīn
sin nubes (adj)	निर्मेघ	nirmegh
soleado (un día ~)	सूरज का	sūraj ka
sólido (~a pared)	मज़बूत	mazabūt
sombrío (adj)	विषादपूर्ण	vishādapūrn
sucio (no limpio)	मैला	maila
templado (adj)	गरम	garam
tenue (una ~ luz)	धुंधला	dhundhala
tierno (afectuoso)	नाज़ुक	nāzuk
tonto (adj)	बेवकूफ़	bevakūf
tranquilo (adj)	शांत	shānt
transparente (adj)	पारदर्शी	pāradarshī
triste (adj)	उदास	udās
triste (mirada ~)	उदास	udās
último (~a oportunidad)	आखिरी	ākhirī
último (~a vez)	पिछला	pichhala
único (excepcional)	अद्वितीय	advitīy
vacío (vaso medio ~)	खाली	khālī
vario (adj)	विभिन्न	vibhinn
vecino (casa ~a)	पड़ोस	paros
viejo (casa ~a)	पुराना	purāna

LOS 500 VERBOS PRINCIPALES

252. Los verbos A-C

abandonar (vt)	छोड़ना	chhorana
abrazar (vt)	गले लगाना	gale lagāna
abrir (vt)	खोलना	kholana
aburrirse (vr)	ऊबना	ūbana
acariciar (~ el cabello)	सहलाना	sahalāna
acercarse (vr)	पास आना	pās āna
acompañar (vt)	साथ चलना	sāth chalana
aconsejar (vt)	सलाह देना	salāh dena
actuar (vi)	करना	karana
acusar (vt)	आरोप लगाना	ārop lagāna
adiestrar (~ animales)	सधाना	sadhāna
adivinar (vt)	अनुमान लगाना	anumān lagāna
admirar (vt)	सराहना	sarāhana
adular (vt)	चापलूसी करना	chāpalūsī karana
advertir (avisar)	चेतावनी देना	chetāvanī dena
afeitarse (vr)	शेव करना	shev karana
afirmar (vt)	स्वीकार करना	svīkār karana
agitar la mano	हाथ हिलाना	hāth hilāna
agradecer (vt)	धन्यवाद देना	dhanyavād dena
ahogarse (vr)	डूबना	dūbana
aislar (al enfermo, etc.)	अलग करना	alag karana
alabarse (vr)	डींग मारना	dīṅg mārana
alimentar (vt)	खिलाना	khilāna
almorzar (vi)	भोजन करना	bhojan karana
alquilar (~ una casa)	किराए पर लेना	kirae par lena
alquilar (barco, etc.)	किराये पर लेना	kirāye par lena
aludir (vi)	इशारा करना	ishāra karana
alumbrar (vt)	प्रकाश करना	prakāsh karana
amarrar (vt)	किनारे लगाना	kināre lagāna
amenazar (vt)	धमकाना	dhamakāna
amputar (vt)	अंगविच्छेद करना	angavichchhed karana
añadir (vt)	और डालना	aur dālana
anotar (vt)	लिख लेना	likh lena
anular (vt)	रद्द करना	radd karana
apagar (~ la luz)	बुझाना	bujhāna
aparecer (vi)	सामने आना	sāmane āna
aplastar (insecto, etc.)	कुचलना	kuchalana
aplaudir (vi, vt)	तालियां बजाना	tāliyāṅ bajāna

apoyar (la decisión)	समर्थन करना	samarthan karana
apresurar (vt)	जल्दी करना	jaldī karana
apuntar a ...	निशाना लगाना	nishāna lagāna
arañar (vt)	खरोंचना	kharonchana
arrancar (vt)	फाड़ना	fārana
arrepentirse (vr)	अफ़सोस करना	afasos karana
arriesgar (vt)	जोखिम उठाना	jokhim uthāna
asistir (vt)	मदद करना	madad karana
aspirar (~ a algo)	... की महत्त्वाकांक्षा करना	... kī mahattvākānksha karana
atacar (mil.)	हमला करना	hamala karana
atar (cautivo)	बाँधना	bāndhana
atar a ...	बांधना	bāndhana
aumentar (vt)	बढ़ाना	barhāna
aumentarse (vr)	बढ़ना	barhana
autorizar (vt)	अनुमति देना	anumati dena
avanzarse (vr)	आगे बढ़ना	āge barhana
avistar (vt)	देख लेना	dekh lena
ayudar (vt)	मदद करना	madad karana
bajar (vt)	नीचे करना	nīche karana
bañar (~ al bebé)	नहाना	nahāna
bañarse (vr)	तैरना	tairana
beber (vi, vt)	पीना	pīna
borrar (vt)	साफ़ करना	sāf karana
brillar (vi)	चमकना	chamakana
bromear (vi)	मज़ाक करना	mazāk karana
bucear (vi)	गोता मारना	gota mārana
burlarse (vr)	मज़ाक उड़ाना	mazāk urāna
buscar (vt)	तलाश करना	talāsh karana
calentar (vt)	गरमाना	garamāna
callarse (no decir nada)	चुप रहना	chup rahana
calmar (vt)	शांत करना	shānt karana
cambiar (de opinión)	बदलना	badalana
cambiar (vt)	बदलाना	badalāna
cansar (vt)	थकाना	thakāna
cargar (camión, etc.)	लादना	lādana
cargar (pistola)	भरना	bharana
casarse (con una mujer)	शादी करना	shādī karana
castigar (vt)	सज़ा देना	saza dena
cavar (fosa, etc.)	खोदना	khodana
cazar (vi, vt)	शिकार करना	shikār karana
ceder (vi, vt)	मान जाना	mān jāna
cegar (deslumbrar)	अंधा करना	andha karana
cenar (vi)	भोजन करना	bhojan karana
cerrar (vt)	बंद करना	band karana
cesar (vt)	बंद करना	band karana
citar (vt)	उद्धत करना	uddhat karana

coger (flores, etc.)	तोड़ना	torana
coger (pelota, etc.)	पकड़ना	pakarana
colaborar (vi)	सहयोग करना	sahayog karana
colgar (vt)	टांगना	tāngana
colocar (poner)	रखना	rakhana
combatir (vi)	झगड़ना	jhagarana
comenzar (vt)	शुरू करना	shurū karana
comer (vi, vt)	खाना	khāna
comparar (vt)	तुलना करना	tulana karana
compensar (vt)	क्षतिपूर्ति करना	kshatipūrti karana
competir (vi)	प्रतियोगिता करना	pratiyogita karana
compilar (~ una lista)	संकलन करना	sankalan karana
complicar (vt)	उलझाना	ulajhāna
componer (música)	रचना	rachana
comportarse (vr)	बरताव करना	baratāv karana
comprar (vt)	खरीदना	kharīdana
comprender (vt)	समझना	samajhana
comprometer (vt)	समझौता करना	samajhauta karana
informar (~ a la policía)	बताना	batāna
concentrarse (vr)	ध्यान देना	dhyān dena
condecorar (vt)	पुरस्कार देना	puraskār dena
conducir el coche	कार चलाना	kār chalāna
confesar (un crimen)	मानना	mānana
confiar (vt)	यकीन करना	yakīn karana
confundir (vt)	उलट-पलट करना	ulat-palat karana
conocer (~ a alguien)	जानना	jānana
consultar (a un médico)	सलाह करना	salāh karana
contagiar (vt)	संक्रमित करना	sankramit karana
contagiarse (de …)	छूत का रोग लगना	chhūt ka rog lagana
contar (dinero, etc.)	गिनना	ginana
contar (una historia)	बताना	batāna
contar con …	भरोसा रखना	bharosa rakhana
continuar (vt)	जारी रखना	jārī rakhana
contratar (~ a un abogado)	काम पर रखना	kām par rakhana
controlar (vt)	नियंत्रित करना	niyantrit karana
convencer (vt)	यकीन दिलाना	yakīn dilāna
convencerse (vr)	यकीन आना	yakīn āna
coordinar (vt)	समन्वय करना	samanvay karana
corregir (un error)	ठीक करना	thīk karana
correr (vi)	दौड़ना	daurana
cortar (un dedo, etc.)	काटना	kātana
costar (vt)	दाम होना	dām hona
crear (vt)	बनाना	banāna
creer (vt)	विश्वास करना	vishvās karana
cultivar (plantas)	उगाना	ugāna
curar (vt)	इलाज कराना	ilāj karāna

253. Los verbos D-E

darse prisa	जल्दी करना	jaldī karana
darse un baño	नहाना	nahāna
datar de ...	तारीख़ डालना	tārīkh dālana
deber (v aux)	ज़रूर	zarūr
decidir (vt)	फ़ैसला करना	faisala karana
decir (vt)	कहना	kahana
decorar (para la fiesta)	सजाना	sajāna
dedicar (vt)	अर्पित करना	arpit karana
defender (vt)	रक्षा करना	raksha karana
defenderse (vr)	रक्षा करना	raksha karana
dejar caer	गिराना	girāna
dejar de hablar	चुप होना	chup hona
denunciar (vt)	आरोप लगाना	ārop lagāna
depender de ...	निर्भर होना	nirbhar hona
derramar (líquido)	छलकाना	chhalakāna
desamarrar (vt)	फेंक देना	fenk dena
desaparecer (vi)	गायब होना	gāyab hona
desatar (vt)	ढीला करना	dhīla karana
desayunar (vi)	नाश्ता करना	nāshta karana
descansar (vi)	आराम करना	ārām karana
descender (vi)	उतरना	utarana
descubrir (tierras nuevas)	खोजना	khojana
desear (vt)	चाहना	chāhana
emitir (~ un olor)	निकलना	nikalana
despegar (el avión)	उड़ना	urana
despertar (vt)	जगाना	jagāna
despreciar (vt)	नफ़रत करना	nafarat karana
destruir (~ las pruebas)	तबाह करना	tabāh karana
devolver (paquete, etc.)	वापस भेजना	vāpas bhejana
diferenciarse (vr)	फ़र्क होना	fark hona
distribuir (~ folletos)	बाँटना	bāntana
dirigir (administrar)	नेतृत्व करना	netrtv karana
dirigirse (~ al jurado)	संबोधित करना	sambodhit karana
disculpar (vt)	माफ़ी देना	māfī dena
disculparse (vr)	माफ़ी मांगना	māfī māngana
discutir (vt)	वाद-विवाद करना	vād-vivād karana
disminuir (vt)	कम करना	kam karana
distribuir (comida, agua)	बांटना	bāntana
divertirse (vr)	आनंद उठाना	ānand uthāna
dividir (~ 7 entre 5)	विभाजित करना	vibhājit karana
doblar (p.ej. capital)	दुगुना करना	duguna karana
dudar (vt)	शक करना	shak karana
elevarse (alzarse)	ऊँचा होना	ūncha hona

eliminar (obstáculo)	हटाना	hatāna
emerger (submarino)	पानी की सतह पर आना	pānī kī satah par āna
empaquetar (vt)	लपेटना	lapetana
emplear (utilizar)	उपयोग करना	upayog karana
emprender (~ acciones)	ज़िम्मेदारी लेना	zimmedārī lena
empujar (vt)	धकेलना	dhakelana
enamorarse (de …)	प्रेम में पड़ना	prem men parana
encabezar (vt)	संचालन करना	sanchālan karana
encaminar (vt)	रास्ता बताना	rāsta batāna
encender (hoguera)	जलाना	jalāna
encender (radio, etc.)	चलाना	chalāna
encontrar (hallar)	ढूंढ लेना	dhūnrh lena
enfadar (vt)	क्रोध में लाना	krodh men lāna
enfadarse (con …)	क्रोध में आना	krodh men āna
engañar (vi, vt)	धोखा देना	dhokha dena
enrojecer (vi)	चेहरा लाल होना	chehara lāl hona
enseñar (vi, vt)	सीखाना	sīkhāna
ensuciarse (vr)	मैला होना	maila hona
entrar (vi)	अंदर आना	andar āna
entrenar (vt)	प्रशिक्षित करना	prashikshit karana
entrenarse (vr)	प्रशिक्षण करना	prashikshan karana
entretener (vt)	मन बहलाना	man bahalāna
enviar (carta, etc.)	भेजना	bhejana
envidiar (vt)	ईर्ष्या करना	īrshya karana
equipar (vt)	तैयारी करना	taiyārī karana
equivocarse (vr)	ग़लती करना	galatī karana
escoger (vt)	चुनना	chunana
esconder (vt)	छिपाना	chhipāna
escribir (vt)	लिखना	likhana
escuchar (vt)	सुनना	sunana
escuchar a hurtadillas	छिपकर सुनना	chhipakar sunana
escupir (vi)	थूकना	thūkana
esperar (aguardar)	इतज़ार करना	intazār karana
esperar (anticipar)	आशा करना	āsha karana
esperar (tener esperanza)	आशा रखना	āsha rakhana
estar (~ sobre la mesa)	रखा होना	rakha hona
estar acostado	लेटना	letana
estar basado (en …)	आधारित होना	ādhārit hona
estar cansado	थकना	thakana
estar conservado	बचाना	bachāna
estar de acuerdo	राज़ी होना	rāzī hona
estar en guerra	युद्ध करना	yuddh karana
estar perplejo	संटपटाना	satapatāna
estar sentado	बैठना	baithana
estremecerse (vr)	सिहर जाना	sihar jāna
estudiar (vt)	पढ़ना	parhana

evitar (peligro, etc.)	टालना	tālana
examinar (propuesta)	विचार करना	vichār karana
excluir (vt)	बरख़ास्त करना	barakhāst karana
exigir (vt)	माँगना	māngana
existir (vi)	होना	hona
explicar (vt)	समझाना	samajhāna
expresar (vt)	प्रकट करना	prakat karana
expulsar (ahuyentar)	भगा देना	bhaga dena

254. Los verbos F-M

facilitar (vt)	आसान बनाना	āsān banāna
faltar (a las clases)	ग़ैरहाज़िर होना	gairahājir hona
fascinar (vt)	मोहना	mohana
felicitar (vt)	बधाई देना	badhaī dena
firmar (~ el contrato)	हस्ताक्षर करना	hastākshar karana
formar (vt)	बनाना	banāna
fortalecer (vt)	दृढ़ करना	drrh karana
forzar (obligar)	विवश करना	vivash karana
fotografiar (vt)	फ़ोटो खींचना	foto khīnchana
garantizar (vt)	गारंटी देना	gārantī dena
girar (~ a la izquierda)	मोड़ना	morana
golpear (la puerta)	खटखटाना	khatakhatāna
gritar (vi)	चिल्लाना	chillāna
guardar (cartas, etc.)	रखना	rakhana
gustar (el tenis, etc.)	अच्छा लगना	achchha lagana
gustar (vi)	अच्छा लगना	achchha lagana
habitar (vi, vt)	रहना	rahana
hablar con ...	से कहना	se kahana
hacer (vt)	करना	karana
hacer conocimiento	परिचय करना	parichay karana
hacer copias	ज़ीरोक्स करना	zīroks karana
hacer la limpieza	साफ़ करना	sāf karana
hacer una conclusión	नतीजा निकालना	natīja nikālana
hacerse (vr)	हो जाना	ho jāna
hachear (vt)	काटना	kātana
heredar (vt)	उत्तराधिकार में पाना	uttarādhikār men pāna
imaginarse (vr)	सोचना	sochana
imitar (vt)	नकल करना	nakal karana
importar (vt)	आयात करना	āyāt karana
indignarse (vr)	ग़ुस्से में आना	gusse men āna
influir (vt)	असर डालना	asar dālana
informar (vt)	ख़बर देना	khabar dena
informarse (vr)	जानकारी पाना	jānakārī pāna
inquietar (vt)	परेशान करना	pareshān karana
inquietarse (vr)	फ़िक्र होना	fikr hona

inscribir (en la lista)	दर्ज करना	darj karana
insertar (~ la llave)	डालना	dālana
insistir (vi)	आग्रह करना	āgrah karana
inspirar (vt)	प्रेरित करना	prerit karana
instruir (enseñar)	निर्देश देना	nirdesh dena
insultar (vt)	अपमान करना	apamān karana
intentar (vt)	कोशिश करना	koshish karana
intercambiar (vt)	बदलना	badalana
interesar (vt)	रुचि लेना	ruchi lena
interesarse (vr)	रुचि लेना	ruchi lena
interpretar (actuar)	अभिनय करना	abhinay karana
intervenir (vi)	घुलना-मिलना	ghulana-milana
inventar (máquina, etc.)	आविष्कार करना	āvishkār karana
invitar (vt)	आमंत्रित करना	āmantrit karana
ir (~ en taxi)	जाना	jāna
ir (a pie)	जाना	jāna
irritar (vt)	नाराज़ करना	nārāz karana
irritarse (vr)	नाराज़ होना	nārāz hona
irse a la cama	सोने जाना	sone jāna
jugar (divertirse)	खेलना	khelana
lanzar (comenzar)	शुरू करना	shurū karana
lavar (vt)	धोना	dhona
lavar la ropa	धोना	dhona
leer (vi, vt)	पढ़ना	parhana
levantarse (de la cama)	उठना	uthana
liberar (ciudad, etc.)	आज़ाद करना	āzād karana
librarse de …	छुटकारा पान	chhutakāra pān
limitar (vt)	पाबंदी लगाना	pābandī lagāna
limpiar (~ el horno)	साफ़ करना	sāf karana
limpiar (zapatos, etc.)	साफ़ करना	sāf karana
llamar (le llamamos …)	नाम देना	nām dena
llamar (por ayuda)	बुलाना	bulāna
llamar (vt)	बुलाना	bulāna
llegar (~ al Polo Norte)	पहुंचना	pahunchana
llegar (tren)	पहुंचना	pahunchana
llenar (p.ej. botella)	भरना	bharana
retirar (~ los platos)	ले जाना	le jāna
llorar (vi)	रोना	rona
lograr (un objetivo)	पाना	pāna
luchar (combatir)	लड़ना	larana
luchar (sport)	कुश्ती लड़ना	kushtī larana
mantener (la paz)	बचाना	bachāna
marcar (en el mapa, etc.)	चिह्न लाना	chihn lāna
matar (vt)	मारना	mārana
memorizar (vt)	याद करना	yād karana
mencionar (vt)	उल्लेख करना	ullekh karana

mentir (vi)	झूठ बोलना	jhūth bolana
merecer (vt)	लायक होना	lāyak hona
mezclar (vt)	मिलाना	milāna
mirar (vi, vt)	देखना	dekhana
mirar a hurtadillas	छिपकर देखना	chhipakar dekhana
molestar (vt)	बाधा डालना	bādha dālana
mostrar (~ el camino)	दिखाना	dikhāna
mostrar (demostrar)	दिखाना	dikhāna
mover (el sofá, etc.)	सरकाना	sarakāna
multiplicar (mat)	गुणा करना	guna karana

255. Los verbos N-R

nadar (vi)	तैरना	tairana
negar (rechazar)	इन्कार करना	inkār karana
negar (vt)	नकारना	nakārana
negociar (vi)	वार्ता करना	vārtta karana
nombrar (designar)	तय करना	tay karana
notar (divisar)	देखना	dekhana
obedecer (vi, vt)	मानना	mānana
objetar (vt)	एतराज़ करना	etarāz karana
observar (vt)	देखना	dekhana
ofender (vt)	नाराज़ करना	nārāz karana
oír (vt)	सुनना	sunana
oler (despedir olores)	गंध देना	gandh dena
oler (percibir olores)	सूंघना	sūnghana
olvidar (dejar)	छोड़ना	chhorana
omitir (vt)	छोड़ना	chhorana
orar (vi)	दुआ देना	dua dena
ordenar (mil.)	हुक्म देना	hukm dena
organizar (concierto, etc.)	आयोजित करना	āyojit karana
osar (vi)	साहस करना	sāhas karana
pagar (vi, vt)	दाम चुकाना	dām chukāna
pararse (vr)	रुकना	rukana
parecerse (vr)	मिलता-जुलता होना	milata-julata hona
participar (vi)	भाग लेना	bhāg lena
partir (~ a Londres)	चला जाना	chala jāna
pasar (~ el pueblo)	गुज़रना	guzarana
pecar (vi)	पाप करना	pāp karana
pedir (ayuda, etc.)	कहना	kahana
pedir (restaurante)	ऑर्डर करना	ordar karana
pegar (golpear)	पीटना	pītana
peinarse (vr)	अपने बालों में कंघी करना	apane bālon men kanghī karana
pelear (vi)	झगड़ना	jhagarana
penetrar (vt)	घुसना	ghusana

pensar (creer)	सोचना	sochana
pensar (vi, vt)	सोचना	sochana
perder (paraguas, etc.)	खोना	khona

perdonar (vt)	क्षमा करना	kshama karana
permitir (vt)	अनुमति देना	anumati dena
pertenecer a …	स्वामी होना	svāmī hona
pesar (tener peso)	वज़न करना	vazan karana

pescar (vi)	मछली पकड़ना	machhalī pakarana
planchar (vi, vt)	इस्तरी करना	istarī karana
planear (vt)	योजना बनाना	yojana banāna
poder (v aux)	सकना	sakana
poner (colocar)	रखना	rakhana

poner en orden	ठीक करना	thīk karana
poseer (vt)	रखना	rakhana
preferir (vt)	तरजीह देना	tarajīh dena

preocuparse (vr)	परेशान होना	pareshān hona
preparar (la cena)	बनाना	banāna
preparar (vt)	तैयार करना	taiyār karana
presentar (~ a sus padres)	परिचय कराना	parichay karāna
presentar (vt) (persona)	प्रस्तुत करना	prastut karana

presentar un informe	रिपोर्ट करना	riport karana
prestar (vt)	कर्ज़ लेना	karz lena
prever (vt)	भविष्य देखना	bhavishy dekhana
privar (vt)	वंचित करना	vanchit karana

probar (una teoría, etc.)	साबित करना	sābit karana
prohibir (vt)	मना करना	mana karana
prometer (vt)	वचन देना	vachan dena
pronunciar (vt)	उच्चारण करना	uchchāran karana

proponer (vt)	प्रस्ताव करना	prastāv karana
proteger (la naturaleza)	रक्षा करना	raksha karana
protestar (vi, vt)	विरोध करना	virodh karana
provocar (vt)	उकसाना	ukasāna

proyectar (~ un edificio)	डिज़ाइन बनाना	dizain banāna
publicitar (vt)	विज्ञापन देना	vigyāpan dena
quedar (una ropa, etc.)	फिट करना	fit karana
quejarse (vr)	शिकायत करना	shikāyat karana

quemar (vt)	जलाना	jalāna
querer (amar)	प्यार करना	pyār karana
querer (desear)	चाहना	chāhana
quitar (~ una mancha)	धब्बा मिटाना	dhabba mitāna

quitar (cuadro de la pared)	हटाना	hatāna
guardar (~ en su sitio)	रख देना	rakh dena
rajarse (vr)	चीर पड़ना	chīr parana
realizar (vt)	पूरा करना	pūra karana
recomendar (vt)	सिफ़ारिश करना	sifārish karana
reconocer (admitir)	मानना	mānana

reconocer (una voz, etc.)	पहचानना	pahachānana
recordar (tener en mente)	याद करना	yād karana
recordar algo a algn	याद दिलाना	yād dilāna
recordarse (vr)	याद करना	yād karana
recuperarse (vr)	ठीक हो जाना	thīk ho jāna
reflexionar (vi)	ख्यालों में गुम रहना	khyālon men gum rahana
regañar (vt)	डाँटना	dāntana
regar (plantas)	सींचना	sīnchana
regresar (~ a la ciudad)	लौटाना	lautāna
rehacer (vt)	दोबारा करना	dobāra karana
reírse (vr)	हंसना	hansana
reparar (arreglar)	ठीक करना	thīk karana
repetir (vt)	दोहराना	doharāna
reprochar (vt)	ताने देना	tāne dena
reservar (~ una mesa)	बुक करना	buk karana
resolver (~ el problema)	हल करना	hal karana
resolver (~ la discusión)	सुलझाना	sulajhāna
respirar (vi)	सांस लेना	sāns lena
responder (vi, vt)	जवाब देना	javāb dena
retener (impedir)	रोकना	rokana
robar (vt)	चुराना	churāna
romper (mueble, etc.)	तोड़ना	torana
romperse (la cuerda)	फटना	fatana

256. Los verbos S-V

saber (~ algo mas)	मालूम होना	mālūm hona
sacudir (agitar)	हिलाना	hilāna
salir (libro)	छापना	chhāpana
salir (vi)	बाहर जाना	bāhar jāna
saludar (vt)	स्वागत करना	svāgat karana
salvar (vt)	बचाना	bachāna
satisfacer (vt)	संतुष्ट करना	santusht karana
secar (ropa, pelo)	सुखाना	sukhāna
seguir ...	पीछे जाना	pīchhe jāna
seleccionar (vt)	चुनना	chunana
sembrar (semillas)	बोना	bona
sentarse (vr)	बैठ जाना	baith jāna
sentenciar (vt)	सज़ा देना	saza dena
sentir (peligro, etc.)	महसूस करना	mahasūs karana
ser causa de ...	की वजह होना	kī vajah hona
ser indispensable	ज़रूरी होना	zarūrī hona
ser necesario	आवश्यक होना	āvashyak hona
ser suficiente	बहुत हो जाना	bahut ho jāna
ser, estar (vi)	होना	hona

servir (~ a los clientes)	सेवा करना	seva karana
significar (querer decir)	अर्थ बताना	arth batāna
significar (vt)	अर्थ होना	arth hona
simplificar (vt)	सरल बनाना	saral banāna
sobreestimar (vt)	ज़्यादा आंकना	zyāda ānkana
sofocar (un incendio)	बुझाना	bujhāna
soñar (durmiendo)	सपना देखना	sapana dekhana
soñar (fantasear)	सपने देखना	sapane dekhana
sonreír (vi)	मुस्कुराना	muskurāna
soplar (viento)	फूंकना	fūnkana
soportar (~ el dolor)	सहना	sahana
sorprender (vt)	हैरान करना	hairān karana
sorprenderse (vr)	हैरान होना	hairān hona
sospechar (vt)	शक करना	shak karana
subestimar (vt)	कम आंकना	kam ānkana
subrayar (vt)	रेखांकित करना	rekhānkit karana
sufrir (dolores, etc.)	सहना	sahana
suplicar (vt)	प्रार्थना करके मनाना	prārthana karake manāna
suponer (vt)	अंदाज़ा लगाना	andāza lagāna
suspirar (vi)	आह भरना	āh bharana
temblar (de frío)	कांपना	kāmpana
tener (vt)	होना	hona
tener miedo	डरना	darana
terminar (vt)	ख़त्म करना	khatm karana
tirar (cuerda)	खींचना	khīnchana
tirar (disparar)	गोली चलाना	golī chalāna
tirar (piedras, etc.)	फेंकना	fenkana
tocar (con la mano)	छूना	chhūna
tomar (vt)	लेना	lena
tomar nota	लिखना	likhana
trabajar (vi)	काम करना	kām karana
traducir (vt)	अनुवाद करना	anuvād karana
traer (un recuerdo, etc.)	लाना	lāna
transformar (vt)	रूप बदलना	rūp badalana
tratar (de hacer algo)	कोशिश करना	koshish karana
unir (vt)	संयुक्त करना	sanyukt karana
unirse (~ al grupo)	जुड़ना	jurana
usar (la cuchara, etc.)	उपयोग करना	upayog karana
vacunar (vt)	टीका लगाना	tīka lagāna
vender (vt)	बेचना	bechana
vengar (vt)	बदला लेना	badala lena
verter (agua, vino)	डालना	dālana
vivir (vi)	जीना	jīna
volar (pájaro, avión)	उड़ना	urana
volver (~ fondo arriba)	उलटना	ulatana

| volverse de espaldas | मुड़ना | murana |
| votar (vi) | मतदान डालना | matadān dālana |

www.ingramcontent.com/pod-product-compliance
Lightning Source LLC
Chambersburg PA
CBHW071327090426
42738CB00012B/2810